高等职业教育机车车辆专业“十三五”规划系列教材
高等职业教育轨道交通类校企合作系列教材

车辆空调检修

主　编　毕恩兴
副主编　孙海莉　史　骏　王秋鹏　周拉练
主　审　金雪岩

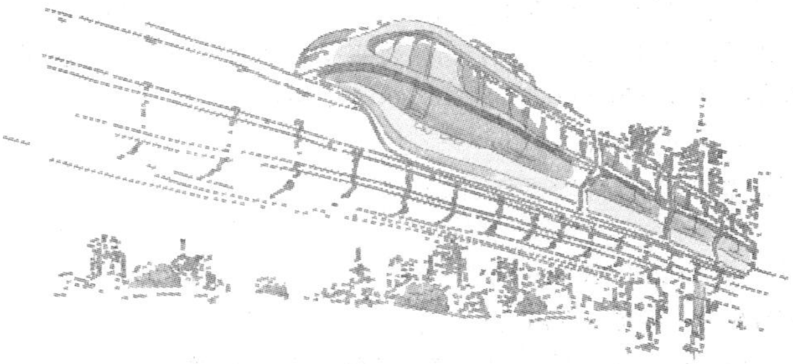

西南交通大学出版社
·成　都·

图书在版编目（CIP）数据

车辆空调检修 / 毕恩兴主编. —成都：西南交通大学出版社，2018.8（2023.1 重印）
ISBN 978-7-5643-6267-6

Ⅰ. ①车… Ⅱ. ①毕… Ⅲ. ①铁路车辆－空气调节设备－检修 Ⅳ. ①U270.38

中国版本图书馆 CIP 数据核字（2018）第 149247 号

车辆空调检修

主　　编 / 毕恩兴
责任编辑 / 柳堰龙　穆　丰
封面设计 / 墨创文化

西南交通大学出版社出版发行
（四川省成都市二环路北一段 111 号西南交通大学创新大厦 21 楼　610031）
发行部电话：028-87600564　　028-87600533
网址：http://www.xnjdcbs.com
印刷：四川森林印务有限责任公司

成品尺寸　185 mm × 260 mm
印张　13.75　　字数　343 千
版次　2018 年 8 月第 1 版　　印次　2023 年 1 月第 3 次

书号　ISBN 978-7-5643-6267-6
定价　39.00 元

课件咨询电话：028-81435775

前　言

随着我国经济的快速发展，人们对美好生活的追求不断提高，外出旅游的人越来越多。我国轨道交通迅速发展，特别是高速铁路、城市地铁和城际铁路迅猛增长，选择乘坐轨道交通工具旅行的人越来越多。随着人们对环境的要求越来越高，在乘坐火车旅行时对车内环境也提出了更高的要求，客车内空气调节是提高旅客舒适度、改善车内环境的主要手段。

铁道车辆空调检修是铁道车辆专业、动车组检修技术专业、城市轨道交通车辆技术专业的核心教学内容，也是铁道机车专业的选学内容。

本教材采用任务驱动的项目化教学，结合现场工作实际讲解，图文并茂，对工作原理的讲解，力求做到深入浅出，对常见故障的分析逻辑严密，空调系统维护和故障检修均结合现场的实际工作流程和作业指导书的要求编写。

“铁道车辆空调检修”是西安铁路职业技术学院的一门精品课程。本教材附有大量数字资源，通过扫描书中二维码可以获得相关视频、电子教案、作业规范、拓展内容学习资料等。本教材既可作为职业院校相关专业的教材，也可供现场技术人员学习使用。

本教材共分为 7 个项目，由西安铁路职业技术学院毕恩兴教授担任主编，由西南交通大学金雪岩担任主审。参加本书编写的有：西安铁路职业技术学院毕恩兴（项目 1、项目 2、项目 7），西安铁路职业技术学院孙海莉（项目 3、项目 4），西安铁路职业技术学院史骏（项目 5），西安铁路职业技术学院王秋鹏（项目 6）。

本教材在编写过程中得到了西安铁路局车辆处处长郭光玉，西安客车车辆段周拉练、杜伟忠、顾伟民、信欣、李彬等的大力支持，在教材编写的前期及视频录制、精品课建设中，西安铁路职业技术学院姚姣凤、朱亚利、赵中涛老师做了大量工作，本教材还得到了西安动车段、西安客车车辆段多名毕业生的支持，在此一并表示衷心感谢。由于时间和水平有限，不妥之处，敬请同行批评指正。

编　者

2018 年 6 月

目　录

项目 1　车辆空调系统整体认知

项目描述

车辆空调系统与我们日常生活中常见的家用、办公空调的功能是一样的，它在旅客列车中承担着调节客室内空气温度、湿度、洁净度、压力、流速、二氧化碳含量等功能，从而提高了旅客列车的乘坐舒适性。车辆空调系统主要由制冷系统、通风系统、控制系统等组成。

学习目标

1. 了解车辆空调系统的基本概念。
2. 了解车辆空调系统的组成和功能。
3. 了解车辆空调系统的特点及发展方向。
4. 了解车辆空调系统常用名词概念及相关国家标准。
5. 了解常用制冷剂、润滑油种类和作用。

能力目标

掌握车辆空调系统各部分组成，能够熟识空调系统各部件名称、位置、功能，为后续系统地学习车辆空调系统知识打好基础。

任务 1　车辆空调系统的作用、分类和发展

【活动情景】

在系统地学习车辆空调系统之前，首先应该了解空调系统的作用和分类，即车辆空调系统在旅客列车中起什么作用？常用的车辆空调系统有哪几种？它们各有什么特点？

【任务要求】

视频资源

（1）掌握车辆空调系统的作用。
（2）了解车辆空调系统的分类。
（3）了解不同车辆空调系统的特点及应用。
（4）了解车辆空调系统的发展方向。

【基本活动】

一、车辆空调系统的作用

车辆空调系统将一定量的车外新鲜空气和车内再循环空气混合，经过滤、冷却或加热、减湿等处理以后，以一定的流速送入车内，并将车内一定量的污浊空气排出车外，从而控制客室内温度、湿度、风速、清洁度及噪声，并使之达到规定标准，以提高车内的舒适性、改善乘车环境（见图 1-1）。车辆空调系统主要有以下 6 个方面的作用。

图 1-1　客室内环境

1. 调节车内温度

旅客列车属于公共交通工具，按照《公共交通工具卫生标准》(GB 9673—1996)，车内温度应满足以下要求。

夏季：24 ~ 28 °C；

冬季：18 ~ 20 °C。

2. 调节车内湿度

按照《客车空调设计参数》(TB/T 1951—1987)，通过加湿和除湿装置使客室内湿度满足以下要求。

夏季相对湿度：50% ~ 70%；

冬季相对湿度：30% ~ 50%。

3. 调节车内空气清洁度

通过过滤网（主要有新风过滤网、回风过滤网、蒸发过滤网）滤出空气中的灰尘，通过对空气的过滤使车内空气含尘量不大于 0.5 mg/m^3。

4. 调节车内空气流动速度

按照《客车空调设计参数》(TB/T 1951—1987)，通过合理控制风机转速，使车内空气流动速度达到以下要求。

夏季：0.2 ~ 0.35 m/s。

冬季：0.15 ~ 0.2 m/s。

5. 调节车内空气压力

通过控制新风量和排风量，使车内空气压力与大气压力基本相同，车内空气压力与大气压力之差控制在 10%以内。

6. 控制车内空气中的二氧化碳含量

适当控制新风风量，使车内空气中的二氧化碳浓度满足乘客对舒适度的要求。车内空气中的二氧化碳容积浓度不大于 0.15%。

二、车辆空调系统的分类

（1）按安装方式分：分装式和单元式。

（2）按工作方式分：活塞式、螺杆式、离心式。

（3）按供电方式分：本车供电和集中供电。

（4）按制冷剂分：有机制冷剂和无机制冷剂；传统空调和无氟空调。

三、特点及应用

1. 车顶单元式

优点：结构紧凑，制冷量大，管路短不易泄漏，维修方便。

缺点：重心高，运行平稳性差，高速阻力大。

应用：1981 年以后生产的既有列车、城市轨道交通车辆。

2. 车底单元式

优点：重心低，运行平稳性好，高速阻力小。

缺点：新风质量差，滤网脏得快，维修不方便。

应用：高速动车组列车。

3. 分装式

优点：重心低，运行平稳性好，高速阻力小。

缺点：管路长，易泄漏，维修不方便。

应用：早期铁路空调客车，部分高速动车组列车。

四、车辆空调系统的发展方向

变频技术历经近 30 年的发展，已经日趋成熟，工业变频器已经成为各行各业的必备产品。变频技术飞速发展，变频空调以其固有的节能、高效、舒适、提升低温供热能力、可靠等特点，必将成为车辆空调机发展的方向。

变频空调机的主要特点如下：

1. 变频空调机节约能源

变频空调机的主要特点是高频降温，低频连续运转维持恒温，同时温度波动小。变频空调机的节电正是由于低速连续小功率运转时具有高能效比，且减少了多次开关造成的开关损耗，从而达到节能降耗的作用。

空调机的节能分为 3 类：第 1 类是节能元件的选用，例如采用高效压缩机和高效的直流风机电机，直流风机电机效率提高了近 1 倍；第 2 类是提高换热效率，例如采用浸水膜的铝箔，由于水不易形成水珠堵塞风道而提高效率，采用带内螺纹铜管提高效率等；第 3 类是运行节能控制，即变频节能。实践证明，变频空调机可实现运行节能 30%以上。

2. 变频空调的低温供暖能力

变频空调机可利用其高速旋转的特点，额外补充一部分电功率，而使供风温度提高，实现供暖。变频空调机可使使用环境温度扩展到 – 10 °C。

3. 变频空调机的舒适度

变频空调机实现了低频运转维持温度，比普通空调机的开关维持温度的温度波动大大减少，同时又利用了变频空调机的高速运转提升能力，实现迅速降温升温，从而提高了环境的舒适度。

4. 变频空调机可实现更宽的工作电压

变频空调机实现了低频启动，启动电流很小，电源电压波动小。变频空调机可实现更宽的工作电压，自动修正加到压缩机上去的电压，使压缩机的工作更稳定，效率更高。

根据变频空调的特点，未来车辆空调的发展目标如下：

冷暖一体化：热泵型冷暖两用车用空调，弥补了目前定速车用空调不能供热的不足，提高了空调机的利用率，并取消电暖气。

机电一体化：变频控制器与变频空调机实现了一体化组装，使车辆设备布置简单，安装简易、安全。

安装简单：产品采用先进的集成技术，使得该产品体积更小、质量更轻。

配电简单：与外在的电气连接只是两个航空插头，节约了布线成本和车辆空间。

全变频设计：变频涡旋式压缩机、变频风扇电机和 4 套变频器。

舒适度：动态恒温空调系统，做到冷暖无级调节。

任务 2　车辆空调系统整体认知

【活动情景】

通过对车辆空调系统的外观认知（图 1-2），了解车辆空调系统的组成，各部分的外形、结构、作用。在此基础上，进一步了解我国车辆空调主要生产厂家及其主要产品。

图 1-2　客车空调机组在车辆上的安装位置

【任务要求】

（1）熟悉车辆空调系统各部件的名称、外观和作用。

（2）了解我国车辆空调主要生产厂家及其主要产品。

视频资源

【基本活动】

一、单元式空调机组

（一）单元式空调机组外观

车顶单元式空调机组外观及其部件的安装布局如图 1-3、图 1-4 所示。

图 1-3　车顶单元式空调机组外观

图 1-4　车顶单元式空调机组部件的安装布局

（二）空调机组的结构

空调机组各零部件组装在一个不锈钢板制成的箱体内，加盖板后形成一个整体。空调机组的主要部件包括全封闭制冷压缩机 2 台、冷凝器 2 台、毛细管 2 组、蒸发器 2 台、干燥过滤器 2 个、离心风机 2 台、轴流风机 2 台、气液分离器 2 个、回风电动阀 1 个、新风电动阀两个、新风感温头 1 个、回风感温头 1 个等。

空调机组分为室内侧和室外侧，其中室内侧分为蒸发腔和新风腔，室外侧分为压缩机腔和冷凝腔。离心风机、蒸发器、回风电动阀、回风滤尘网等安装在蒸发腔。气液分离器、新风电动阀、新风滤尘网等安装在新风腔。压缩机、压力开关、干燥过滤器、电磁阀等安装在压缩机腔。轴流风机、逆止阀和冷凝器等安装在冷凝腔。空调机组的箱体和上盖全部采用 SUS304 不锈钢板。组成制冷系统的部件及配管全部用银钎焊连接，构成全封闭的制冷循环系统，作为制冷剂的 R407C 封闭在制冷系统内。空调机组的回风口在机组底部中间处，冷风出口在机组底部两侧，新风口在机组左右侧板的中间部位。空调机组新风腔处装有高效新风过滤网，车内回风口处装有高效回风过滤网，对车内循环风进行过滤。

（三）主要部件及功能

1. 压缩机

制冷压缩机为全封闭卧式压缩机，如图 1-5、图 1-6 所示，将电动机、压缩机构及供油系统组装在同一个密封的机壳内。制冷压缩机通过橡胶减振器安装在空调机组箱体内。制冷压缩机的作用是将来自蒸发器低温低压的 R407C 气体压缩成高温高压的气体，并送往冷凝器。

图 1-5　制冷压缩机外观

图 1-6　制冷压缩机在空调组中的安装位置

2. 离心风机

室内侧通风机为直联多叶片式离心风机。室内侧通风机可以强化冷媒在蒸发器中的蒸发过程，并将经蒸发器冷却降温的空气送入车内，如图 1-7 所示。

图 1-7 离心式通风机外观

3. 轴流风机

室外侧通风机为直联轴流式风机，风机的叶轮安装在立式电机上，并采取防水结构，如图 1-8、图 1-9 所示。室外侧通风机用于强化冷媒在冷凝器中的凝结放热过程。

图 1-8 轴流风机外观及其在空调组中的安装位置

图 1-9 轴流风机电机及扇叶

4. 蒸发器

蒸发器为铜管套铝肋片的直接蒸发式空气冷却器，其外观如图 1-10 所示。低温低压的气液混合的冷媒在蒸发器内蒸发，当车内循环空气和新鲜空气混合后，通过蒸发器时进行热交换。这时，空气的热量被蒸发器内的冷媒吸收，温度降低。

图 1-10　蒸发器外观

5. 冷凝器

冷凝器的结构形式与蒸发器相同，如图 1-11 所示。高温高压的 R22 气体，通过冷凝器时，在外界空气的强制冷却下，变成常温（约 50 °C）高压的冷媒液体。

图 1-11　冷凝器外观及在机组中的安装位置

6. 毛细管

毛细管为一组内径极小的细长铜管，当高压液体冷媒流经这组高阻力管时，起到节流降压的作用，如图 1-12 所示。

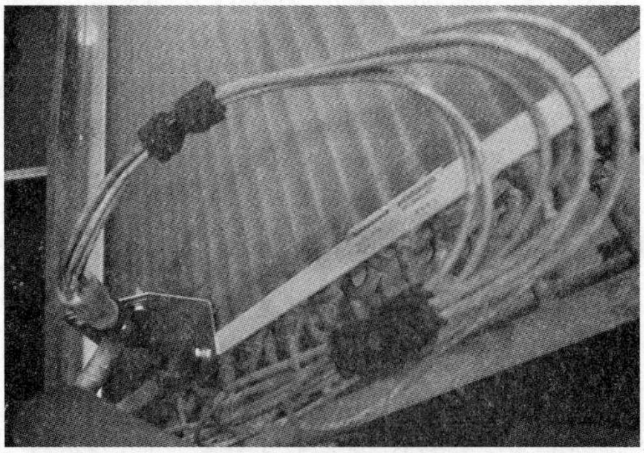

图 1-12　毛细管外观及在机组中的安装位置

7. 干燥过滤器

干燥过滤器（图 1-13）将滤网固定在容器内，并封入干燥剂，能过滤冷媒中的残余杂质，吸取冷媒中的残留水分。

图 1-13　干燥过滤器外观

8. 高压压力开关

当制冷系统的压力异常高时，高压开关动作，停止压缩机的运转，保护制冷系统。高压开关的复位方式为自动复位，如图 1-14 所示。

图 1-14　高低压压力开关外观

9. 低压压力开关

当制冷系统的压力异常低时，低压开关动作，停止压缩机的运转，保护制冷系统。低压开关的复位方式为自动复位。

10. 旁通电磁阀（SV14、SV24）

为保证压缩机在长时间停止后或温度较低情况下启动时的轴承润滑，需要在一定时间内（从压缩机启动开始 30 s）打开电磁阀。

11. 容量控制电磁阀

容量控制电磁阀配合压缩机内能量调节机构可以控制压缩机的容量，通过两个电磁阀的开闭及每台机组两台压缩机工作状态的组合，进行全运转以及控制容量运转（约 70%）的切换，可实现空调机组多级能量调节，制冷能力实现 100%、70%、50%共三档。当打开高压侧（SV12、SV22），关闭低压侧（SV13、SV23）时，为全运转状态；当打开低压侧（SV13、SV23），关闭高压侧（SV12、SV22）时，为容量控制运转状态。

12. 液管电磁阀（SV11、SV21）

液管电磁阀安置在冷凝器出口，防止压缩机停止时冷媒液倒流入压缩机侧，防止再次启动时润滑不良。

13. 逆止阀

逆止阀安装在压缩机的排气管上，在压缩机停止时，防止冷媒液从排气管逆流回压缩机侧。

14. 吸气过滤器

吸气过滤器安装在压缩机的吸气管上，过滤吸气冷媒中的残余杂质。

二、通风管路

1. 通风管路结构及外观

（1）机组送风口：空调机组将经过处理的空气用通风机沿该送风口送往车体送风道，如图 1-15 所示。

图 1-15　空调机组送风口

（2）车体送风口：该送风口与机组送风口相连，如图 1-16、图 1-17 所示。

图 1-16　车体送风口外观

图 1-17　空调机组送风口与车体送风口的对接

（3）车体送风道，如图 1-18 所示。

图 1-18　车体向客室送风的风口外观

（4）车厢送风口，如图 1-19、图 1-20 所示。

图 1-19　硬座车客室送风口外观

图 1-20　卧铺车厢送风口外观

2. 通风系统的主要作用

通风系统将新鲜空气吸入车内，与经过过滤处理的回风混合，经过处理后送到客室，达到调节空气温度、湿度、洁净度、流速、压力、二氧化碳含量的目的。

三、车辆空调控制柜

1. 车辆空调控制柜外观

车辆空调控制柜外观如图 1-21～1-23 所示。

图 1-21　四合一综合控制柜外观

图 1-22　四合一综合控制柜内部结构（上半部分）

图 1-23　四合一综合控制柜内部结构（下半部分）

2. 车辆空调控制柜的作用

四合一综合控制柜内右边 1/3 部分是车辆空调控制部分。车辆空调系统自动保护、工况设置等都由控制柜来实现，具体工作原理将在项目 5 中讲述。

四、航空插头

1. 航空插头外观

航空插头外观，如图 1-24 所示。

图 1-24　航空插头

2. 航空插头的作用

航空插头用于空调机组与控制柜连接，从而实现空调控制柜对空调机组的控制。

五、我国车辆空调主要生产厂家及其主要产品

目前，我国车辆空调机组的生产厂家主要有：石家庄国祥运输设备有限公司、上海法维莱交通车辆设备有限公司、浙江利勃海尔中车交通系统有限公司、上海加冷松芝汽车空调股份有限公司、广州中车轨道交通装备股份有限公司等。

1. 石家庄国祥运输设备有限公司

石家庄国祥运输设备有限公司（前身是石家庄国祥制冷设备有限公司）是由中车石家庄车辆有限公司、台湾国祥冷冻机械股份有限公司共同投资组建的生产企业，是国内铁路车辆空调设备专业定点生产厂家之一，是 ALSTOM 全球空调机组“A”级供货商。

国祥公司在国内火车空调的开发技术上具有领先地位。近年来，中国境内所有新型的火车空调，例如，160 km/h 准高速列车、200 ~ 300 km/h 高速动车组、机车空调及热泵空调、除湿空调等全部由国祥公司开发并首先供应。公司主要产品有铁路火车空调机组、城市轨道交通车辆空调机组、地铁车辆空调机组、铁路运输冷藏机组、公路运输冷藏机组、地面冷库等。

该公司主要车辆空调设备已成功应用于我国的北京地铁 5、10 号线，上海地铁 1、2 号线，

广州地铁 2、8 号线，深圳地铁 4、5 号线，南京地铁 2 号线，西安地铁 2 号线，巴西的圣保罗 1、3 号线，以及土耳其的伊兹密尔轻轨等。

2. 上海法维莱交通车辆设备有限公司

上海法维莱交通车辆设备有限公司成立于 1994 年 6 月，是由法维莱集团下属的德国哈格诺克车辆空调设备有限公司（51%的股份）（现更名为德国法维莱空调设备有限公司）与上海电气集团的子公司上海冷气机厂（49%的股份）共同投资组建的中外合资企业。上海法维莱在生产供铁路干线、城市轨道交通使用的加热设备、通风设备、空调设备和车门系统等产品方面处于国内领先地位。另外，该公司还提供电源设备、电气部件和软件控制系统。

法维莱集团总部设于法国，成立于 1919 年，主要生产供轨道交通使用的各种机电设备，如控制、监控、供电、空调、车门和站台屏蔽门等。其空调、车门和屏蔽门更占据全球领先地位。其在轨道交通方面已经有近 90 年的历史，是欧洲以及世界范围内轨道交通产品的先驱。作为本行业的翘楚，法维莱集团以其在部门及产品上的革新能力而著称。

目前，法维莱集团运输经营的业务主要集中在以下领域：安全门/半高安全门、轨道空调设备、车门系统、受电弓、功率变换器、影像监控系统和其他电子系统。

近年来，法维莱集团已经为铁路干线、城市轨道交通提供了大约 18 000 套列车空调机组和 2500 套门系统，另外向菲律宾、伊朗、伊拉克和马来西亚出口了大约 400 套空调机组。法维莱正在同国内外的客户开展多种类型的项目合作，包括为高速列车、大连轻轨、上海莘闵线、深圳地铁和上海明珠二期提供空调机组，为广州地铁二号线、大连轻轨和大连电车、北京地铁和深圳地铁提供车门系统。

3. 浙江利勃海尔中车交通系统有限公司

浙江利勃海尔中车交通系统有限公司是一家中外合资企业，成立于 2006 年，位于浙江省诸暨市城西工业区。

其中方母公司是广州中车轨道交通装备股份有限公司，简称中车股份，生产轨道车辆和机车用采暖通风空调系统。其产品用于中国轨道交通的所有车型，并出口亚非国家。中车股份已凭借其先进的轨道交通空调系统解决方案成为在中国市场居领导地位的公司之一，并被中国铁路总公司指定为轨道交通空调系统的定点生产厂商。

其外方母公司为位于奥地利维也纳的利勃海尔交通系统有限公司。它为各种不同类型的轨道车辆生产企业提供空调系统和液压控制系统。利勃海尔是欧洲第一家把微处理机用于空调控制系统的企业，它把航空领域先进和环保的空气制冷式空调系统应用到 ICE3 高速列车上，此外还开发了面向未来的以二氧化碳为冷媒的新型环保空调系统。利勃海尔的主动或半主动液压控制系统（包括特种减振器、轮对控制系统、气液二级悬挂系统、摆式列车控制系统等产品）为铁路用户提供了先进的技术平台。凭借其先进的轨道交通空调系统和液压系统技术，利勃海尔交通系统有限公司已成为庞巴迪、西门子、阿尔斯通等国际轨道车辆生产企业的主要空调系统供应商。在世界范围内，利勃海尔这一名词代表着先进的技术、高性能的产品和优质的服务。

合资公司引进利勃海尔先进的管理模式，旨在为中国轨道车辆行业及其用户提供技术先进、质量可靠的产品和服务。

4. 上海加冷松芝汽车空调股份有限公司

上海加冷松芝汽车空调股份有限公司是由香港陈福成先生于 2002 年 6 月投资 1 550 万美元兴建的专业研发、制造、销售商用车和乘用车空调系统的生产企业。

公司总部位于上海市莘庄工业区华宁路 4999 号，占地面积 110 亩（1 亩 = 666.7 m^2），拥有员工近千人，其中中高级职称人员 200 余人，并控股厦门松芝、安徽松芝、重庆松芝，公司通过了 ISO9001：2000 质量管理体系和汽车产品合格双认证，2006 年 1 月又通过了 ISO/TS16949：2002 质量管理体系认证，2007 年被评为高新技术企业。2008 年 3 月，上海加冷松芝汽车空调有限公司改制为上海加冷松芝汽车空调股份有限公司。

2005 年 6 月，上海松芝二期厂房竣工，公司乔迁新址。同年 12 月，获得建设部科技委城市车辆专家委员会授予的“中国客车空调旗舰企业”的称号，继续保持领先地位。同时，出口实现重大突破，客户覆盖到东南亚、东欧、非洲和南美洲。小型商用车的配套扩展到轻型客车、轻型卡车。

该公司主要产品有超薄型车辆节能空调机组、地铁 A 型车空调机组。产品应用于上海地铁、广州地铁等。

5. 广州中车轨道交通装备股份有限公司

广州中车轨道交通装备股份有限公司（中文简称“中车股份”，英文简称 ZRJC），是中国铁路总公司机车、车辆空调的三个定点生产厂家之一，是广东省唯一得到中国铁路总公司认可的具有轨道车辆空调生产资质的厂家。该公司成立于 1956 年，占地面积 5 万平方米，现有两家全资子公司及一家参股公司，资产总值超过 4.5 亿元。

该公司主要从事铁路机车车辆、地铁车辆和轻轨车辆空调系统的开发、生产、销售、维修及售后服务等业务，目前具有列车空调、通风系统、控制系统方面的综合设计能力，率先实现了从单一的空调机组设计到列车空调系统集成设计的转变。

该公司拥有产品技术研发中心、空调机组测试中心和铁路、城轨空调制造基地。公司的技术研发和制造能力处于国内先进水平。其主要产品向着“先进、成熟、可靠”的技术目标不断迈进，不仅服务于中国轨道交通运输，而且实现了批量出口。

任务 3　车辆空调系统常用概念及主要参数

【活动情景】

理解车辆空调系统常用概念及主要参数是学习车辆空调系统的基础，只有掌握这些基础知识才能进一步学好制冷原理，并掌握故障分析的方法。

【任务要求】

（1）理解压力、温度、湿度、焓、熵等参数的含义。

（2）掌握温度、压力换算方法。

（3）理解焓湿图的含义。

视频资源

（4）掌握压力、温度的测量方法。

【基本活动】

一、空气的组成

空气主要由氮气、氧气、水蒸气、二氧化碳、一氧化碳、甲烷、二氧化硫、惰性气体、粉尘等组成。含有水蒸气的空气称为湿空气，不含水蒸气的空气称为干空气。

1. 湿空气的定义

湿空气即含有水蒸气的空气，通常所说的“空气”或“大气”一般都含有水蒸气，所以通常所说的“空气”或“大气”都是湿空气，是空气环境的主体及空气调节的对象。

2. 湿空气的组成

湿空气由干空气和水蒸气组成，故有关系式：

湿空气＝干空气+水蒸气

二、主要状态参数

1. 压力

压力在物理学方面指垂直作用在物体表面上的力。受力物是物体的支持面，作用点在接触面上，方向垂直于接触面，在受力物体是水平面的情况下，压力（F）＝物重（G）。在这种情况下，压力单位为牛顿（简称牛，字母为“N”）。

在热力学中通常所说的压力指的是单位面积上的压力，也就物理学中的压强。大气对浸在它里面的物体产生的压强叫大气压强，简称大气压或气压。1654 年，格里克在德国马德堡做了著名的马德堡半球实验，有力地证明了大气压强的存在，这让人们对大气压有了深刻的认识。然而早在 1643 年，意大利科学家托里拆利就在一根 1 m 长的细玻璃管中注满水银（汞）并将其倒置在盛有水银的水槽中，发现玻璃管中的水银大约下降到 760 mm 高度后就不再下降了。这 760 mm 刻度之上的空间无空气进入，是真空。托里拆利据此推断大气的压强就等于水银柱产生的压强，这就是著名的托里拆利实验。标准大气压为：1.013×10^5 Pa（帕斯卡），等于 760 mmHg[毫米汞（水银）]柱。

图 1-25　压力表

（1）表压力与绝对压力的关系：

绝对压力＝当地大气压力+表压力

（2）压力测定：用压力表（图 1-25）测定。

（3）压力的单位。

国际单位制中压力（也就是物理学中的压强）的单位

是帕斯卡，即牛顿每平方米，用 Pa 表示，除此之外还有千帕（kPa）、兆帕（MPa），它们之间的关系为：

$$1\ \text{MPa} = 10^3\ \text{kPa} = 10^6\ \text{Pa}$$

（4）大气压力。

地面上标准大气压约等于 760 mm 高水银柱产生的压强。由于测量地区等条件的影响，所测数值不同。根据液体压强的公式 $p = \rho gh$，水银的密度是 $13.6\times10^3\ \text{kg/m}^3$，因此 76 cm 高水银柱产生的标准大气压强为

$$\begin{aligned} p &= 13.6\times10^3\ \text{kg/m}^2\times9.8\ \text{N/kg}\times0.76\ \text{m} \\ &\approx 1.013\times10^5\ \text{N/m}^2 \\ &= 1.0336\times10^3\ \text{g/cm}^2 \\ &= 1.013\times10^5\ \text{Pa} \\ &= 1\ \text{atm} \\ &= 76\ \text{cmHg} \\ &= 760\ \text{托} \\ &= 760\ \text{mmHg} \end{aligned}$$

$$1\ \text{mmHg} = 1.013\,25\times10^5\ \text{Pa}/760 = 133.32\ \text{Pa}$$

标准大气压为 1.013×10^5 Pa。

2. 温度

（1）温度单位及换算。

摄氏温度的单位是摄氏度（用符号“°C”表示），人们一般用温度计来测量温度。温度计一般有水银温度计、体温计、电子温度计等。温度一般用 t 表示。

华氏温标（fahrenheit Temperaturescale）单位符号“°F”。1724 年，德国人华伦海特制定了华氏温标，他把一定浓度的盐水凝固时的温度定为 0 °F，把纯水的冰点（icepoint）温度定为 32 °F，把标准大气压下水的沸点（boilingpoint）温度定为 212 °F，中间分为 180 等份，每一等份代表 1 度，这就是华氏温标。

开氏温度标度是用一种理想气体来确立的，它的零点被称为绝对零度。根据动力学理论，当温度在绝对零度时，气体分子的动能为零。为了方便起见，开氏温度计的刻度单位与摄氏温度计上的刻度单位一致，也就是说，开氏温度计上的 1 度等于摄氏温度计上的 1 度，水的冰点摄氏温度计为 0 °C，开氏温度计为 273.15 K。

热力学温度单位开尔文（K）是国际单位制（SI）基本单位之一。

绝对温标、摄氏温标和华氏三者之间的关系为

$$T = t + 273.15 \approx t + 273(\text{K})$$

$$t = \frac{5}{9(t_F - 32)}(°\text{C})$$

式中　T——绝对温度，K；

t——摄氏温度，°C；

t_F——华氏温度，°F。

（2）温度的测量。

测量温度的工具是温度计，如图 1-26 所示。

图 1-26　温度计

3. 湿度

空气的湿度指的是空气干湿程度。

绝对湿度：每立方米湿空气中所含有的水蒸气质量。

相对湿度：空气中水蒸气分压力与同温度下饱和水蒸气分压力之比。

4. 含湿量 d

基本定义：指 1 kg 干空气所含有的水蒸气质量，单位为 kg/kg · 干空气或 g/kg · 干空气。

即
$$d = m_q / m_g$$

式中　m_q、m_g——水蒸气和干空气的质量，kg。

含湿量可以确切地表示空气中实际含有的水蒸气量。空调中常用含湿量的变化来表示空气被加湿或减湿的程度。

水蒸气分压力的大小，反映了湿空气中水蒸气含量的多少。水蒸气含量越多，其分压力也越大。在一定温度条件下，一定量的空气中能够容纳水蒸气的数量是有限度的。湿空气的温度越高，它允许的最大水蒸气含量也越大。当空气中水蒸气的含量超过最大允许值时，多余的水蒸气会以水珠形式析出，这就是结露现象，此时水蒸气达到饱和状态，所对应的湿空气称为饱和湿空气。由此可知，未饱和空气中，水蒸气含量没有达到最大允许值，它还具有吸收水蒸气的能力。我们周围的大气通常都是未饱和空气。

5. 熵

1850 年，德国物理学家鲁道夫·克劳修斯首次提出熵的概念，用来表示任何一种能量在空间中分布的均匀程度，能量分布得越均匀，熵就越大。一个体系的能量完全均匀分布时，这个系统的熵就达到最大值。在克劳修斯看来，在一个系统中，如果听任它自然发展，那么，能量差总是倾向于消除的。让一个热物体同一个冷物体相接触，热就会以下面所说的方式流动：热物体将冷却，冷物体将变热，直到两个物体达到相同的温度为止。克劳修斯在研究卡诺热机时，根据卡诺定理得出了对任意可逆循环过程都适用的一个公式：

$$dS = dQ / T$$

熵在物理学上指热能除以温度所得的商，标志热量转化为功的程度。

熵在科学技术上用来描述、表征系统不确定程度的函数，亦被社会科学用以借喻人类社会某些状态的程度。

熵不可在传播学中表示一种情境的不确定性和无组织性。

6. 焓

焓是一个热学的概念。简单来讲，焓是在压力一定的情况下，衡量一个系统的能量多少的指标。定义为 $H = U+pV$。这里 U 是系统内能，p 是压力，V 是体积。引进焓的概念后就有以下结果：在一个恒压过程中，系统的焓的增量就等于从外界吸取的热量。

三、湿空气的焓湿图

焓湿图是将湿空气各种参数之间的关系用图线表示，如图 1-27 所示，一般是按当地大气压绘制的，从图上可查知温度、相对湿度、含湿量、露点温度、湿球温度、水蒸气含量及分压力、空气的焓值等空气状态参数。为了求解空气状态及对空气进行处理（空气调节）提供依据，图上亦可反映出空气的处理过程。焓湿图主要有六条线，即等焓线、等含湿量线、等温线、等相对湿度线、水蒸气分压力线、热湿比线。

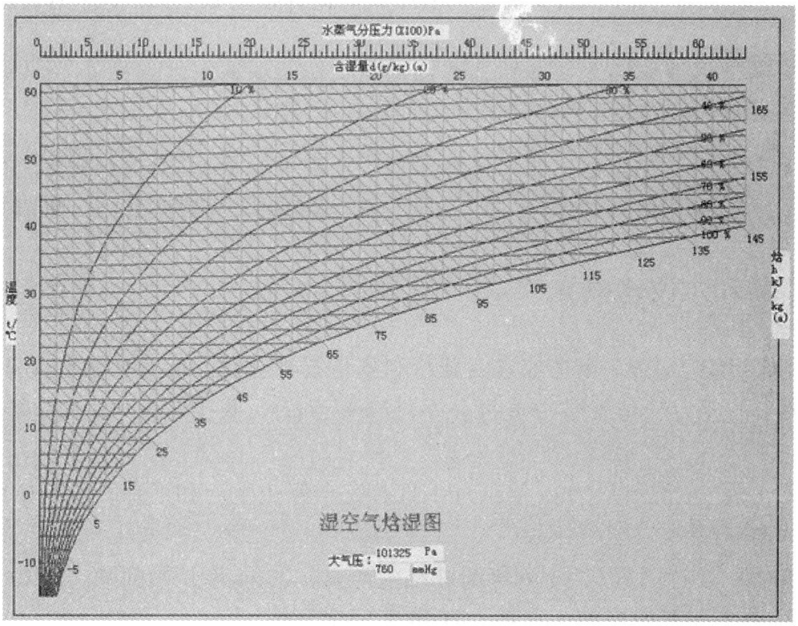

图 1-27　湿空气焓湿图

任务 4　制冷剂与润滑油

【活动情景】

制冷剂又称为制冷工质，在蒸气压缩式制冷系统中，利用制冷剂的变化进行吸热和放热，从而将热量从低温热源输送到高温热源，达到制冷或制热的目的。车辆空调中常用的制冷剂是 R22。

【任务要求】

（1）了解制冷剂的发展和作用。
（2）理解车辆空调系统对制冷剂的要求。
（3）掌握车辆空调系统常用制冷剂的特性。
（4）了解润滑油的作用。
（5）了解车辆空调系统对润滑油的特性要求。

视频资源

【基本活动】

一、制冷剂的发展

（1）乙醚（易燃、易爆、制取低温时蒸发压力低于大气压）。

（2）CO_2、NH_3、SO_2。

（3）卤代烃（氟利昂，Freon）是链状饱和碳氢化合物的氟、氯、溴衍生物的总称，可以分为三类：

① 全卤代烃，分子中只含有氯、氟、碳原子，称为氯氟烃，简称 CFCs，如 R11、R12、R13 等。

② 氢氯氟烃，分子中除氯、氟、碳原子外，还有氢原子，简称 HCFCs，如 R22。

③ 氢氟烃，分子中没有氯原子，而有氢、氟、碳原子，简称 HFCs，如 R134a。

二、《蒙特利尔议定书》

联合国环保组织于 1987 年在加拿大蒙特利尔市召开会议，36 个国家和 10 个国际组织共同签署了《关于消耗大气臭氧层物质的蒙特利尔议定书》，我国 1992 年正式宣布加入修订后的《蒙特利尔议定书》。

对于 CFCs：发达国家从 1996 年 1 月 1 日起完全停止生产和消费；发展中国家最后停用日期是 2010 年。

对于 HCFCs：发达国家从 1996 年起冻结生产量，2004 年开始削减，2020 年完全停用；发展中国家从 2016 年开始冻结生产量，2040 年完全停用。

三、制冷剂性质方面的要求

（一）热力学性质方面的要求

（1）在工作温度范围内有合适的压力和压比。

（2）单位制冷量 q_0 和单位容积制冷量 q_v 比较大。

（3）比功 W 和单位容积压缩功 W_v 小，循环效率高。

（4）等熵压缩终了，温度 t_2 不太高。

（二）迁移性质方面的要求

（1）黏度、密度尽量小。

（2）热导率大。

（三）物理化学性质方面的要求

（1）无毒、不燃烧、不爆炸、使用安全。

（2）化学稳定性和热稳定性好。

（3）对大气环境没有破坏作用。

（四）其他方面的要求

原料来源广、制造工艺简单、价格便宜。

四、氟里昂制冷剂的分类与命名

（一）制冷剂的分类

氟利昂是饱和烃类（碳氢化合物）的卤族衍生物的总称，是 20 世纪 30 年代随着化学工业的发展而出现的一类制冷剂，它的出现解决了制冷空调界对制冷剂的需求。从氟利昂的定义可以看出，现在人们所说的非氟利昂的 R134a、R410A 及 R407C 等其实都是氟利昂。

氟利昂能够破坏臭氧层，是因为制冷剂中有 Cl 元素的存在，而且随着 Cl 原子数量的增加，对臭氧层破坏能力增强，随着 H 元素含量的增加，对臭氧层破坏能力降低；温室效应主要是因为制冷剂在缓慢氧化分解过程中，生成大量的温室气体，如 CO_2 等。根据氟利昂制冷剂的分子结构，大致可以将其分为以下 3 类：

1. 氯氟烃类

氯氟烃类简称 CFC，主要包括 R11、R12、R113、R114、R115、R500、R502 等，由于其对臭氧层的破坏作用最大，被《蒙特利尔议定书》列为一类受控物质。此类物质目前已禁止使用，在制造聚氨酯海绵的过程中，R11 已由 R141b 作为过渡性替代品。

2. 氢氯氟烃

氢氯氟烃简称 HCFC，主要包括 R22、R123、R141b、R142b 等，其臭氧层破坏系数仅仅是 R11 的百分之几，因此，目前 HCFC 类物质被视为 CFC 类物质最重要的过渡性替代物质。在《蒙特利尔议定书》中 R22 被限定于 2020 年淘汰，R123 被限定于 2030 年淘汰，发展中国家可以推迟 10 年。

3. 氢氟烃类

氢氟烃类简称 HFC，主要包括 R134a、R125、R32、R407C、R410A、R152 等，其臭氧层破坏系数为 0，但是气候变暖潜能值很高。在《蒙特利尔议定书》中没有规定其使用期限，在《联合国气候变化框架公约》京都议定书中定性为温室气体。

目前所使用的所有制冷剂全部都是氟利昂制品，非氟利昂制冷剂到目前为止还未被研发出来。在新的制冷剂研发出来之前，要解决的是空调机组选用哪种制冷剂，对我们赖以生存的环境造成的破坏力相对小一些。我们应当明令禁止的是第 1 类产品，而不是第 2 类、第 3 类制冷剂。

（二）制冷剂的命名

国际上统一规定用字母“R”和它后面的一组数字或字母作为制冷剂的简写符号。

（1）无机化合物：简写符号规定为 R7（ ），括号代表一组数字，是该无机物分子量的整数部分。

（2）卤代烃和其他烷烃类：烷烃类化合物的分子通式为 C_mH_{2m+2}；卤代烃的分子通式为 $C_mH_nF_xCl_yBr_z$（$n+x+y+z=2m+2$），则简写符号规定为 R（$m-1$）（$n+1$）（x）B（z），每个括号是一个数字，该数字为零时省去不写。

（3）非共沸混合制冷剂：简写符号为 R4（ ）。

（4）共沸混合制冷剂：简写符号为 R5（ ）。

（5）环烷烃及环烷烃的卤代物：用字母“RC”开头。

（6）链烯烃及链烯烃的卤代物：用字母“R1”开头。

（7）有机氧化物、脂肪族胺：用 R6 开头，其后的数字是任选的。

五、制冷剂的生产使用注意事项

1. 毒性

美国工业与环境卫生专家大会用 TLVs（ThresholdLimitValues）指标作为毒性指标。

美国杜邦公司用 AEL（AllowableExposureLimit）作为毒性指标。

上述两个指标数量非常接近，如果这些指标的数值不小于 1 000，则认为这种制冷剂是无毒的。

注意：虽然有些氟利昂制冷剂的毒性较低，但是它们在高温或火焰作用下会分解出极毒的光气，使用时要特别注意。

2. 燃烧性和爆炸性

各种制冷剂的燃烧性和爆炸性差别很大。易燃的制冷剂在空气中的含量达到一定的范围时，遇明火就会发生爆炸。因此应尽量避免使用，在必须要使用时，要有防火防爆安全措施。

3. 对水的溶解性

（1）制冷剂与水溶解，进入制冷系统，在毛细管入口处易形成冰堵。

（2）形成的水合物对金属材料有腐蚀作用。

4. 泄漏性

制冷机工作时不允许有制冷剂向系统外泄漏，因此系统的运行需要经常在设备、管道的结合面处检查有无制冷剂泄漏。

5. 使用氨作为制冷剂时的注意事项

（1）由于氨有刺激性气味，依靠嗅觉检漏。
（2）不能用肥皂水检漏。
（3）可以用酚酞试剂或试纸检漏。

6. 使用氟利昂作为制冷剂时的检漏方法

（1）用肥皂水检漏。
（2）用卤素喷灯检漏。
（3）使用电子检漏仪检漏。

7. 制冷剂与大气环境

ODP（Ozone Depletion Potential）：大气臭氧层消耗的潜能值；以 R11 为基准值，人为地规定其值为 1.0。

GWP（Global Warming Potential）：全球变暖潜能；以 R11 为基准值，人为地规定其值为 1.0。

8. 对材料的作用

（1）氢化合物制冷剂对金属无腐蚀作用。
（2）卤素化合物制冷剂与金属的作用。
（3）“镀铜”现象。
（4）氨制冷机中对铜的特殊要求。
（5）橡胶、塑料的溶解和膨润作用。

六、常用制冷剂

（一）无机物（氨）

（1）应用较广的中温制冷剂，沸点 – 33.3 °C，凝固点 – 77.9 °C。
（2）有较好的热力学性质和热物理性质。
（3）有毒、可燃，安全分类 B2。
（4）与水互溶，但由于有腐蚀作用，限制含水量不超过 0.2%。
（5）密度比矿物油小，在矿物油中溶解度小。
（6）对材料有限制，不允许使用铜及铜合金。
（7）用于蒸发温度在 – 65 °C 以上的大型或中型活塞及螺杆机组中，也应用于大容量离心式制冷机中。

（二）氟利昂（R22）

1. 制冷剂 R22 的基本性质

R22 对金属有较好的稳定性，无腐蚀。但 R22 含水时，易发生镀铜现象。R22 对橡胶和塑料有机材料有一定的侵蚀性，密封材料可采用氯乙醇橡胶。

化学名：二氟一氯甲烷。

分子式：$CHClF_2$。

分子量：86.47。

熔点 - 160.00 °C。

沸点 - 40.8 °C。

破坏臭氧层潜能值 0.034。

临界温度：96.2 °C。

临界压力 4.99 MPa。

破坏臭氧层潜能值（ODP）：0.055。

全球变暖系数值（GWP）：0.36。

液体比热：30 °C，0.31 kJ/（kg · °C）。

饱和液体密度：30 °C，1.174 g/cm^3。

2. 制冷剂 R22 的主要用途

R22 作为当今使用最广泛的中低温制冷剂，主要应用于家用空调、商用空调、中央空调、移动空调、热泵热水器、除湿机、冷冻式干燥器、冷库、食品冷冻设备、船用制冷设备、工业制冷、商业制冷、冷冻冷凝机组、超市陈列展示柜等制冷设备。二氟一氯甲烷也可用于生产聚四氟乙烯树脂的原料和灭火剂 1121 的中间体，以及作为聚合物（塑料）物理发泡剂。其用于往复式压缩机，作为工业、商业、家庭空调系统的制冷剂；还可用来作杀虫剂和喷漆的气雾喷射剂，也可用于生产灭火剂 1211；是生产各种含氟高分子化合物的基本原料。

其一般用于空调或双机复叠的一级，作为高温端冷媒，比一般的冷媒制冷强度大。

3. 制冷剂 R22 使用注意事项

制冷剂 R22 钢瓶为带压容器，储存时应远离火种、热源，避免阳光直接曝晒，通常储放于阴凉、干燥和通风的仓库内；搬运时应轻装、轻卸，防止钢瓶以及阀门等附件破损。

通常与制冷剂 R22 配用的冷冻机油有：Suniso3GS、4GS、5GS、KunLun3GS、4GS、5GS、ICEMATICSW220、CP-4214-320、LUNARIAKT15、22、32、46、56、CapellaWF68 等。在不同设备、不同应用场所最终使用何种冷冻油，应遵照冷冻压缩机和制冷（空调）设备厂商的建议，或根据该制冷压缩机、制冷设备使用的具体情况来确定使用同等设计和技术员要求的冷冻机润滑油，即选用对等的冷冻机油。

4. 制冷剂 R22 的发展趋势

R22 属于 HCFC 类制冷剂，根据《蒙特利尔协议书》规定，将于 2030 年前全面淘汰。

主要环保替代品：R404A、R410A、R290、R23、R407C、R411A、R417A、R1270。

（三）制冷剂 R134a

制冷剂 R134a，主要作为 R12 的环保替代品，广泛用于汽车空调、冰箱、中央空调、商业制冷等制冷空调系统。

1. 制冷剂 R134a 的性质

中文名称：制冷剂 R134a。

化学名称：四氟乙烷（R134a）。

分子式：CH_2FCF_3。

分子量：102.03。

沸点：－26.26 °C。

凝固点：－96.6 °C。

临界温度：101.1 °C。

临界压力：4 067 kPa。

饱和液体密度：25 °C，1.207 g/cm^3。

液体比热：25 °C，1.51 kJ/（kg · °C）。

溶解度（水中，25 °C）：0.15%。

临界密度：0.512 g/cm^3。

破坏臭氧潜能值（ODP）：0。

全球变暖系数值（GWP）：0.29。

沸点下蒸发潜能：215 kJ/kg。

注：R134a 在国内普遍被视为环保制冷剂。但是由于 GWP 过高，在欧洲存在很大争议，目前已经被列入淘汰程序。因此，R134a 只是作为向环保产品过渡中的替代品，全面淘汰只是时间问题。

2. 制冷剂 R134a 的用途

R134a 主要作为 R12 的环保替代品，广泛用于汽车空调、冰箱、中央空调、商业制冷等制冷空调系统；还可作为医药、农药、化妆品、清洗等产品的气雾推进剂、阻燃剂以及发泡剂。此外，R134a 也是一些共沸混合制冷剂（如 R404A 等）的配制原料。

3. 发展趋势

R134a 是一种中温制冷剂，是目前公认的 R12 比较理想的替代制冷剂之一。

R134a 毒性很低，在空气中不可燃，稳定性很好，安全类别 A1。

R134a 溶水性比 R22 高，对金属会产生腐蚀作用或产生“镀铜”作用。

（四）制冷剂 R410A

R410A 是一种新型环保制冷剂，不破坏臭氧层，工作压力为普通 R22 空调的 1.6 倍左右，制冷（暖）效率更高，可提高空调性能，不破坏臭氧层。R410A 新冷媒由两种准共沸的混合物而成，主要由氢、氟和碳元素组成（表示为 HFC），具有稳定、无毒、性能优越等特点。同时由于不含氯元素，故其不会与臭氧发生反应，即不会破坏臭氧层。另外，采用新冷媒的空调在性能方面也会有一定的提高。R410A 是目前为止国际公认的用来替代 R22 最合适的冷媒，并在美国、日本等国家得到普及。

1. 基本性质

中文名称：R410A 制冷剂。

商品名称：SUVA 410A。

破坏臭氧潜能值（ODP）：0。

分子量：72.58。

沸点：－51.6 °C。

临界温度：72.5 °C。

临界压力：MPa：4.95 MPa。

沸点下蒸发潜能：256.7 kJ/kg。

R410A 制冷剂，别名 R410A，其商品名称有 SUVA410A、SUVA9100、GenetronAZ-20、Genetron410A、Puron410A 等。由于 R-410A 属于 HFC 型近共沸环保制冷剂（完全不含破坏臭氧层的 CFC、HCFC），是得到目前世界绝大多数国家的认可并推荐的主流中高温环保制冷剂，广泛用于新冷冻设备上的初装和维修过程中的再添加。符合美国环保组织 EPA、SNAP 和 UL 的标准，符合美国采暖、制冷空调工程师协会（ASHRAE）的 A1 安全等级类别（这是最高的级别，对人身体无害）。

2. 主要用途

R410A 作为当今广泛使用的中高温制冷剂，主要应用于家用空调、中小型商用空调（中小型单元式空调、户式中央空调、多联机）、移动空调、除湿机、冷冻式干燥器、船用制冷设备、工业制冷等制冷设备。

R410A 制冷剂是新装制冷设备上替代氟利昂 R22 的最佳和最终选择（通常为空调系统）。但是由于 R410A 与 R22 压力不同（R410A 压力比 R22 要高得多）以及压缩机用油等均不相同，因此对于初装为 R22 制冷剂的制冷设备的售后维修，如果需要再添加或更换制冷剂，仍然只能添加 R22，通常不能直接以 R410A 来替代 R22（也就是说通常不可以进行“换血式”的替换；但是对于初装使用 R410A 的制冷设备，维修或替换时可以以 R22 直接替换 R410A）。

3. 特点

R410A 是一种混合制冷剂。它是由 R32（二氟甲烷）和 R125（五氟乙烷）组成的混合物，其优点在于可以根据具体的使用要求，对各种性质，如易燃性、容量、排气温度和效能加以考虑，量身合成一种制冷剂。R410A 外观无色，不浑浊，易挥发，沸点－51.6 °C，凝固点－155 °C。其主要特点有：

（1）不破坏臭氧层。其分子式中不含氯元素，故其臭氧层破坏潜能值（ODP）为 0。全球变暖潜能值（GWP）小于 0.2。

（2）毒性极低。容许浓度和 R22 同样，都是 $1\ 000 \times 10^{6}$。

（3）不可燃。空气中的可燃极性为 0。

（4）化学和热稳定性高。

（5）水分溶解性与 R22 几乎相同。

（6）混合制冷剂，由两种制冷剂组成。

（7）不与矿物油或烷基苯油相溶。

4. 发展趋势

R410A 制冷剂是一款由 HFC 类物质组成的混配制冷剂，不含任何破坏臭氧层的物质，其 ODP 值为零。与 R22 相比，R410A 的制冷量显著提高，因此为设计更小更紧凑的空调设备提供了可能。并且由于 R410A 具有近共沸的物性，在整个运行范围内，制冷剂温度滑移小于 0.2 °C，R410A 在制冷空调系统中不会发生显著的分离，即不会由于泄漏而改变制冷剂的成分，因此在售后维修再补充过程中，无须排放掉系统中剩余的制冷剂。R410A 是目前世界公认的家用空调 R22 制冷剂的中长期替代品。

5. 用油参考

绝大多数压缩机生产商建议使用多元醇酯 POE（PolyolEster）冷冻机油。

七、载冷剂

在间接冷却的制冷装置中，被冷却物质或空间中的热量是通过一种中间介质传给制冷剂的。这种中间介质在制冷工程中称为载冷剂或第二制冷剂。

优点：减小制冷机的充灌量；载冷剂热容大，易于保持恒温。

缺点：系统更加复杂；增大了被冷却对象与制冷剂间的温差，需要较低的蒸发温度。

1. 对载冷剂的要求

（1）在工作温度下处于液态。

（2）比热容要大。

（3）密度小。

（4）黏度小。

（5）化学稳定性好。

（6）不腐蚀管道和设备。

（7）不燃、不爆炸、无毒、对人体无害。

（8）价格低廉，便于获得。

（9）水、盐水、有机化合物及其水溶液。

盐水：氯化钙、氯化钠对金属材料有腐蚀作用，在使用时一般加入缓蚀剂，调整溶液的 pH 至 7.0 ~ 8.5，缓蚀剂一般采用重铬酸钠（$Na_2Cr_2O_7 \cdot 2H_2O$）。

2. 常用有机载冷剂

常用有机载冷剂主要有乙二醇、丙二醇、丙三醇的水溶液等，其中乙二醇的水溶液使用最为广泛。

不冻液：由乙二醇（质量分数 40%）、乙醇（20%）、水（40%）组成的三元溶液。

冰点：－64 °C；密度：1 000 kg/m^3；比热容：3.14 kJ/（kg · K）；沸点：98 °C。

八、润滑油

1. 润滑油的作用

（1）保证压缩机正常运转，对压缩机的各运动部件起润滑和冷却作用。

（2）在摩擦面形成油膜，降低摩擦功和带走摩擦热。

（3）防止运动部件由于发热而卡死。
（4）对于开启式压缩机，还可以起到密闭作用。
（5）形成油膜，防止生锈。
（6）带走杂质和油污，清洁润滑面。

2. 润滑油的要求

（1）在运行状态下，润滑油要有适当的黏度。
（2）凝固点要低，低温时要有良好的流动性。
（3）不含水分、不凝性气体和石蜡。
（4）与制冷剂有良好的兼容性，本身有较好的热稳定性和化学稳定性。
（5）满足绝缘、耐电压要求。
（6）价格低廉，容易获得。

3. 分类和特性

（1）天然矿物油：具有较小的极性，适用于极性较小或没有极性的制冷剂。
（2）人工合成油：一般具有较强的极性，适用于极性较大的制冷剂。

保护臭氧层维也纳公约

关于耗损臭氧层物质的蒙特利尔议定书

京都议定书

项目小结

本项目主要讲述了车辆空调系统的分类、作用，车辆空调系统各主要部件的外观和作用，常用参数和常用概念，制冷剂的选用要求及常用制冷剂的特性。

问题与思考

1. 车辆空调系统有哪些作用？
2. 车顶单元式空调机组有哪些主要部件？
3. 对车辆空调系统中的制冷剂有哪些要求？
4.《关于耗损臭氧层物质的蒙特利尔议定书》主要讨论的是什么问题？达成了哪些重要共识？
5.《京都议定书》主要讨论的是什么问题？达成了哪些重要共识？

项目 2　车辆空调制冷系统

项目描述

车辆空调系统与我们日常生活中常见的家用、办公空调的功能是一样的，它在车辆中承担着调节客室内空气温度、增强客室内空气流动、提高车辆乘坐舒适性的作用。

学习目标

1. 了解车辆空调制冷系统工作原理。
2. 了解蒸汽压缩式制冷机组的组成。
3. 了解制冷压缩机的分类、结果及工作原理。
4. 了解制冷换热器的结构及作用。
5. 了解制冷辅助设备的结构及作用。

能力目标

1. 认识压缩机、冷凝器、蒸发器、膨胀阀的结构。
2. 掌握压缩机、换热器的选型、使用及维护。
3. 掌握制冷系统的检漏，制冷剂重铸的常备设备的使用。
4. 掌握制冷系统的故障现象分析及处理方法。

任务 1　车辆空调制冷系统工作原理

【活动情景】

了解车辆空调的一些基础知识后，进一步了解车辆空调制冷系统，即制冷系统的工作原理。

【任务要求】

（1）掌握车辆空调系统的工作原理。
（2）掌握压焓图。

视频资源

【基本活动】

一、车辆空调制冷系统工作原理

车辆空调系统即用人为的方法调节车辆空气温度、湿度、含尘浓度和气流速度等参数，以满足使用者对车辆室内环境要求的机组与设备。

单级蒸汽压缩制冷系统，是由制冷压缩机、冷凝器、蒸发器和节流阀四个基本部件组成。它们之间用管道依次连接，形成一个密闭的系统，制冷剂在系统中不断地循环流动，发生状态变化，与外界进行热量交换。

液体制冷剂在蒸发器中吸收被冷却的物体热量之后，汽化成低温低压的蒸汽，被压缩机吸入、压缩成高压高温的蒸汽后排入冷凝器，在冷凝器中向冷却介质（水或空气）放热，冷凝为高压液体，经节流阀节流为低压低温的制冷剂，再次进入蒸发器吸热汽化，达到循环制冷的目的。这样，制冷剂在系统中经过蒸发、压缩、冷凝、节流四个基本过程完成一个制冷循环，如图 2-1 所示。

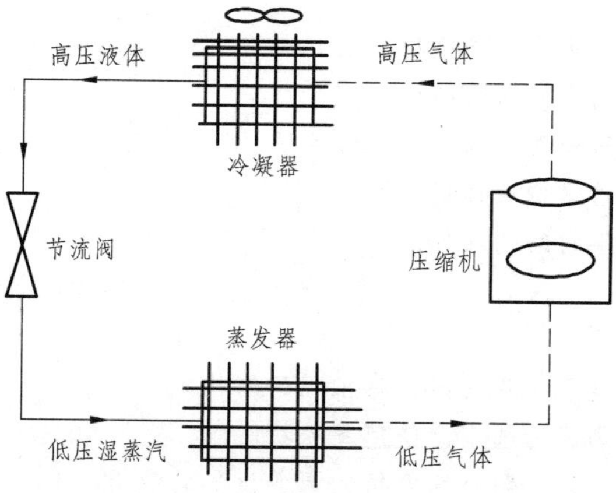

图 2-1　制冷原理示意图

在制冷系统中，蒸发器、冷凝器、压缩机和节流阀是制冷系统中必不可少的四大件，其中蒸发器是输送冷量的设备。制冷剂在其中吸收被冷却物体的热量实现制冷。压缩机是心脏，起着吸入、压缩、输送制冷剂蒸汽的作用。冷凝器是放出热量的设备，将蒸发器中吸收的热量连同压缩机功所转化的热量一起传递给冷却介质带走。节流阀对制冷剂起节流降压作用，同时控制和调节流入蒸发器中制冷剂液体的数量，并将系统分为高压侧和低压侧两大部分。实际制冷系统中，除上述四大件之外，常常有一些辅助设备，如电磁阀、分配器、干燥器、集热器、易熔塞、压力控制器等部件，它们是为了提高运行的经济性、可靠性和安全性而设置的。

二、蒸汽压缩式制冷的理论循环

（一）制冷剂压焓图

制冷剂的 p-h 图是以比焓 h（kJ/kg）为横坐标，压力 p（MPa）为纵坐标，依据工质参数之间的关系式，以 1 kg 工质为基准绘制的图线。为使图线清晰可见，绘制时压力按照对数标度排列，所以也称之为 lg*p*-*h* 图，如图 2-2。

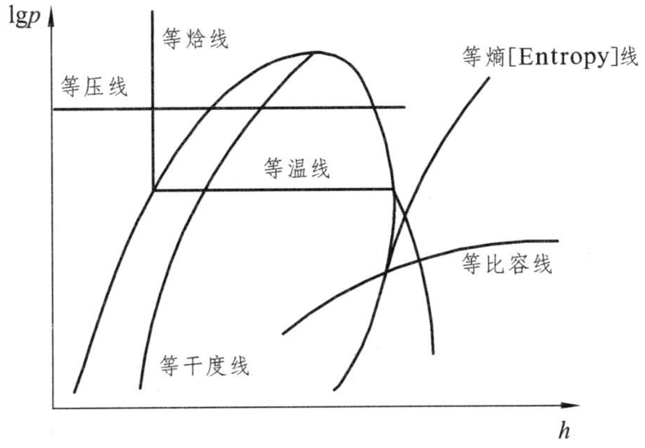

图 2-2　压焓图

在 lg*p*-*h* 图中有两条比较粗的曲线：左边一条叫饱和液体线，右边一条叫干饱和蒸汽线。这两条曲线若向上延长将交于一点，称为临界点。因为一般制冷循环都在理论临界点以下进行，故在一些制冷剂的 lg*p*-*h* 图中，临界点都未表示出来。

饱和液体线与干饱和蒸汽线将图划分为三个区域：

（1）过冷液体区，指饱和液体线左边的区域。

（2）过热蒸汽区，指干饱和蒸汽线右边的区域。

（3）湿饱和蒸汽区，指饱和液体线与干饱和蒸汽线包容的区域。在这个区域中，气态和液态的制冷剂共同存在。在湿饱和蒸汽中，制冷剂蒸汽所占的重量比例称之为干度。在饱和液体线与干饱和蒸汽线之间绘有等干度线在 lg*p*-*h* 图中，制冷剂的五种状态分别是未饱和液体（未饱和液态区内任一点）、饱和液体（饱和液体线上任意一点）、湿蒸汽（湿饱和蒸汽区内任一点）、干饱和蒸汽（干饱和蒸汽线上任一点）及过热蒸汽（过热区内任一点）。

在 lg*p*-*h* 图中，还有 6 组等参数线：

等压线——与横坐标并行的水平线。

等比焓线——与纵坐标轴平行的垂直线。

等温线——在未饱和液态区近于垂直 *h* 轴；在湿蒸汽区，因为制冷剂的状态变化是在等压、等温下进行的，故其与各温度对应的饱和压力线重合，为水平线；在过热蒸汽区则弯曲向下。

等熵线——向右上方倾斜的实线。

等比容线——向右上方倾斜单比等熵线平缓的虚线。

等干度线——仅在湿蒸汽区内存在的近似平行于饱和液体线或干饱和蒸汽线的线。

同其他状态参数图一样，在制冷剂的压焓图上，一个点就表示一个状态；一条曲线（或直线）就表示制冷剂所经历的一个过程；一条封闭的曲线就表示制冷剂所经历的一个循环。因此，有了制冷剂压焓图，就可以将蒸汽压缩制冷循环表示在图上了。

（二）单级蒸汽压缩式制冷的理论循环

由热工学可知，逆卡诺循环是一个理想的制冷循环。蒸汽压缩制冷循环就是按照逆卡诺循环原理进行的，但是它又不完全与逆卡诺图循环相同。为了便于用热力学的方法来分析蒸汽压缩制冷循环，我们先讨论简化后的蒸汽压缩制冷的理论循环，如图 2-3 所示。

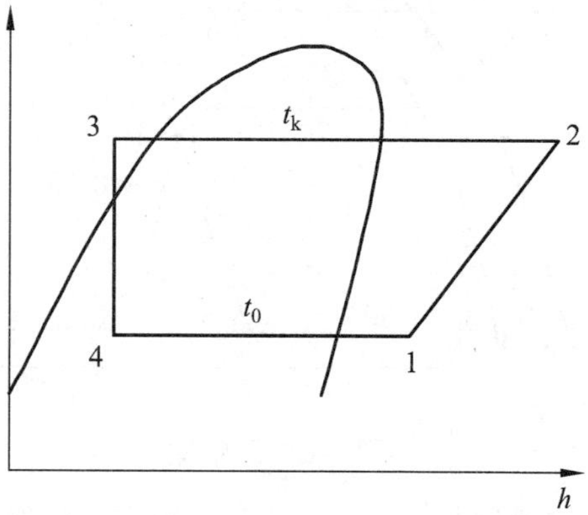

图 2-3　蒸汽压缩式制冷的理论循环

图中：1 点是出蒸发器进压缩机；2 点是出压缩机进冷凝器；3 点是出冷凝器进膨胀阀；4 点是出膨胀阀进蒸发器。

1—2：压缩机中的等熵压缩过程。

2—3：冷凝器内的等压冷却、冷凝、过冷过程。

3—4：膨胀阀内的等焓节流过程。

4—1：蒸发器内的吸热等压汽化过程。

（三）理论循环与实际制冷循环的差别

理论循环：压缩机的压缩过程存在换热和流阻，该过程是多变过程，也是气阀压力下降的过程；制冷剂在蒸发、冷凝及流动过程中存在阻力损失，在降压过程中降压、蒸发、冷凝；制冷剂流过膨胀阀从外界吸少量热，该过程近似等焓过程（焓值、干度增加）；制冷剂流过回气管时有阻力，从外界吸少量热，该过程为降压吸热过程（压力降低、过热度增加）。

实际制冷循环：制冷剂由高压变为低压，并以膨胀阀为分界点。冷剂流经膨胀阀比焓相等，制冷剂由过冷液体变成湿蒸汽。冷剂在蒸发器进口是湿蒸汽、出口是过热蒸汽。冷剂在蒸发器中完全气化前是降压降温过程，也是干度增加的过程。制冷剂在压缩机吸气管中吸热流动过热度增加，压力降低，冷剂在压缩机进口和出口都是过热蒸汽；制冷剂在液管中流动一般是降压升温过程。

（四）理想制冷循环的热力计算

单位制冷量：单位质量冷剂制取的冷量，如图 2-4 所示。

$$q_0 = h_1 - h_4 \quad (\text{kJ/kg})$$

单位容积制冷量：每立方米冷剂气体制取的冷量。

$$q_v = q_0 / v_1 \quad (\text{kJ/m}^3)$$

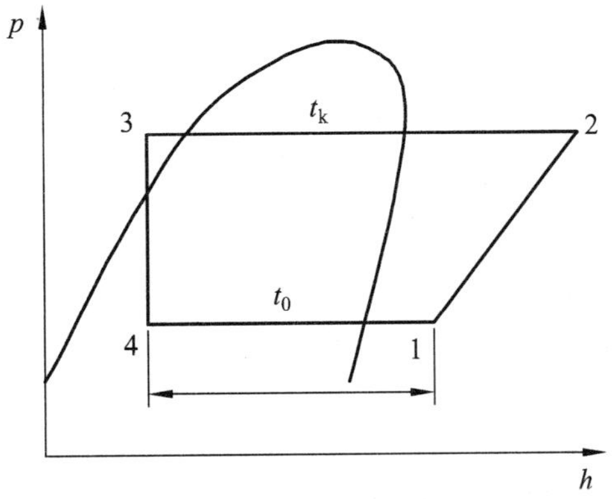

图 2-4　单位制冷量示意图

单位压缩功：压缩单位质量气体冷剂所需要的功，如图 2-5 所示。

$$w_0 = h_2 - h_1 \quad (\text{kJ/kg})$$

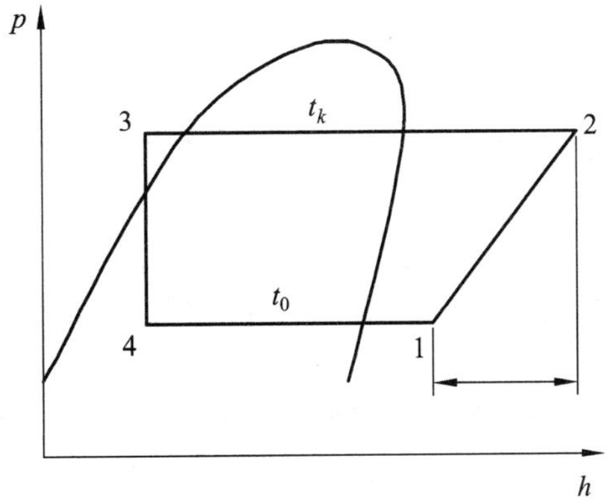

图 2-5　单位压缩功示意图

理论制冷系数（衡量制冷效率的标志）如图 2-6 所示。

$$\varepsilon = q_0 / w_0 = \frac{h_1 - h_4}{h_2 - h_1}$$

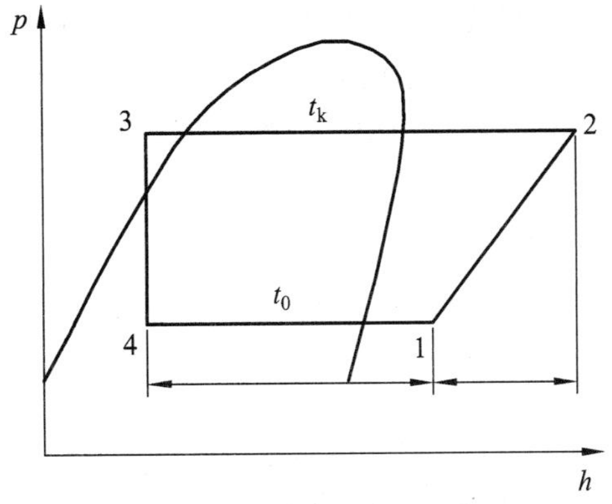

图 2-6　理论制冷系数示意图

任务 2　制冷压缩机

【活动情景】

重点介绍车辆空调制冷压缩机的分类、结构和简单的工作原理。

【任务要求】

（1）掌握车辆空调制冷压缩机的分类。

（2）掌握车辆空调制冷压缩机的工作原理。

视频资源

【基本活动】

制冷压缩机是蒸汽压缩式制冷装置的一个重要部件，它起着压缩和输送制冷剂蒸汽的作用，是推动制冷剂在制冷系统中不断循环的动力。因此，制冷压缩机被称为蒸汽压缩式制冷装置的主机。在铁路客车空调装置中，主要采用全封闭活塞压缩机，也采用滚动转子式压缩机、涡旋式压缩机及封闭式压缩机等。

一、制冷压缩机的类型

制冷压缩机按工作原理不同可分为容积型和速度型两大类。

容积型压缩机是通过改变工作容积来完成气体的压缩和输送的。

容积型压缩机主要有活塞式、螺杆式和滚动转子式（又称旋转式）压缩机。其中活塞式压缩机是通过活塞在汽缸内做往复运动来改变工作容积的；而螺杆式和旋转式压缩机是通过螺杆或转子在汽缸内做旋转运动来改变工作容积的。

速度型压缩机是使气体在高速转动的叶轮中提高速度，而后通过导向器使气体的动能转化为压力能，进而来完成气体的压缩和输送任务。目前常用的速度型压缩机是离心式压缩机。

制冷压缩机按照标准工况下制冷量的大小可分为小型、中型和大型三种类型。

标准工况制冷量小于 58 kW 为小型；标准工况制冷量在 58 ~ 580 kW 为中型；标准工况制冷量大于 580 kW 为大型。

活塞式压缩机发展历史悠久，具有丰富的设计、制造和运行的经验，至今在各个领域中依然被广泛采用并得到发展。制冷压缩机的持续进步也反映在其种类的多样化方面，活塞式以外的各类压缩机型，如离心式、螺杆式、滚动转子式和涡旋式等都在被卓有成效地开发，令人刮目相看。在此背景下，活塞式压缩机的使用范围必受影响而出现逐渐缩小的趋势，这种趋势在大冷量范围内表现得更显著。但是，在中小冷量范围内，实际上还是以活塞式压缩机为主。

二、活塞式制冷压缩机

（一）活塞式制冷压缩机工作原理

1. 活塞压缩机的分类

按使用的制冷剂来分，有氨压缩机和氟利昂压缩机两种。

按压缩级数来分，有单级压缩和双级压缩两种。

按汽缸中心线的位置分，有直立式、V 型、W 型和 S（扇）型。

按压缩机的总体结构来分，有开启式、半封闭式、全封闭式三种。

2. 活塞式压缩机的工作过程

1）理想工作过程

在分析活塞式压缩机的工作过程中，可以先把实际过程简化成理想过程。简化假定：

（1）压缩机没有余隙容积。

（2）吸、排气过程没有容积损失。

（3）压缩过程是理想的绝热过程。

（4）无泄漏损失。

2）实际工作过程

压缩机的实际工作过程与理想工作过程有很大不同。实际过程存在余隙容积；吸排气阀有阻力，工作时存在压力损失；汽缸壁与制冷剂之间有热交换，非绝热过程；有漏气损失。

（1）余隙容积的影响（容积系数λ_V）。

余隙：活塞运动到上止点位置时，活塞顶与阀座之间保持一定的间隙，称为余隙，余隙所形成的容积称为余隙容积。造成余隙的主要原因是防止曲柄连杆机构受热延伸时不至于使活塞撞击阀座而引起机器损坏，排气阀的通道占据一定的空间，运动部件的磨损使零件配合间隙变大，活塞环与阀盖之间的环型空间。

余隙容积的存在，在排气过程结束时不能将汽缸内的气体全部排净，有一部分高压气体残留在余隙容积内，这样在下一次吸气开始前，这一部分气体首先膨胀减压，在压力降低到低于吸气压力才能开始吸气。因此，由于余隙容积内的气体膨胀，占据了部分工作容积，使吸气量减少，称为余隙损失。压比越大时，余隙损失越大。

（2）吸排气阀（片）阻力的影响（压力系数λ_P）。

阀门（片）开启时必须克服阀片的惯性力和压在阀片上的弹簧力以及气体通过阀门的流动阻力，使得实际吸气压力低于 P_1，产生节流损失；而排气压力高于 P_2，这使得余隙损失增大。汽缸内部压比大于外部压比。

（3）汽缸壁与制冷剂的热交换影响（温度系数λ_T）。

吸气时低温气体吸收被排气加热了的汽缸的热量，体积膨胀，压缩机吸气量减少，称为预热损失。

（4）压缩机泄漏损失的影响（气密系数λ_g）。

压缩机运行时，密封不严和磨损会造成漏气损失，它常发生在活塞环和汽缸壁之间的不密封处，使得气体从高压腔向低压腔泄漏。此外，吸、排气阀片关闭不严或关闭滞后，也会造成汽缸内气体泄漏。这部分损失叫作泄漏损失。

由于这些实际因素的影响，压缩机的实际输气量总是小于理论输气量，实际耗功总是大于理想过程的耗功。而影响这些因素最大的外界条件就是压缩比，即冷凝压力和蒸发压力的比值。

（二）活塞式制冷压缩机的结构

1. 我国系列活塞制冷压缩机的特点

高速转速为 960 ~ 1 450 r/min；多缸，开启式压缩机通常有 2、4、6、8 个汽缸。多缸结构使压缩机布置紧凑，动平衡性能好，还可以通过使一部分汽缸空载运转达到调节制冷量的目的。三种制冷剂通用：新系列大缸径如100、125、170系列压缩机对R717、R12、R22三种制冷剂都可以使用，只需更换部分零部件，如安全阀、气阀弹簧、轴封、胶圈等。

2. 压缩机总体结构

（1）运动部分：包括曲轴、连杆、活塞等。

（2）配气部分：包括吸、排气阀，吸、排气通道等。

（3）密封部分：包括活塞环、轴封、垫片、填料等。

（4）润滑部分：包括油泵、滤油器、油压调节阀等。

（5）安全部分：假盖、假盖弹簧、安全阀、高压保护继电器、油压保护继电器等。

（6）能量调节部分：卸载机构。

3. 压缩机主要零部件结构

此处主要介绍开启式压缩机的主要零部件结构。

（1）机体：机体就是压缩机的机身，它由汽缸体、曲轴箱、汽缸盖等组成。吸气腔就是汽缸体的内腔，吸入气体通过吸气腔时可以冷却汽缸套，散热条件好。排气腔在汽缸体上端，吸、排气腔之间由隔板分开。对于单机双级压缩机，高、低压级的吸、排气腔之间都有隔板分开。汽缸盖对汽缸上部起着密封作用，它和机体、假盖一起形成了高压蒸气的排气腔。在拆卸汽缸盖时，应防止假盖弹簧将汽缸盖弹出砸伤人。汽缸盖螺栓中有两个长螺栓，在拆卸时先松开短螺栓，再松长螺栓，慢慢释放弹簧的弹力。

汽缸体下部是曲轴箱，内装曲轴和冷冻油以及粗油过滤器，曲轴箱与低压级吸气腔相通。曲轴箱两侧有手孔，方便拆装连杆。机体前后端开有两个轴承座孔，安装前后轴承座。

（2）汽阀缸套部件大中型压缩机的汽缸工作镜面不是和机体铸在一起，另配有可单独装配的汽缸套，这样做有以下几点好处：

① 汽缸套耗材少，可以采用优质材料或表面镀铬，来提高汽缸镜面的耐磨性。

② 如汽缸镜面磨损到超过允许范围，只要更换汽缸套，节省修理费用，又简单省时。

③ 可以简化汽缸体、曲轴箱结构，便于铸造。

汽阀是控制汽缸中依次进行压缩、排气、膨胀、吸气的控制机构。其性能的好坏直接影响压缩机的制冷量、功耗和运转的可靠性。目前活塞压缩机多数采用环状阀。它是由阀座、阀片、升程限制器、汽阀弹簧等组成。它的开启和关闭主要靠阀片两侧的压力差来实现，因此，这种阀又称为自动阀。汽阀按其作用不同，分为排气阀和吸气阀。排气阀的阀座分为内、外阀座两部分。外阀座用螺钉与汽缸套一起固定在机体上，而内阀座用螺钉和假盖固定在一起。排气阀的两条密封线分别做在内、外阀座上，排气阀片上压有数个阀片弹簧，它的升程限制器就是假盖。吸气阀的阀座是做在汽缸套的凸缘上形成的两圈凸出宽度为1.5 mm左右的密封面，又称阀线。阀线之间有一环形凹槽，槽中有均布的吸气孔与吸气腔相通。吸气阀片也压有阀片弹簧。排气外阀座的下端面就是吸气阀的升程限制器。

由于吸、排气压力不同，吸、排气阀片弹簧的弹力也不同，装配时应注意区分。阀片弹簧呈锥形，大头装到弹簧座中，应旋转安装。假盖被假盖弹簧紧紧压在排气阀座上。作用是：当汽缸内产生液击（液体制冷剂或润滑油大量吸入汽缸时，由于液体的不可压缩，活塞的运动使液体产生巨大的冲击力）时，假盖被汽缸内的压力顶起，打开一条额外的通道，让汽缸内液体迅速排出，避免事故，起到安全阀的作用。

活塞压缩机最大的安全隐患就是回液（潮车），操作时应尽量避免。汽缸套内腔是气体在其内压缩、膨胀的部位，对活塞起导向作用，直接承受气体压力和活塞的侧压力，是压缩机最重要的摩擦面之一，其内径尺寸及椭圆度超过规定尺寸就需要更换。汽缸套通过螺钉或定位销固定在机体上，可以通过汽缸垫片的厚度来调整活塞上死点间隙（余隙）。因为汽缸体内腔（缸套外侧）与曲轴箱相通，安装高压级汽缸时，机体与缸套之间应加胶圈密封。

（3）活塞部件活塞在汽缸内往复运动，压缩由汽缸、阀片等组成的封闭容积内的气体。为减少往复运动的惯性力，活塞常用铝合金制成，并做成中空形式。它由顶部、环部、裙部和销座四部分组成。活塞顶部呈凹形（与假盖凸起相配合），上面有起吊螺孔承受蒸汽压力。环部开有环槽，在其中放置汽环和油环，油环槽的内壁圆周上开有很多回油孔，油环从汽缸壁上刮下的润滑油可通过它流回曲轴箱。裙部略粗，在汽缸中起导向作用并承受侧压力。活塞销座位于裙部，装配活塞销使活塞与连杆小头相连。活塞环分为汽环和油环两种。汽环的作用是密封蒸汽，减少汽缸内的高压气体通过活塞与汽缸的间隙泄漏到曲轴箱中。油环的作用是将汽缸内壁的油刮下流回曲轴箱。为保证活塞环在汽缸中有足够的弹力，在自由状态时，其直径比汽缸直径大。在压入环槽并进入汽缸后，锁口间隙及其与环槽的轴向间隙有严格要求，过大或过小都会影响压缩机的正常工作，必须更换。

活塞销是活塞与连杆小头的连接体。当活塞往复运动时，它在活塞销座和连杆小头衬套中相对转动而承受磨损。为减少活塞销的磨损，常采用浮动式配合方式，即活塞销在销座和小头衬套中都没有固定，可自由转动。为防止浮动活塞销轴向窜动伸出活塞擦伤汽缸，在销座两端的环槽内装上弹簧挡圈予以阻挡。

（4）连杆部件。

连杆是将曲轴的旋转运动转化为活塞往复运动的中间连接体，把动力传给活塞对蒸气做功。

连杆结构一般可分为三部分：连杆小头、连杆身、连杆大头。

连杆小头一般都是整体式结构，内摩擦面装配轴承衬套，衬套材料一般采用磷青铜。小头轴承的润滑一般是靠从连杆体内钻孔输送过来的润滑油进行压力润滑。高压级汽缸的压力比较大，连杆小头常采用滚针轴承结构，提高使用寿命。同时，为减小耗油量，润滑方式也采用飞溅润滑。

连杆大头是连杆与曲轴连接的一端。除小型压缩机连杆的大头为整体式外，其余大部分为剖分式结构。在与曲轴销相配合的连杆大头内孔里一般装有薄壁轴瓦。

连杆螺栓是剖分式连杆大头中用以连接大头盖的紧固件，起着定位大头盖的作用。连杆螺栓在压缩机运转时受力非常严重，如果在运转中断裂，会造成压缩机的严重破坏。为了防止连杆螺栓在运转中松动，连杆螺母必须设有防松装置。严禁用其他螺栓替代连杆螺栓。

（5）曲轴。

曲轴是压缩机的一个重要零件，压缩机消耗的功率就是通过曲轴输入的，它是主要的受力部件。曲轴是由曲柄、曲柄销和主轴颈、平衡块四部分组成。平衡块用以平衡压缩机运转时曲柄、曲柄销及部分连杆所产生的旋转惯性力和惯性力矩，减小压缩机运转时所产生的振动，也可以减轻曲轴主轴承上的负荷，减小轴承的磨损。

（6）轴封。

对于开启式压缩机，驱动轴的一端要伸出机体外部，为了防止制冷剂向外泄漏或空气渗漏入系统，必须在轴的伸出部位及机体之间设置轴封装置。

为了润滑动、静环之间的密封面，减少渗漏并带走热量，轴封室内充满润滑油，通过油泵把油不断地输送到轴封，然后通过曲轴上的油孔流向主轴颈及曲柄销。因为曲轴是处在曲轴箱内，轴封处压力为（低压级）吸气压力，所以要求油压比（低压级）吸气压力高 0.15 ~ 0.3 MPa。

注意事项：对于氟利昂压缩机，“O”形圈应使用耐氟橡胶；轴封少量渗漏是允许的。

（7）能量调节机构。

压缩机能量调节的方法主要有：

① 改变压缩机转速 ——需要变频器，影响油压。

② 压缩机间隙运行 ——温度、压力变化大，操作麻烦。

③ 压缩机吸气节流 ——压缩机经济性降低。

④ 顶开吸气阀片 ——方便、经济，可实现卸载启动。

顶开机构的工作原理：通过顶杆将部分汽缸的吸气阀片顶起，这几个汽缸在吸气之后进行压缩时，吸气阀片不能关闭，汽缸中压力不能建立，排气阀片始终不能打开，被吸入的气体没有得到压缩就经过打开的吸气阀片又排回到吸气腔中。因此，这部分汽缸不能实现排气，达到改变压缩机排量的作用。

能量调节装置是由能量控制阀和卸载机构两部分组成的，两者之间通过油管相连，并用油泵输出的压力油作为动力。卸载机构是一套装在压缩机内部卸载机构的液力传动机构，主要由油缸、油活塞、拉杆、弹簧、转动环、顶杆等组成。拉杆上的凸环嵌在汽缸套外部的转动环中。

（8）油泵及润滑系统。

飞溅润滑：借助曲轴连杆机构的运动，把曲轴箱中的润滑油甩向需要润滑的表面，或是让飞溅起来的油按设定的路线流过需要润滑的表面。

压力润滑：利用油泵加压的润滑油通过输油管路输送到需要润滑的摩擦面。这种供油方式油压稳定，油量充足，润滑安全可靠。

油路的流向：曲轴箱中的润滑油经过装在曲轴箱底部的滤网式（粗）油过滤器和三通阀后被油泵吸入，提高压力后，经梳片式（精）滤油器滤去杂质后分成两路：一路去后主轴承座，润滑主轴颈，并通过主轴颈内的油道去相邻的一个曲柄销润滑该曲柄销上的连杆大头轴瓦，再通过连杆体中的油孔输送到连杆小头衬套，润滑活塞销。这一路在后轴承座上设有油压调节阀，一部分油经过油压调节阀旁通流回到曲轴箱。另一路进入轴封箱，润滑和冷却轴封摩擦面并形成油封，然后进入前主轴承，润滑主轴颈及相邻曲柄销；此外再从轴封箱引出一路，供给卸载装置的油分配阀，作为能量调节机构的液压动力。

油泵：常用内啮合转子式油泵（简称转子泵），由曲轴驱动，对旋转方向有要求。压缩机电机的旋转方向是由油泵转向决定的。曲轴箱压力过低（汽蚀）或油泵磨损过大，都会影响油压的建立，蒸发温度低于 – 45 °C 时常采用外置油泵。

注意事项：精滤器的操作；油压的调整；油压不足时的分析和检修。

（9）安全阀。

安全阀设置在吸气腔与排气腔之间，是一种压差式阀。当排气压力与吸气压力的差值超过规定值时，阀芯自动起跳，使吸、排气腔相通，高压气体泄向低压腔，起保护压缩机的作用；当压差减小至低于规定值时，阀芯自动关闭。

注意事项：安全阀压力调整后，用锁紧螺母锁紧，拧上阀帽后铅封，禁止随意调整设定值；安全阀起跳后，很容易造成泄漏。因此，起跳后须检修后才能再度使用。

三、螺杆式制冷压缩机

（一）螺杆式制冷压缩机组的组成及工作原理

螺杆式制冷压缩机组包括：螺杆式制冷压缩机、气路系统、油路系统和控制系统，这些设备（除启动柜之外）装在同一公共底座上，构成机组。

气路系统包括：吸气截止阀、吸气过滤器、吸气止回阀、排气截止阀等。

油路系统包括：高效油分离器、油冷却器、油粗过滤器、油泵、油精过滤器、恒压阀、回油过滤器等。

典型螺杆式制冷压缩机组流程如图 2-7 所示。

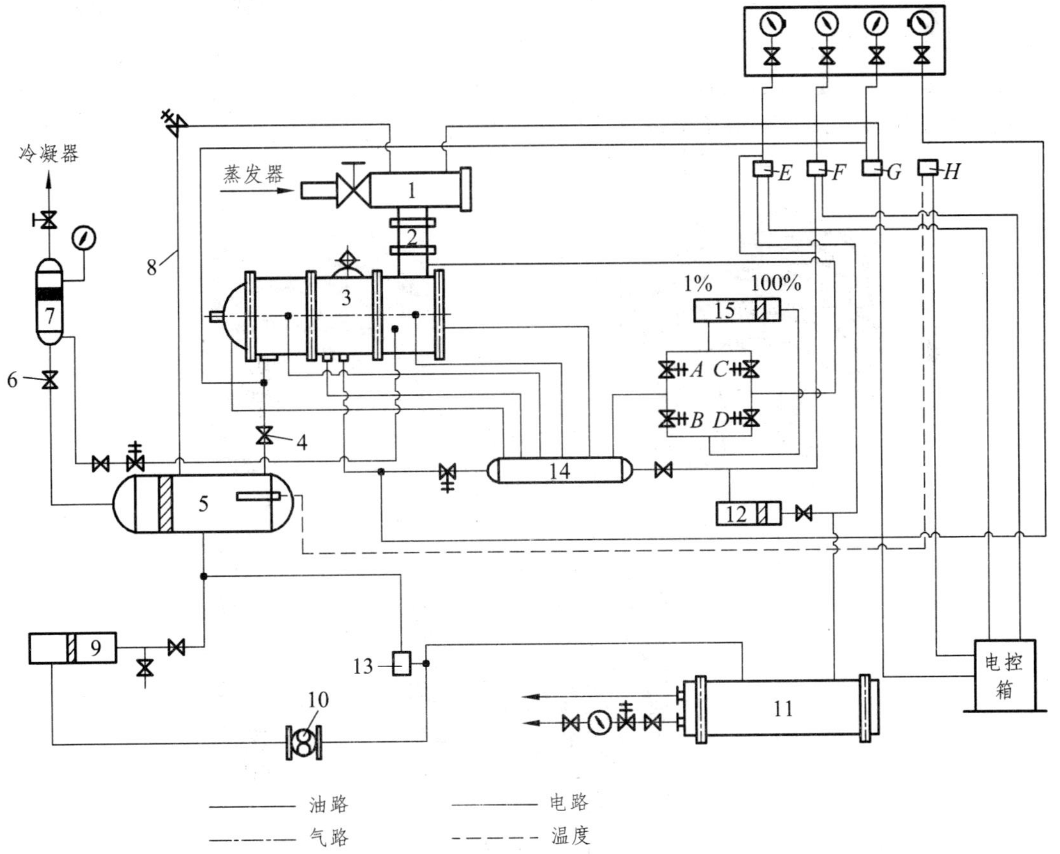

图 2-7　典型螺杆式制冷压缩机组流程图

1—过滤器；2—吸气止回阀；3—螺杆式制冷压缩机；4—伸缩管（可以不设）；5—二次油分离器；6—排气止回阀；7—油分离器；8—旁通管路；9—油粗过滤器；10—油泵；11—油冷却器；12—油精过滤器；13—恒压阀；14—油分配管；15—能量调节阀

（二）螺杆式制冷压缩机

螺杆式制冷压缩机是回转容积型压缩机，依靠气体进入机器后体积的缩小使气体密度急剧增加而使气态制冷剂压力升高。

螺杆式制冷压缩机的机体内装有两只互相啮合的平行转子——阳转子和阴转子。当两转子转动时，两转子的齿部相互插入到对方的齿槽内，随着转子的旋转，插入的深度越来越大，容纳气体槽的容积越来越小，从而达到压缩气体制冷剂的目的。

为使压缩机正常工作，需要向压缩机内喷油。其对压缩机工作腔，可以起到密封和冷却的作用；轴承、轴封、平衡活塞的工作也需要提供润滑油。

1. 螺杆式制冷压缩机的工作过程

螺杆式制冷压缩机的工作过程由吸气、压缩、排气三个过程组成，转子的具体工作过程如图 2-8 所示。

单级螺杆式制冷压缩机内装有一对转子，主动转子 4 个齿，从动转子 6 个齿。两个转子装入机体中，由主动转子带动从动转子相互啮合而转动。当转子转动时，一对相互啮合的齿槽相通。图 2-8（a）表明转子进入吸气状态，当转子继续转动时，如图 2-8（b）所示，一对相互啮合的齿槽容积逐渐减少，使压力升高，形成了压缩过程。当压缩的齿槽与排气口相通时，见图 2-8（c），压缩机开始进入排气状态，直到排气完成为止。

阳转子每旋转一圈，压缩机完成 4 个吸入、压缩、排气过程。

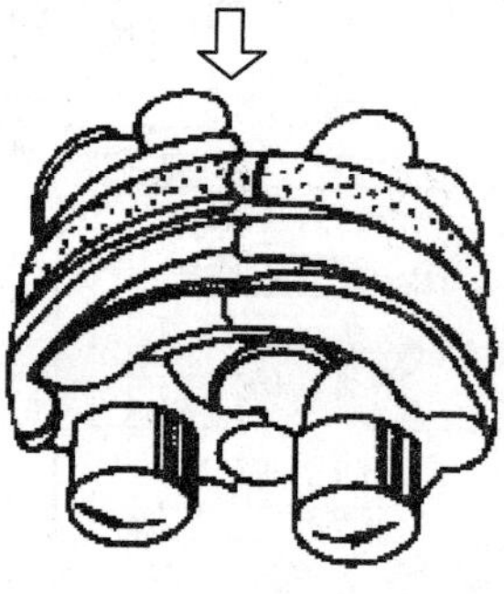

（a）吸入

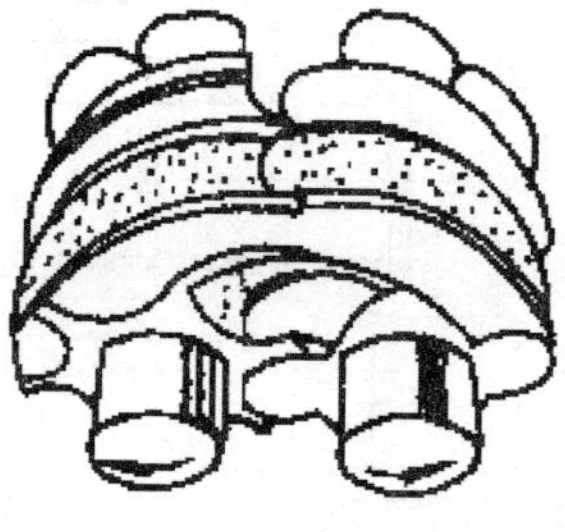

（b）压缩

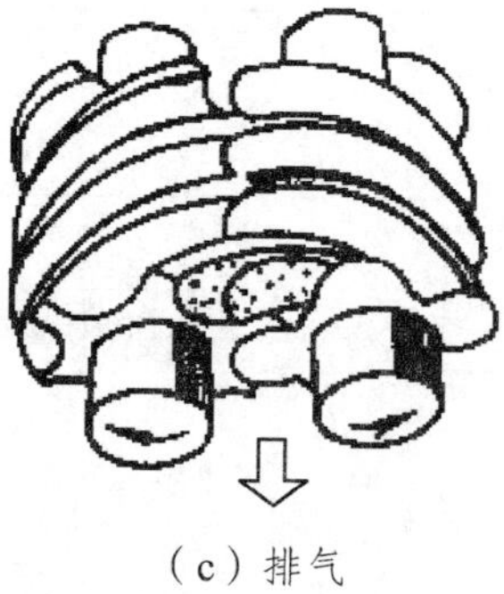

（c）排气

图 2-8　螺杆式制冷压缩机工作过程

2. 螺杆式制冷压缩机的主要零部件

螺杆式制冷压缩机由机体、转子、滑阀、轴封和联轴器五个部分组成，如图 2-9 所示。

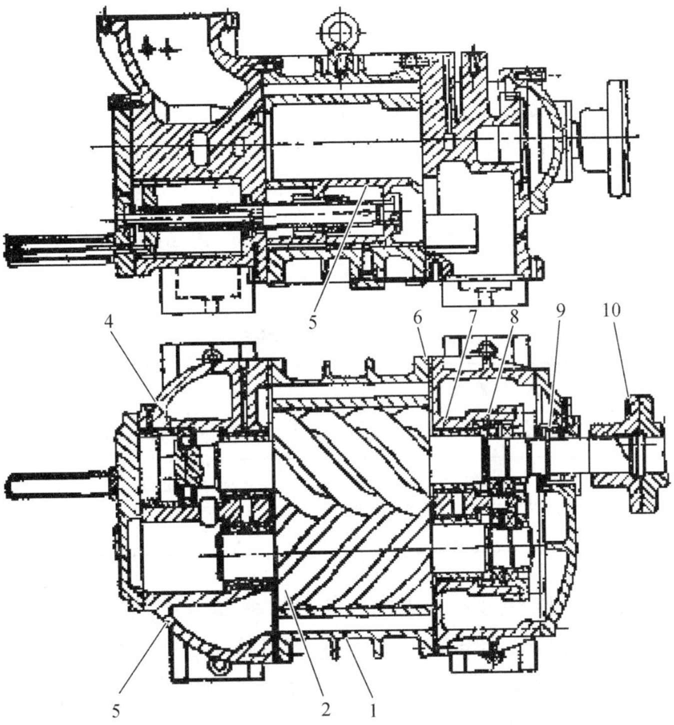

图 2-9 螺杆式制冷压缩机结构图

1—机体；2—阴阳转子；3—吸气端座；4—平衡活塞；5—滑阀；6—排气端座；7—主轴承；8—径制止推轴承；9—轴封；10—联轴器

1）机体部分

机体部件由吸气端座、机体、排气端座等组成，这些零件的材料为 HT200。吸气端座上设置有轴向吸气口；机体内与两转子配合的内孔加工成“∞”字形，并设置有径向吸气口；排气端座上设置有轴向排气口。

2）转子部件

转子分为主动转子（一般为阳转子）与从动转子（一般为阴转子），均采用 QT600-3 材料铸造，利用专用设备加工而成。转子采用 QT600-3 材料有利于吸收噪声。主动转子直接与电动机相连，转速为 2 960 r/min，从动转子在主动转子的推动下转动，其转速为 1 973 r/min。转子部件如图 2-11 所示。

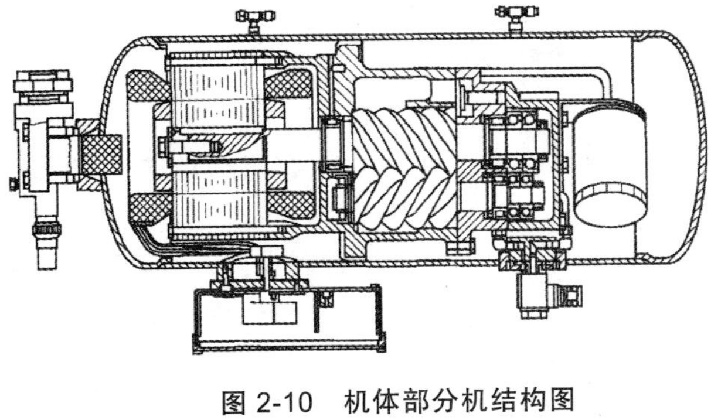

图 2-10 机体部分机结构图

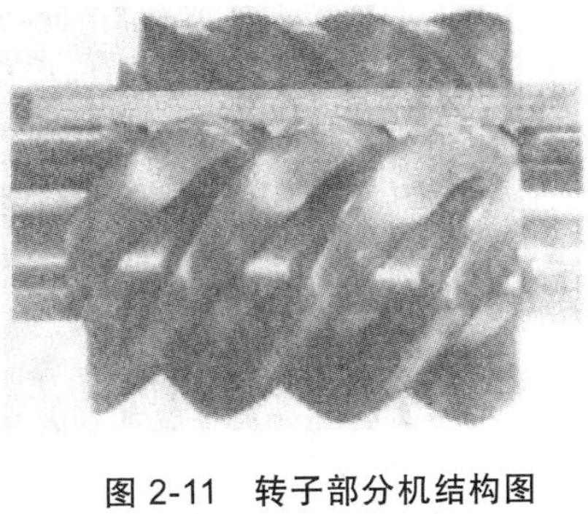

图 2-11 转子部分机结构图

3）滑阀部件

滑阀部件的功能是调节压缩机的输气量。滑阀两圆弧表面上加工出了压缩机径向排气口，滑阀向排气口方向移动可以减载，降低压缩机输气量；滑阀向吸气口方向移动可以增载，提高压缩机输气量。根据使用工况不同（即内容积比不同）分别设置机组滑阀，其上所开径向排气口与各工况的容积比相对应（即与各工况对应），根据用户使用工况将其中一组滑阀装入机器上即可。利用滑阀能够实现制冷量的无级调节，调节范围在 10% ~ 100%。滑阀分组如表 2-1。

表 2-1 滑阀分组

序号	内容积比	内压力比	所适应的工况
A	2.6	3.3	空调工况（+5 °C/+40 °C）
B	3.6	5	标准工况（－15 °C/+30 °C）
C	5	7.5	低温工况（－35 °C/+35 °C）

能量调节是由滑阀位置的不同来实现的，滑阀的移动由油活塞带动。当电磁阀组②开启、①关闭时，油活塞左侧油压高，油活塞向右移动，即减载；当电磁阀组①开启、②关闭时，油活塞右侧油压高，油活塞向左移动，即增载；当电磁阀组①②均关闭时，油活塞不动，即定位。滑阀部件及能量控制原理，如图 2-12。

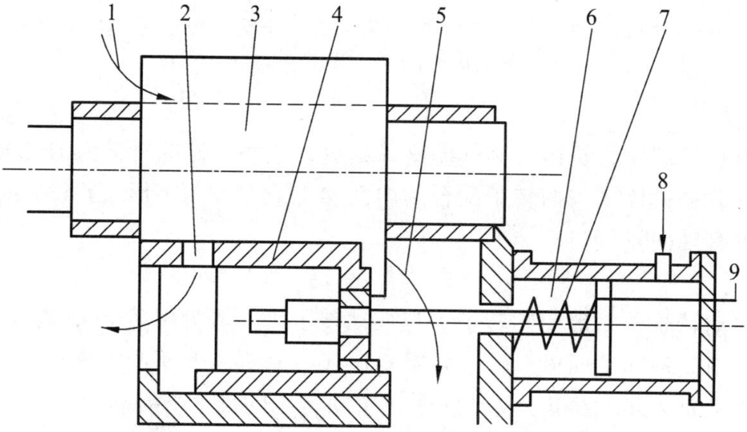

图 2-12 螺杆制冷压缩机的能量调节机构

1—吸入口；2—回流口；3—转子；4—滑阀；5—排出口；6—油缸；7—平衡弹簧；8—进油口；9—负荷指示杆

4）轴封部件

轴封为机械式密封，其冷却及润滑均由高压油来完成，进入的润滑油压力比排气压力高 0.15 ~ 0.30 MPa。

由于轴封是在较高的压力区工作，所用摩擦材料具有足够的刚性和强度，所以静环选用耐压强度较高的碳化硅，动环选用石墨制成，其弹性模数较大，其密封口经研磨及抛光加工，可达较高的光洁度。

密封圈为 O 形环，材料为丁氰耐油橡胶（用于氨机）或氯醇橡胶（用于氟机）。

5）联轴器部件

压缩机联轴器分为柱销式联轴器和膜片式联轴器两种，两者均属于挠性联轴器。

柱销式联轴器由两半联轴节和飞轮构成，材料为 45 号钢，传动芯子为耐油硬橡胶。膜片式联轴器的膜片由特制的高强度不锈钢薄片制成，具有特异的挠性和疲劳寿命，可吸收机组机械不对中、热变形、扭曲、高速、轴位移产生的复合应力。在设计中考虑了联轴器重心位置、转动惯量，制造中经过动平衡校正。联轴器装拆方便，无须移动机器，无须润滑，便于维护检修轴封。

6）油路系统

本机组所选用螺杆式制冷压缩机是单级喷油螺杆式制冷压缩机，向压缩机内喷入的润滑油量为压缩机理论排气量的 0.5%～1%。润滑油在机器内起润滑、冷却、密封和消音的作用。

油路系统包括：高效油分离器、油冷却器、油泵、油粗过滤器、油精过滤器、恒压阀、平衡管及阀门等。

3. 安装及开机前的准备

1）安装

在设备运抵现场后，应首先检查机器外观，不应有碰撞等损坏现象发生。在运输、吊运、安装过程中，都应注意杜绝碰撞发生。

（1）基础。

机组两端的最小维修空间不小于 900 mm。

对基础的要求是：① 能承受整个压缩机组的重量；② 具有一定的质量，减弱压缩机的振动。

若机组安装在楼上时，应预防机组振动传给建筑物，为此需作减震处理。当然，机组水平振动会略有增加。机组安装在地面上时，基础采用混凝土浇灌。

在设置好预留孔后，基础浇灌应连续进行，中间不要间断，浇灌完毕经 7～10 天后，方可安装机组。

（2）机组的吊装。

机组可以用起重机或叉车通过钢丝绳吊住机组的吊耳，切勿硬吊油分离器及油冷却器的外壳或公共底座。

起吊时不允许利用压缩机和电动机上的吊环螺栓。

（3）机组的安装。

① 将地脚螺栓孔内的碎石泥土清理干净，不允许有积水存在。对基础进行外观检查，应无裂纹、蜂窝、空洞等缺陷。在基础检查合格后，方可吊装机组。

② 将机组起吊至基础之上。

③ 在预留的地脚螺栓孔两侧放置垫铁组，每组垫铁有两块斜铁和一块平铁，以便调节机组的水平。

④ 在找正及找水平工作完成以后，以混凝土浇灌将地脚螺栓固定。应边浇注边搅拌，以使混凝土填实，防止气泡夹层。

⑤ 待混凝土干固后，旋紧地脚螺栓，最后以垫铁再次找水平，当确认无误后固定垫铁（如电焊法）。

⑥ 填满机组公共底座与基础间空隙，抹光基础。

（4）管路连接。

① 按所需长度准备好所需的吸气、排气管路等，内部的氧化皮等应彻底清理干净。

② 准备好必要的管路支架。

③ 连接吸气、排气系统管路，不可强制连接，以免造成连接件的变形和机器与电动机中心的偏移。

④ 将油分离器上安全阀出口接至室外安全地方。

⑤ 连接油冷却器的进出水管路。

⑥ 在系统试压和真空实验合格后，吸气管路包扎绝热层，吸、排气管路涂上代表压力范围的颜色，将各管路紧固在管路支架或吊架上。

（5）电气接线。

电气线路的连接和要求见电控使用说明书。

（6）联轴器找正。

开机前，电动机与压缩机之间的联轴器必须重新找正，要求中心线同心度误差不大于 ϕ0.075 mm，轴线斜度不大于 0.03。

2）开机前的准备

（1）系统排污。

机组在出厂前已进行过排污。系统排污时，机组可不做此项工作。

各设备在接入系统前应是密闭和洁净的，但在安装前仍应以压缩空气吹净其内所残存的污物。

对于已经安装完毕的制冷系统，在试漏前应以 0.6 MPa 的压缩空气吹净存在于设备及管路内的污物，污物由各设备的排污口排出，污物不得吹入压缩机内部。

污物排净后，将各设备的排污口封闭。

（2）系统试漏检验。

制冷设备在出厂前均做过气（水）压、气密试验，设备本身全部达到了强度及气密性的要求，在安装完毕后所进行的系统试验主要针对各设备的连接部分，如阀门、接头、接管等。

试漏的试验压力如下：

高压系统试验压力：气压 1.8 MPa。

低压系统试验压力：气压 1.2 MPa。

试漏过程的注意事项：

① 试压所需的压缩空气，一般应由其他压缩机提供，空气应洁净干燥。

② 试验时安全阀上的角式截止阀应关闭，试验完成后再打开截止阀。

③ 试验时系统上所有设备上的阀门，除通向大气的阀门外，均应全部开启。

④ 当系统达到抵押系统试验压力后，应关闭机组的吸气截止阀和节流阀组，防止高压系统的气体渗入低压系统。

⑤ 用肥皂水涂抹各焊缝及连接部位，检查是否有渗漏现象。

⑥ 在试验压力下，保持 24 h，当外界气温没有大的变化时，试验压力在开始 6 h 允许下降 0.03 MPa，在以后的 18 h 应保持压力不变。

⑦ 如必须用螺杆压缩机组加压时，运转应间断运行，使其排气压力不超过 1.8 MPa，排

气温度不超过 100 °C，且应注意压缩机各部的温升不要过高。

（3）系统真空试验。

系统做真空试验的目的，检查系统在真空下的密封性以及为充入制冷剂、润滑油做准备。采用真空泵抽真空，当系统被抽到绝对压力小于 5.3 kPa 时，保持 24 小时压力回升不超过 0.67 kPa。

（4）加油。

首次加油，可以在系统形成真空的情况下，利用机组的加油阀（油过滤器上的放气阀）加油：关闭机组中吸气截止阀和油过滤前的截止阀，将油过滤器上的放气阀与加油管相连，开启油泵。机组的加油量，应保证油冷却器充满后，油分离器有约 1/3 高度的油位，可以从油分离器的视油镜观察。开启油泵一段时间，打开油分离器与油冷却器之间的平衡放气阀，进一步观察油面有无大波动，无波动即完成了首次加油，否则继续加油，直至合格。

所加油应符合《冷冻机油》（GB/T 16630—2012）中 N46 冷冻机油的规定。

机组运行中的加油要求见《压缩机检修后更换润滑油》。

3）充入制冷剂

制冷剂必须符合有关质量标准的规定，加制冷剂前应将制冷剂与瓶称重，以便计算所充入制冷剂的重量。

充入制冷剂是在系统真空试验完成后，利用真空充入，步骤如下：

① 关闭制冷机组的吸气截止阀、排气截止阀和与大气连通的阀门，开启系统中各设备的阀门，将制冷剂瓶连接在调节站的充液接头上，暂不拧紧，制冷剂瓶底朝上倾斜放置。

② 稍许开启一下制冷剂瓶上阀门，将连接管内的空气排出，然后拧紧充液接头。

③ 开启调节站的充液阀及制冷剂瓶的阀门，制冷剂在瓶内压力作用下自动进入系统。

④ 系统中压力上升，充入制冷剂的速度减慢，这时可以按开车过程开动压缩机使蒸发系统压力降低，除储液器的出液阀应关闭外，系统中的阀门应与机器正常工作时一样开或关，向冷凝器供水，这时制冷剂大部分进入储液器，当充液量达到计算需求量或当液位达到 3/4 高度时，即可停止充液。

⑤ 根据各设备应充入的制冷剂重量，计算出总充入量。各设备应充入的制冷剂含量参照表 2-2。

表 2-2　不同设备的制冷剂充装量

设备名称	冷凝器	储液器	蒸发器	气液分离器	液体管路	横排管（库内）	立排管（库外）
制冷剂加入量	15%	70%	50%	20%	100%	90%	80%

4. 操作

1）第一次开机

以手动控制机组为例。

第一次开机必须首先检查机组各部及电气元件的工作情况。检查项目如下：

（1）拆下电动机与压缩机之间的联轴器，检查电动机旋转方向是否正确，从电机轴端看，电机为逆时针旋转；检查压缩机能否用手盘动（应盘动自如，无卡阻现象），然后重装联轴器。

（2）检查油泵的旋转方向是否正确。

（3）合上电源开关，按报警试验钮，警铃响；按消音钮，报警解除。

（4）按电加热按钮，加热灯亮；确认电加热器工作后，按加热停止钮，加热停止灯亮。

（5）检查水泵的启动、停止按钮及指示灯是否正常。

（6）按油泵启动按钮，油泵灯亮，油压建立在 0.5 ~ 0.6 MPa。能量调节柄扳向加载位置，吸气端能量调节指示表针向加载方向旋转，证明滑阀加载工作正常，然后能量调节柄扳向减载位置，指示表针向减载方向旋转，最后停在“0”的位置上。

注意：机组送电时，严禁接触压缩机联轴器。

（7）检查各自动安全保护断电器，各保护项目的调定值如下：

排气压力高保护：1.57 MPa。

喷油温度高保护：70 °C。

油压与排气压力差低保护：0.1 MPa。

油精滤器前后压差高保护：0.05 MPa。

在对上述项目进行检查之后，可按以下步骤开车：

（1）打开吸、排气截止阀。

（2）滑阀指针在“0”的位置上，即 10%负荷位置。

（3）氟利昂机组按电加热按钮，加热灯亮，油温升至 30 °C 后，按加热停止钮。

（4）按水泵启动钮，为油冷却器供水（油温低时可停止向油冷供水）。

（5）按油泵按钮启动油泵。

（6）5 ~ 10 s 后，油压与排气压力压差可达 0.15 ~ 0.6 MPa，按主机启动按钮，压缩机启动。

（7）调节压缩机能量在 50%左右位置，油温达 40 °C 后，可增载至 100%。

压缩机进入运转状态时，油压差应保持在 0.15 ~ 0.3 MPa，如油压差偏离此范围，可以通过恒压阀进行调节（参见恒压阀）。

（8）压缩机运转的压力、温差正常，可运转一段时间，这时应检查各运动部位及测温、测压点密封处，如有不正常情况，应停机检查。

（9）初次运转 30 min 左右，时间不宜过长，然后可以停机。顺序：能量调节柄打在减载位置，使滑阀退到“0”，按主机停机按钮，停主机，停油泵，停水泵，完成第一次开机过程。

2）正常开机

对于手动制冷机组，开机过程与第一次开机过程相同。

对于自动控制制冷机组，操作步骤请参照《SCC40 螺杆压缩机控制器操作与设置手册》，开机前需人工完成的工作如下：

（1）检查油分离器中油位是否合适（应在上侧视油镜位置）。

（2）打开吸排气截止阀、手动旁通阀。

（3）打开油路系统上除通向大气之外的所有阀门。

（4）向油冷却器供水（油温低时可停止向油冷供水）。

（5）在主电机开始启动运转时，应缓慢增载，调节压缩机能量在 50%左右；当油温达到 40 °C 后可增载至 100%。

3）正常停机

手动制冷机组的停机过程与第一次开机的停机过程相同。

自动制冷机组的停机步骤请参照《SCC40 螺杆压缩机控制器操作与设置手册》，停机后需人工完成的工作如下：

（1）关闭排气截止阀。

（2）关闭油冷却器进出水阀门。

（3）切断电源。

4）运转过程中注意事项

（1）观察并记录吸气压力、吸气温度、排气压力、排气温度、油压力、油温度等数据。

（2）如果由于某项安全保护动作自动停机，一定要在查明故障原因后方可开机，绝不能随意采用改变调定值的方法再次开机。

（3）突然停电造成主机停机时，由于旁通电磁阀没能开启，在排气与吸气的压差作用下，压缩机可能出现倒转现象，这时应迅速关闭吸气截止阀。

（4）如果在气温较低的季节开机，应首先开油分离器上的电加热并启动油泵使油循环，然后才能开机。

（5）正常油位——油分离器内的正常油位在上侧视油镜与下侧视油镜之间，每次开机前应保证这一点。开机后油位可能下降，但低到一定程度时，液位开关能给出信号，自动停机。操作者应经常注意油位是否适合，必要时给予补油。

（6）运转中加油——压缩机正常运转过程中，调解吸气截止阀，使吸气压力略低于大气压力，加油管一端接吸气过滤器上的加油阀，另一端插入油桶中，缓慢开启压缩机吸气过滤器上的加油阀，即可进行加油。加油速度必须较慢，注意机器的声音变化，当压缩机出现异常声响或振动时，关小加油阀开启度。

5）停机期间保护措施

（1）如果在气温较低的季节长时间停机，应将油冷却器等用水设备中的存水放净，防止设备受冻损坏。

（2）如果长时间停机，应每周开动油泵 10 min，让润滑油遍布压缩机内部。

（3）每周盘一次联轴器，这将有助于避免轴承的剥蚀。

（4）如果停机超过 3 个月，除了上述措施外，还要每 3 个月开动机组一次，运转时间约 30 min。

5. 故障及其消除方法

（1）VLG 系列可调内容积比螺杆式制冷压缩机组常见问题，见表 2-3。

表 2-3 VLG 系列可调内容积比螺杆式制冷压缩机组常见问题

现象	原因	处理方法
1. 启动负荷过大或根本不能启动	滑阀未停到 0 位	使滑阀停到 0 位
	压缩机内充满了润滑油或液体制冷剂	按转动方向盘动压缩机，排出积液或积油
	部分运动部件严重磨损或烧伤	拆卸检修及更换零部件
	电压不足	检查电网电压值

续表

现象	原因	处理方法
2. 机组发生不正常振动	机组地脚螺栓未紧固	旋紧地脚螺栓
	压缩机与电动机不同轴	重新找正
	因管道振动引起机组振动加剧	加支撑点或改变支撑点
	过量的液态制冷剂被吸入机体内	调整系统供液量，关小吸气截止阀
	滑阀不能定位而且振动	检查油活塞及增减载阀是否泄漏
	吸气腔真空度过高	开大吸气截止阀
3. 压缩机运转后自动停机	自动保护及自动控制元件调定值不能适应工况的要求	检查各调定值是否合理，适当调整
	控制电路内部存在故障	检查电路，消除故障
	过载	检查原因并消除
4. 制冷能力不足	滑阀的位置不合适或其他故障	检查指示器并调整位置，检修滑阀
	吸气过滤器堵塞	拆下吸气过滤器的过滤网清洗
	机器不正常磨损，造成间隙过大	调整或更换零件
	吸气管线阻力损失过大	检查阀门（如吸气截止阀或止回阀）
	高低压系统间泄漏	检查旁通管路
	喷油量不足，不能实现密封	检查油路系统
	排气压力远高于冷凝压力	检查排气系统管路及阀门，清除排气系统阻力
	吸气截止阀未全开	全开
5. 压缩机运转时能级无法定位	唇型密封损坏	更换
	O 形圈损坏	更换
	增载、减载电磁阀内漏	检查原因并消除
6. 运转中机器出现不正常响声	转子齿槽内有杂物	检修转子及吸气过滤器
	止推轴承损坏	更换轴承
	轴承磨损造成转子与机壳间的摩擦	更换轴承
	滑阀偏斜	检修滑阀导向块及导向柱
	运动部件连接处松动	拆开机器检修，加强防松措施
7. 排气温度或油温度过高	压缩比较大	降低排气压力和负荷
	油冷却器效率下降	清除油冷却器传热面上的污垢，降低水温或增大水量
	吸入严重过热的蒸汽	向蒸发系统供液
	喷油量不足	提高喷油量
	空气渗入制冷系统	排出空气，检查空气渗入部件
8. 排气温度或油温度下降	吸入湿蒸汽或液体制冷剂	减少向蒸发系统的供液量，关小吸气截止阀
	连续无负荷运转	检查滑阀
	排气压力异常低	降低冷凝器的冷凝能力、减小供水量

续表

现象	原因	处理方法
9. 滑阀动作太快	手动阀开启过大	适当关闭进油截止阀
10. 滑阀动作不灵活或不动作	电磁阀动作不灵	检修电磁阀
	油管路系统堵塞	检修
	手动阀关闭	打开进油截止阀
	油活塞卡住或漏油	检修
11. 压缩机机体温度过高	吸气严重过热	降低吸气过热度
	旁通管路泄漏	检修旁通管路及阀门
	摩擦部位严重磨损	检修及更换零部件
	压缩比过高	降低排气压力及负荷
12. 压缩机轴封泄漏	轴封供油不足造成损坏	检修
	装配不良	检修
	O形圈损坏	更换新件
	动环与静环接触不良	拆下重新研磨
	油少	增加油量
13. 油压低于排气压力太多	油粗过滤器脏堵	清洗油粗过滤芯
	油精过滤器脏堵	清洗油精过滤芯
	油路阀门开启度小	开大阀门
14. 回油速度低或不流动	回油阀堵塞	检修回油阀
	油路阀门开启度小	开大阀门
15. 油消耗量大	回油过滤器脏堵	清洗回油过滤器芯
	回油管脏堵	清除回油管内的污物
	油分离器效率下降	更换油分离芯
	二级油分离器内积油过多，油位高	放油、回油，控制油位
	排气温度过高，油分离效率下降	降低油温
16. 油面上升	过量的制冷剂进入油内	提高油温，加速油内制冷剂蒸发
	油分离器出油管路堵塞	检修、清理
17. 停机时压缩机反转	吸气及排气管路上的止回阀关闭不严	检修，消除卡阻现象
	防倒转的旁通管路堵塞	检修旁通管路及电磁阀
18. 压缩机吸入气体温度高于应有温度	系统制冷剂不足，吸入气体过热度较高	向系统内充入制冷剂
	调节阀及供液管堵塞	检修及清理
	调节阀开度小	加大供液量
	吸气管路绝热不良	检修绝热层，必要时更换绝热材料
19. 压缩机吸入气体温度低于应有温度	系统液体制冷剂数量过多	停止或减少供液量
	调节阀开度大	减小开度
20. 冷凝压力过高	冷却水量不足	加大水量
	冷凝器结垢	清洗、除垢
	系统中不凝性气体含量过多	放空气

（2）螺杆常见问题，见表 2-4。

表 2-4　螺杆常见问题

现象	原因	处理方法
1. 启动负荷过大或根本不能启动	滑阀未停到 0 位	使滑阀停到 0 位
	压缩机内充满了润滑油或液体制冷剂	按转动方向盘动压缩机，排出积液或积油
	部分运动部件严重磨损或烧伤	拆卸检修及更换零部件
	电压不足	检查电网电压值
2. 机组发生不正常振动	机组地脚螺栓未紧固	旋紧地脚螺栓
	压缩机与电动机不同轴	重新找正
	因管道振动引起机组振动加剧	加支撑点或改变支撑点
	过量的液态制冷剂被吸入机体内	调整系统供液量，关小吸气截止阀
	滑阀不能定位而且振动	检查油活塞及增减载阀是否泄漏
	吸气腔真空度过高	开大吸气截止阀
3. 压缩机运转后自动停机	自动保护及自动控制元件调定值不能适应工况的要求	检查各调定值是否合理，适当调整
	控制电路内部存在故障	检查电路，消除故障
	过载	检查原因并消除
4. 制冷能力不足	滑阀的位置不合适或其他故障	检查指示器并调整位置，检修滑阀
	吸气过滤器堵塞	拆下吸气过滤器的过滤网清洗
	机器不正常磨损，造成间隙过大	调整或更换零件
	吸气管线阻力损失过大	检查阀门（如吸气截止阀或止回阀）
	高低压系统间泄漏	检查旁通管路
	喷油量不足，不能实现密封	检查油路系统
	排气压力远高于冷凝压力	检查排气系统管路及阀门，清除排气系统阻力
	吸气截止阀未全开	打开
5. 运转中机器出现不正常响声	转子齿槽内有杂物	检修转子及吸气过滤器
	止推轴承损坏	更换轴承
	轴承磨损造成转子与机壳间的摩擦	更换轴承
	滑阀偏斜	检修滑阀导向块及导向柱
	运动部件连接处松动	拆开机器检修，加强防松措施
6. 排气温度或油温度过高	压缩比较大	降低排气压力和负荷
	油温过高	清除油冷却器传热面上的污垢，降低水温或增大水量
	吸入严重过热的蒸汽	向蒸发系统供液
	喷油量不足	提高喷油量
	空气渗入制冷系统	排出空气，检查空气渗入部件
7. 排气温度或油温度下降	吸入湿蒸汽或液体制冷剂	减少向蒸发系统的供液量，关小吸气截止阀
	连续无负荷运转	检查滑阀
	排气压力异常低	降低冷凝器的冷凝能力、减小供水量

续表

现象	原因	处理方法
8. 滑阀动作不灵活或不动作	电磁阀动作不灵	检修电磁阀
	油管路系统接头堵塞	检修
	手动阀关闭	打开进油截止阀
	油活塞卡住或漏油	检修
9. 压缩机机体温度过高	吸气严重过热	降低吸气过热度
	旁通管路泄漏	检修旁通管路及阀门
	摩擦部位严重磨损	检修及更换零部件
	压缩比过高	降低排气压力及负荷
	油少	增加油量
10. 压缩机轴封泄漏	轴封供油不足造成损坏	检修
	装配不良	检修
	O 形圈损坏	更换新件
	动环与静环接触不良	拆下重新研磨
11. 油压低于排气压力太多	油粗过滤器脏堵	清洗油粗过滤芯
	油精过滤器脏堵	清洗油精过滤芯
	油路阀门开启度小	开大阀门
12. 回油速度低或不流动	回油阀堵塞	检修回油阀
	油路阀门开启度小	开大阀门
13. 油消耗量大	回油过滤器脏堵	清洗回油过滤器芯
	回油管脏堵	清除回油管内的污物
	油分离器效率下降	更换油分离芯
	二级油分离器内积油过多，油位高	放油、回油，控制油位
	排气温度过高，油分离效率下降	降低油温
14. 油面上升	过量的制冷剂进入油内	提高油温，加速油内制冷剂蒸发
	油分离器出油管路堵塞	检修、清理
15. 停机时压缩机反转	吸气及排气管路上的止回阀关闭不严	检修，消除卡阻现象
	防倒转的旁通管路堵塞	检修旁通管路及电磁阀
16. 压缩机吸入气体温度高于应有温度	系统制冷剂不足，吸入气体过热度较高	向系统内充入制冷剂
	调节阀及供液管堵塞	检修及清理
	调节阀开度小	加大供液量
	吸气管路绝热不良	检修绝热层，必要时更换绝热材料
17. 压缩机吸入气体温度低于应有温度	系统液体制冷剂数量过多	停止或减少供液量
	调节阀开度大	减小开度
18. 冷凝压力过高	冷却水量不足	加大水量
	冷凝器结垢	清洗、除垢
	系统中不凝性气体含量过多	放空气

6. 检修

1）正常装配间隙（表 2-5）

表 2-5　装配间隙

项目	单位	JZLG12.5	JZLG16	JZLG20	JZLG25
转子排气端面与排气端座	mm	0.04～0.06	0.08～0.10	0.08～0.10	0.12～0.15
主轴颈与主轴承孔	mm	0.025～0.041 5	0.03～0.046	0.0325～0.047 5	0.04～0.058
主轴承外径与机体轴承孔	mm	0.03～0.05	0.016	−0.009～0.013	−0.006～0.015
平衡活塞与平衡活塞套	mm	0.03～0.05	0.036～0.065	0.036～0.064 5	0.05～0.08
滑阀与滑阀座孔	mm	0.04～0.08	0.018～0.031	0.021 5～0.043	0.015～0.037
平衡活塞套与机体孔	mm	0.06～0.09	0.06～0.13	0.022～0.062	0.022～0.054
阴阳转子啮合线处	mm	0.04～0.08	0.03～0.08	0.08～0.10	0.045～0.10

2）检修期限

螺杆压缩机组的检修期限和很多因素有关，如使用条件、日常维护、操作等，对其不能做硬性规定，表 2-6 所列时间仅供使用单位检修参考。

表 2-6　检修项目及期限

项目	检修内容	期限	备注
压缩机	年度检验	1 年	
	大修	3 年	
电动机	拆卸检修及换件轴承加油	2 年	见电动机使用维护说明书
联轴器	检查电动机与压缩机同轴度	1 年	
油分离器	清洗内部	2 年	
油冷却器	清除水垢、油污	6 个月	视水质及污垢情况而定
油泵	试漏检验	1 年	
油过滤器及回油过滤器	清洗	6 个月	首次开机不在此限，首次开机 100～150 h 即应清洗
吸气过滤器	清洗	6 个月	首次开机不在此限，首次开机 100～150 h 即应清洗
滑阀	动作检查	3～6 个月	
安全阀	检验	1 年	
止回阀	检修	2 年	
吸排气截止阀	检修	2 年	
压力表阀	检修	2 年	
压力表	校验	1 年	
温度计	校验	1 年	
压力传感器	校验	6 个月	参见说明书
温度传感器	校验	6 个月	参见说明书
电气设备	动作检查	3 个月	参见说明书
自控系统		3 个月	

上述检修期限是指正常运转条件下的维修周期，这一维修周期不能视为机器运转的保险期，如运转中间发生事故，更不能受上述期限所约束。

压缩机进行年度检验的目的在于，如果发现滚动轴承、止推轴承、平衡活塞套、轴封出现严重磨损，应及时更换，避免更大的损失。

压缩机运行 3 年需要大修，角接触推力轴承必须更换。

3）压缩机的检修

压缩机进行检修时，注意以下几点：

① 滑阀卸载到 0 位。

② 转子部件上的零件有的外形相似，但不可混用，拆卸过程中应做好标记，分清阳转子与阴转子、吸气端与排气端。

③ 在重新装配时，更换损坏的“O”形圈、止动垫片、圆螺母。

④ 不同轴承之间零件不能互换。

⑤ 更换新的“O”形圈时，一定要涂油。

（1）拆卸前准备工作。

① 切断电源。

② 关闭排气截止阀、吸气管路截止阀，然后将机组减压。

③ 确认所有起吊设备（包括钢索、吊耳、吊环等）都安全可用。

④ 准备一个洁净的场地进行维修工作。

（2）拆卸。

① 从压缩机组上拆下联轴器防护罩、吸气过滤器、吸气止回阀、油管、联轴器、压缩机地脚螺栓之后，将压缩机吊运至维修工作场地。

② 拆下能量指示器外罩、电气元件，在油缸下放油槽。

③ 取下定位销后，平行取下吸气端盖，取出油活塞。

④ 取下定位销后，拆下吸气端座。

⑤ 拆下轴封盖，取出轴封静环、动环组。

⑥ 取出定位销后，拆下排气端盖。

⑦ 松开圆螺母，拆下止推轴承，特别注意做好装配记号。

⑧ 取出主动转子，利用专用吊环螺丝，将主动转子轻轻地平衡地取出，这时从动转子是附着转动的，需转动主转子。

⑨ 利用吊环螺丝取出从动转子。

⑩ 取出定位销后，拆下排气端座。

⑪ 取出滑阀。

（3）检查。

① 凡属于不太严重的磨损及拉毛现象，均可由钳工用油石磨光，也可在机床上磨光。如果在机床上磨光时，必须把工件的位置校正正确，否则会造成工件报废的损失。

② 转子轴颈表面及轴封部件表面不得有任何锈蚀、裂纹等缺陷，主轴颈表面经磨光加工后应仔细测出其尺寸，以便据此尺寸修理主轴承。

③ 主轴承如磨损严重，超过了与轴配合的间隙限度，应更换。如果重新在主轴承上浇铸轴承合金，则必须保证内表面与主轴承孔的同轴度。

④ 止推轴承损坏或游隙增大，必须更换新件。

⑤ 垫片及“O”形圈如损坏必须更换新件。

⑥ 将机体两端面、吸排气端平面上原有的密封胶清洗干净。

（4）装配。

装配应在对每个零件进行检查，并对损坏另部件进行修理及更换后进行，装配时一定要注意拆卸时记下的装配位置记号，且不可将位置搞错。

将所有零件清洗干净，并以压缩空气吹干。

将所需使用的工具准备齐全，清洗干净。

将各主轴承按原位装入吸排气端座轴承孔内，并测量轴承内径，使内径符合与转子轴颈配合的间隙要求。

在吸气端座与机体贴合的平面上涂密封胶。涂密封胶时应注意涂抹均匀。

将吸气端座放在机体吸入端，压入定位销后，以螺栓固定。

装滑阀及其导向托板，导向托板先以定位销定位后方可用螺栓将其固定。

吸入段主轴承孔、机体内孔涂与正常开车时相同牌号的冷冻油后装入阳转子及阴转子，其中后装入的转子需慢慢旋入，不可强制向机体内压入。两转子的端面应靠紧吸气端座。

在排气端座与机体贴合的平面上涂密封胶，注意涂抹均匀。

将排气端座放在机体排出端，以定位销定位后，以螺栓固定。在装排气端座时应注意保护主轴承内孔，切勿擦伤主轴承。

放入调整垫片、止推轴承，并以圆螺母将止推轴承内座圈坚固在转子轴颈上，要注意止推轴承方向。

装上轴承压圈。

装好后应按实际运转方向轻轻盘动主动转子，转动应灵活。如排气端间隙不合理，则应改变调整垫片厚度。

将排气端盖装上定位销定位后，以螺栓固定。

装入轴封动环等件，在动环摩擦面上涂冷冻油。

装轴封盖及静环。

装油活塞、吸气端盖。

装能量指示器，注意指针与滑阀位置相对应。

将装好的压缩机吊入机组，并与电动机找正，保证同轴后方安装联轴器。

（5）检修后试运转。

检修后的压缩机需经过试运转，试运转正常后方可投入正式运转。空载试运行，在试运行，在试运行调整各部件的安装状况。试运转内容包括：

① 机组试漏。

② 油泵油压试验。

③ 滑阀动作试验。

④ 在装联轴器之前检查电动机转向，连接联轴器后盘车应轻松无卡阻。

⑤ 滑阀调到 0 位，启动压缩机，注意检查振动、油温、油压、噪声等情况。

⑥ 滑阀调到 0 位停机，停机后盘动压缩机应轻松。

⑦ 真空试验，应能达到绝对压力在 5.332 kPa 以下。

4）压缩机检修后更换润滑油

压缩机在试运转后、正式运转之前，应将机组内的润滑油全部更换，或将其放出后经滤清处理再次利用。

（1）放油。

放油阀位于油分离器与油冷却器之间，放油时油管一端接在阀门上，另一端插入油桶中，使机组内压力稍高于大气压，慢慢开启放油阀，使油流入油桶中。

（2）加油。

机组加油可以采用外部油泵加油、利用机组本身油泵加油和真空加油三种方法。

① 真空加油：压缩机正常运转时，略微调节吸气截止阀，使吸气压力略低于大气压力。缓慢开启压缩机吸气过滤器上的加油阀，加油时注意机器的声音变化，防止机器振动。

② 利用机组本身油泵加油的方法参见初次开机前使用的方法。

③ 外部油泵加油：用高于排气压力的油压加油。可在油分离器或油冷却器的外部接口上进行。

7. *液氨冷却螺杆式制冷压缩机*

液氨冷却螺杆式制冷压缩机组是如前所述普通压缩机的一种变形产品，采用液氨冷却油冷却器，因而简化了水路系统，避免了水垢对传热的不良影响。

1）结构特征与工作原理

该机组与前面所述的螺杆式制冷压缩机组的工作原理、压缩机结构、应用范围完全相同。主要区别在于从油分离器中分离出来的油，在油冷却器中不是通过水冷却而是靠由储液器出来的高压液体氨来冷却。供液方法一般采用重力供液，在没有液位差的地方也可采用氨泵直接供液。

该机组中的油冷却器也是壳管式换热器，壳程为油，管程为液氨。

液氨冷却螺杆式制冷压缩机组一般需要配置辅助储液器，用于分离从油冷却器回气中夹带的液态制冷剂，并可兼作储液器用，为油冷却器提供液态制冷剂。

制冷系统运转前，压缩机组油冷却器内充满液态制冷剂。当压缩机开始工作时，润滑油温度逐渐升高，油温超过系统冷凝温度后，油冷却器内制冷剂吸收润滑油的热量蒸发，低密度的制冷剂蒸汽从油冷却器上部管道进入辅助储液器。从油冷却器进入辅助储液器的气体中夹带液态工质，经过辅助储液器被分离，气体经过管道进入冷凝器入口端，从而将润滑油的热量转移至冷凝器。

在油冷却器中的制冷剂不断蒸发的同时，由于辅助储液器底部的出液管与油冷却器下部相连，在重力作用下，辅助储液器内的液态制冷剂源源不断进入油冷却器，补充蒸发的制冷剂。

润滑油的热负荷由于被蒸发的制冷剂所带走，油温稳定在一定的范围内，油温下限始终会高于冷凝温度，上限与该油冷却器的面积大小和压缩机运转工况有关，一般不超过冷凝温度 20 °C，所以，采用该冷却方式能够很好地将油温控制在高于冷凝温度 10 ~ 20 °C 的范围。

2）性能参数

液氨冷却机组的性能参数与如前所述螺杆制冷压缩机组的以 R717 为制冷剂的性能参数相同。

四、涡旋式压缩机

涡旋式压缩机是回转式压缩机的一种，是指由一个固定的渐开线静涡旋盘和一个呈偏心回转平动的渐开线运动涡旋盘组成可压缩容积的制冷压缩机。

涡旋式制冷压缩机发明于 1905 年，但由于难以制造出高精度的涡旋形状，缺乏实用而可靠的驱动机构，摩擦磨损问题不能妥善解决，直到 80 年代初才在日本首次应用到制冷及空调领域中。因此，目前涡旋式压缩机还是一种较为新型的制冷压缩机。20 世纪 90 年代，涡旋式制冷压缩机的系列化产品相继问世。

（一）基本结构

涡旋式压缩机主要由静涡旋盘、动涡旋盘、机座、防自转机构十字滑环及曲轴等组成。

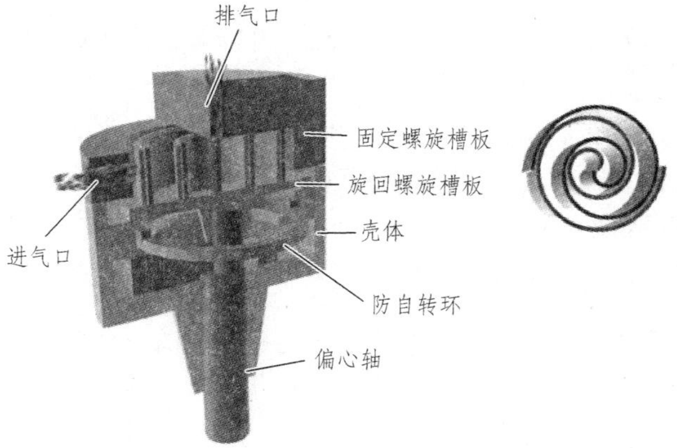

图 2-13　涡旋式冷压缩机基本结构图

（二）工作原理

该压缩机利用动涡旋盘和静涡旋盘的啮合，形成多个压缩腔，随着动涡旋盘的回转平动，使各压缩腔的容积不断变化来压缩气体。

其工作过程如图 2-14（a）所示。在图 2-14（a）所示位置，涡旋密封接触线在左右两侧，涡旋外圈部分刚好封闭，此时最外圈两个月牙形空间充满气体，完成吸气过程（阴影部分）。随着动涡旋盘的运动，外圈两个月牙形空间中的气体不断向中心推移，容积不断缩小，压力逐渐升高，进行压缩过程[图 2-14（b）]。当两个月牙形空间汇合成一个中心腔室并与排气口相通时[图 2-14（c）]，压缩过程结束，并开始进入排气过程[图 2-14（d）]，直至中心腔室的空间消失则排气过程结束，而涡旋的外圈部分正进行着吸气过程。在涡旋式制冷压缩机中，吸气、压缩、排气等过程是同时和相继在不同的月牙形空间中进行的，外侧空间与吸气口相通，始终进行吸气过程。

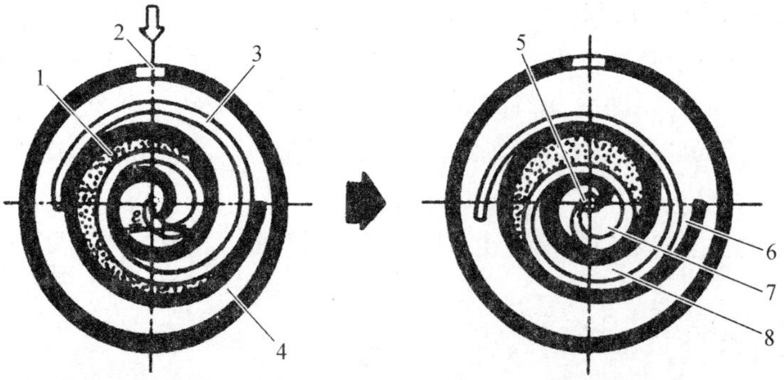

（a）$\theta=0°$　　　　（b）$\theta=90°$

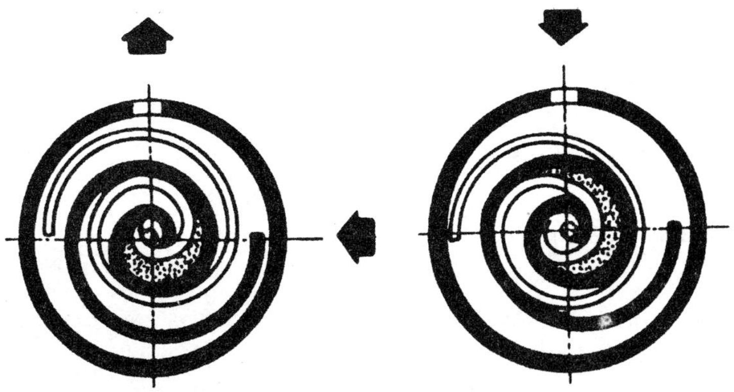

（c）θ= 180°　　　（d）θ= 270°

图 2-14　涡旋式制冷压缩机工作过程示意图

1—压缩室；2—进气口；3—动盘；4—静盘；5—排气口；6—吸气室；7—排气室；8—压缩室

（三）主要结构类型

（1）立式全封闭涡旋式制冷压缩机。

（2）卧式全封闭涡旋式制冷压缩机。

（3）开启涡旋式制冷压缩机。

（4）数码涡旋式制冷压缩机。

数码涡旋式制冷压缩机在运行时，顶上的静涡旋盘允许向上移动大约 1 mm。升起顶上的静涡旋盘使其无法产生压缩，从而使压缩机无制冷剂通过。

数码涡旋式制冷压缩机实现能量调节的原理是不断变换顶部静涡旋盘升起和啮合。负载状态时间段和卸载状态时间段长短的不同决定了压缩机的能量调节量，如图 2-15 所示。

图 2-15　涡旋式制冷压缩机实物图

（四）涡旋式制冷压缩机的特点

（1）相邻两室的压差小，气体的泄漏量少。

（2）吸气、压缩、排气过程是同时连续地进行的，压力上升速度较慢，因此转矩变化幅度小、振动小。

（3）没有余隙容积，故不存在引起输气系数下降的膨胀过程。

（4）采用无吸排气阀，效率高，可靠性高，噪声低。

（5）由于采用气体支承机构，故允许带液压缩，一旦压缩腔内压力过高，可使动盘与静盘端面脱离，压力立即得到释放。

（6）机壳内腔为排气室，减少了吸气预热，提高了压缩机的输气系数。

（7）涡线体型线加工精度非常高，必须采用专用的精密加工设备。

（8）密封要求高，密封机构复杂。

五、滚动转子式制冷压缩机

滚动式转子式制冷压缩机也称滚动活塞式制冷压缩机，或固定滑片压缩机，是一种容积型回转式压缩机。其为依靠偏心安设在汽缸内的滚动转子在圆柱形汽缸内做滚动运动和一个与滚动转子相接触的滑板的往复运动实现气体的吸入、压缩和排出的制冷压缩机。

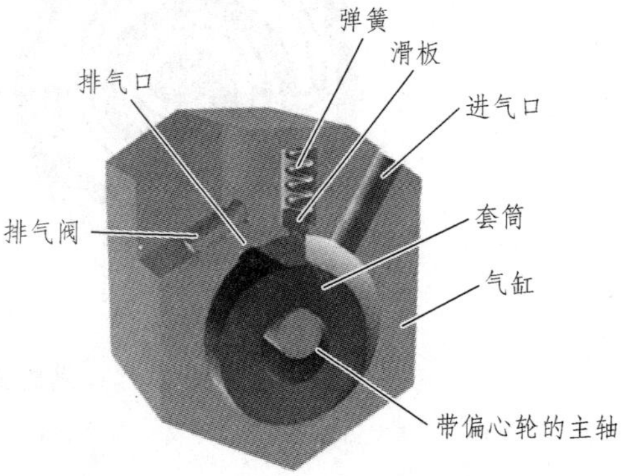

图 2-16　滚动转子式制冷压缩机

（一）基本结构

滚动转子式制冷压缩机基本结构，如图 2-16 所示。

（二）立式双缸全封闭滚动活塞式制冷压缩机（图 2–17、图 2–18）

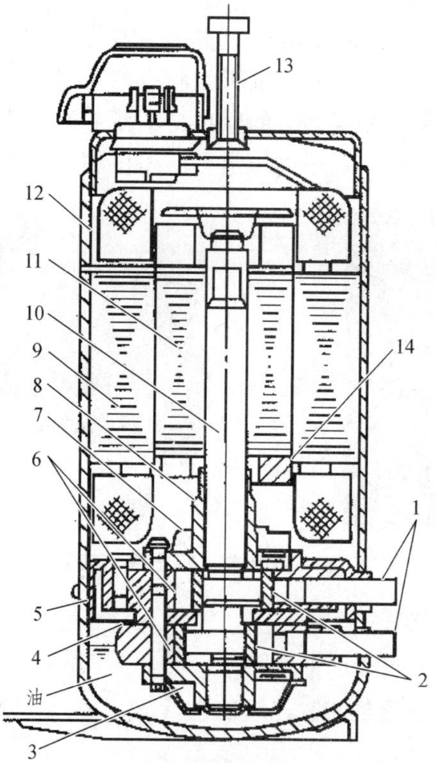

图 2-17　立式双缸全封闭滚动活塞式制冷压缩机

1—吸入管；2—上、下转子；3—副轴承；4—隔板；5—机座；6—上、下汽缸；7—排气消声器；8—主轴承；9—电动机定子；10—偏心轴；11—电动机转子；12—机壳；13—排气管；14—平衡块

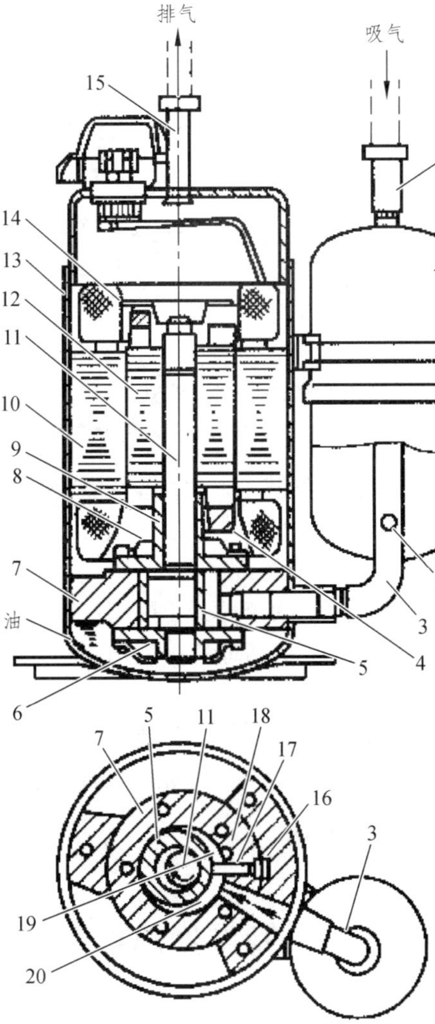

图 2-18　立式全封闭滚动活塞式制冷压缩机

1—进气管；2—储液器；3—吸入管；4、14—平衡块；15—滚动转子；6—副轴承；7—汽缸；8—排气消声器；9—主轴承；10—电动机定子；11—偏心轴；12—电动机转子；13—机壳；15—排气管；16—弹簧；17—滑板；18—排气口；19—压缩室；20—吸入室

（三）工作原理

当转子转动时，滑片做径向往复运动，而其下端始终紧贴在转子表面上。滑片将月牙形空间分成两个部分，当转子转动时，吸、排气腔的容积都在不断变化，吸气腔不断增大，排气腔不断缩小，当转子转到最高点时，吸气腔达最大值，而排气腔缩小为零。不设吸气阀，吸气开始的时机和汽缸上吸气孔口位置有严格的对应关系，不随工况的变化而变动。由于设置了排气阀，压缩终了的时机将随排气管中压力的变化而变动。

图 2-19（a）为压缩工作过程开始时的状态。此时，转子和汽缸壁之间的密封线刚移过吸气口，滑板左侧已充满进气的空间容积开始缩小，其右侧的容积则开始下一工作循环的吸气过程。

图 2-19（b）为压缩过程结束、排气过程开始时的状态。此时，滑板左侧空间容积的缩小已使制冷剂气体的压力升高到一定程度，从而顶开排气阀开始了排气过程。同时，滑板右

侧的空间容积仍在不断增大，处于吸气过程之中。

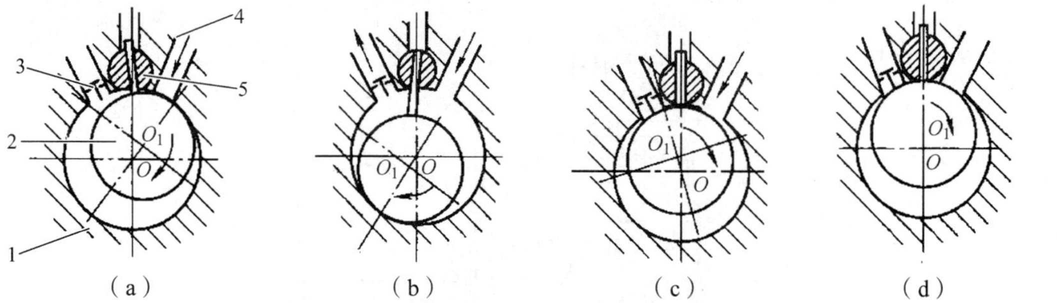

图 2-19　滚动活塞式制冷压缩机工作示意图

1—汽缸；2—滚动转子；3—排气阀；4—滑板；5—圆柱形导向器

图 2-19（c）所示为排气过程结束时的状态。此时，汽缸和转子之间的密封线刚移过排气口，滑板左侧的空间容积已缩小为一个很小的“死隙”（实际上“死隙”几乎充满了润滑油），排气过程结束。滑板右侧的空间容积仍在继续进气。

当转子继续旋转，达到图 2-19（d）所示的位置时，转子与汽缸的密封线和滑板与转子的密封线重合，达到理论最大吸入容积，下一循环的吸气结束（实际上排出口至滑板间的“死隙”为润滑油占据，不能进气）。

转子再转过一个很小的角度，即回到图 2-19（a）所示的位置，工作过程将重复进行。在这一过程中，转子又扫过了滑板与吸入口之间的“死隙”，将已吸入汽缸的一小部分气体从吸入口排出，使汽缸的理论输气量变小。

任务 3　制冷换热器

【活动情景】

重点介绍冷凝器和蒸发器的组成、各部分功能和简单的工作原理。

视频资源

【任务要求】

（1）掌握蒸发器和冷凝器的组成。

（2）掌握蒸发器和冷凝器的作用。

【基本活动】

用于制冷的换热器主要有冷凝器和蒸发器等，它们是制冷系统必不可少的换热设备，其换热效率直接影响制冷装置的重量、性能和运行的经济性。冷凝器和蒸发器的形式与制冷装置的用途、换热机制的种类、流动方式及换热特性等因素都有关。

一、冷凝器

冷凝器是空调制冷系统的主要热交换设备。其作用是使从压缩机出来的高温高压的制冷剂蒸汽在其中向冷却介质——水或空气放热，冷却、冷凝（过冷）成高温高压的饱和（过冷）液体。

在冷凝器中，制冷剂的冷却过程可以分作三个阶段：由过热蒸汽冷却为饱和蒸汽；由饱和蒸汽凝结为饱和温度下的液体；如果冷却介质的流量较大或温度较低，饱和液体还可以进一步冷却成为该压力下的过冷液体。

（一）冷凝器的类型

冷凝器按冷却介质和冷却方式的不同分为三种类型：

（1）水冷式冷凝器——用水作为冷却介质。

（2）空气冷却式冷凝器——用空气作为冷却介质，亦称之为风冷式冷凝器。

（3）蒸发式冷凝器——用少量的水和空气作为冷却介质，主要是靠水蒸发把热量带走。

水冷式和蒸发式冷凝器可以获得较低的冷凝温度，但容易在冷凝器表面结水垢；空气冷却式冷凝器冷凝温度高，尺寸大，能量消耗也较大，但在车辆空调制冷系统中，由于受运用条件的限制，无法采用水冷式或蒸发式冷凝器，只能采用空气冷却式冷凝器。其他小型制冷机上如冰箱、冷藏柜、汽车空调及民用空调器等，也都采用风冷式冷凝器。

风冷式冷凝器工作时，制冷剂蒸汽在系统管路内冷却、冷凝（过冷），空气在轴流式风机作用下在蛇管外横向流过，从而把热量带走。

风冷式冷凝器常作成蛇管式，外套肋片。蛇管一般用直径较小的铜管制成，铜管接头用银焊密封，沿空气流动方向的蛇管排数一般为 6 ~ 8 排，肋片为铝片。

为使结构紧凑，将几根蛇管并联在一起，做成长方体形，肋片用套片机套在管簇上，然后向管内冲压力水，使管簇涨大与肋片充分接触，保证散热效果。

冷凝器根据制冷剂在其中的流动情况不同有上进下出和横进横出式。

上进下出式冷凝器在工作过程中，制冷剂蒸汽从上部的分配集管进入每根蛇管中，冷凝后的液体沿蛇管向下流动，汇于集液管中，然后流入储液器。这种结构每根蛇管的流程较长，蛇管后面部分常被液体充满，使得传热效率降低，故也有用横进横出式结构的，这种冷凝器在工作过程中其制冷剂基本是在一个水平面上流动，实现散热。

（二）影响冷凝器换热的因素

制冷剂在冷凝器中流动通过冷却介质向外散热，在该过程中有很多因素会对其散热效果造成影响。具体有以下因素：

1. 影响制冷剂蒸汽凝结换热的因素

（1）制冷剂蒸汽的流速和流向的影响。制冷剂在冷凝器中的凝结一般都是膜状凝结，当制冷剂蒸汽与低于饱和温度的冷凝器壁面接触时，便凝结成一层液体薄膜，液膜在重力作用下向下流动。液膜是冷凝器中制冷剂的热阻，液膜越厚，热阻越大，热换系数越小。当制冷剂蒸汽的流动方向与液膜的流动方向一致时，冷凝液体与热传热面分离较快，换热系数增大，而且随蒸汽流速的增加而增加。因此适当增加蒸汽的流速，可获得较大的换热系数。

（2）传热壁面粗糙度的影响。冷凝液膜在传热壁面上的厚度，不仅与制冷剂液体黏度等因素有关，传热壁面粗糙度对其也有很大的影响。当壁面很粗糙或有氧化皮时，液膜流动阻力增大，使液膜增厚，换热系数降低，所以应保持冷凝器内表面光滑和清洁，以获得较大的凝结换热系数。

（3）制冷剂蒸汽中含有不凝性气体的影响。在制冷系统中，总会有一些不凝性气体存在，如组装、检修时不慎或低压段处有渗漏点进入了空气以致制冷剂、润滑油在高温下分解出的氮气、氢气等，这些不凝性气体在冷凝器中附着在凝结液膜上，由于不凝性气体的分压力很高，因而使制冷剂蒸汽的压力减小，其饱和温度也相应降低，制冷剂蒸汽的凝结速度减慢。因此应注意防止空气等不凝性气体进入系统，一旦进入要及时排出。

（4）制冷剂蒸汽过热度的影响。制冷系统在工作过程中，进入冷凝器的是温度为 40 ~ 50 °C 的过热蒸汽，过热蒸汽必须先冷却成饱和蒸汽后才能凝结。而过热蒸汽冷却时的放热系数较小，因而过热度越高，整个冷凝过程的放热系数越低。

（5）制冷剂中含油对凝结换热的影响。如果制冷剂与润滑油不相容，随制冷剂蒸汽进入冷凝器的润滑油将形成油膜沉积在冷凝器内表面上，降低换热系数。因为氟利昂能与润滑油互溶，因此对氟利昂系统，当润滑油浓度小于 6%时，可不考虑对传热的影响，如超过此限，换热系数也将降低。

2. 影响冷却介质换热的因素

（1）冷却介质流速及流量。换热系数随着冷却介质的流速及流量增加而增大。但是流速太大，会使通过冷凝器的流动阻力增加，从而增加功率消耗。车辆空调运用中，综合考虑技术经济指标，一般取空气流速为 2 ~ 4 m/s。

（2）冷凝器冷却介质的洁净程度。冷凝器长期使用后，表面会积灰尘或水垢等，这会影响冷凝器的传热效果，因此应定期对冷凝器清扫或清洗。

（3）换热面积及传热温差。换热面积是影响传热量的一个重要方面，车辆空调都采用了肋片以增加传热面积。

3. 冷凝器肋管结构

（1）肋管的排列方式。肋管的结构形式、排列方式不同，其换热能力都会有所不同，如管束的散热能力就大于单管。车辆空调的冷凝器均采用几根蛇管并联。

（2）肋片的效率。肋片的布置方式及材质不同会使其散热能力有所不同，车辆空调中都采用铝片作为肋片。

此外，冷凝器的安装情况也会影响其换热效果，在按照过程中要充分注意。

我国现行客车空调中均采用铜蛇管并联，加铝制肋片的结构对换热影响的变化不大，故在应用中主要考虑空气和制冷剂的影响。

二、蒸发器

蒸发器是空调制冷系统的主要热交换设备。在蒸发器中，制冷剂液体在较低温度下蒸发而转变成蒸汽，利用制冷剂的汽化潜热，吸收被冷却介质的热量而被冷却介质的温度降低。所以蒸发器是在制冷系统中产生和输出冷量的设备。

冷凝器内制冷剂是由气态转变为液态，放出热量；而蒸发器中制冷剂则是由液态变为气态，吸收热量。

蒸发器是一种吸热设备，是制冷系统中制造和输出冷量的设备。

蒸发器工作原理：制冷剂液体在较低的温度下沸腾，转变为蒸汽，并吸收被冷却物体或空间所散发的热量，达到制冷的目的。

按制冷剂的供液方式，蒸发器可分为满液式、非满液式、循环式和淋激式。

按照蒸发器中被冷却介质的种类，蒸发器分为冷却空气型蒸发器和冷却液体型蒸发器。

液体制冷剂经过节流装置进入蒸发器，蒸发器内的液位保持一定。蒸发器内的传热管浸没在制冷剂液体中。吸热蒸发后的气液混合物中仍含有大量液体，故从蒸发器内逸出的湿蒸汽经气液分离后再回入压缩机。

满液式蒸发器（图 2-20）的蒸发管表面为液体润湿，表面传热系数、制冷剂阻力较大；由于制冷剂液体静压力的影响，使其下部液体的蒸发温度提高，从而减小了蒸发器的传热温差，蒸发温度越低这种影响就越大。

满液式蒸发器大多为壳载冷剂在管内流动，制冷剂在管外蒸发，制冷剂液体基本浸满管束，上部留有一定的气空间。在润滑油与制冷剂互溶情况下，满液式蒸发器的回油较难且不稳定，而回油状况直接影响机组的工作工况和工况油移。

非满液式蒸发器（图 2-21）液体制冷剂经过膨胀阀节流后直接进入蒸发器，在蒸发器内处于气液共存状态，制冷剂边流动，边汽化，蒸发器中并无稳定的制冷剂液面。只有部分传热面积与液态制冷剂相接触，表面传热系数相对较小；充液量少，润滑油容易返回压缩机。

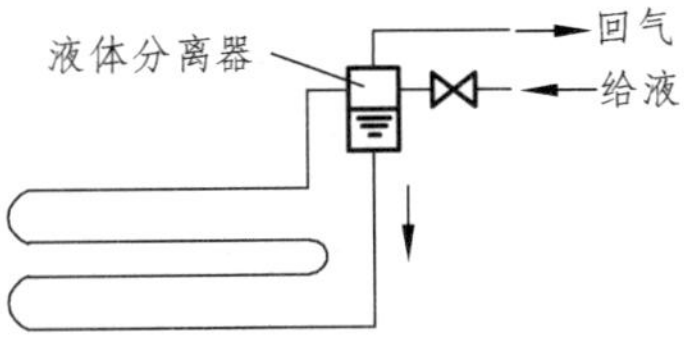

图 2-20　满液式蒸发器示意图

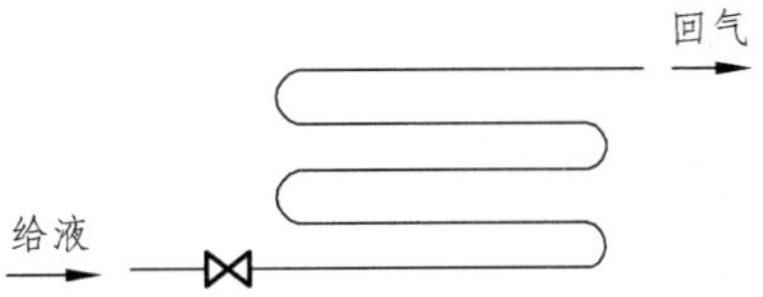

图 2-21　非满液式蒸发器示意图

循环式蒸发器（图 2-22）依靠泵强迫制冷剂在蒸发器中循环，液体循环速度大小由泵调节，制冷剂循环量是蒸发量的几倍，沸腾换热强度较高，润滑油不易在蒸发器内积存。

淋激式蒸发器（图 2-23）依靠泵把制冷剂喷淋在传热面上，蒸发器中制冷剂充灌量很少，液柱高度不会对蒸发温度产生影响。

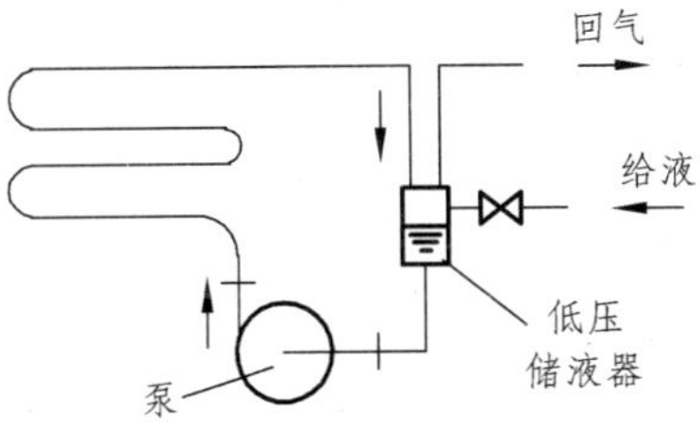

图 2-22　循环式蒸发器示意图

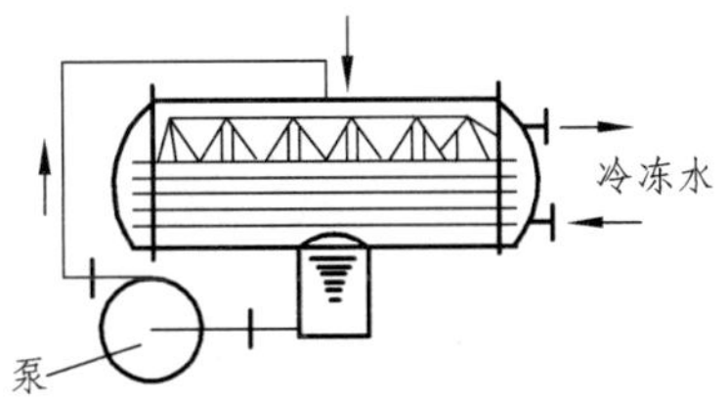

图 2-23　淋激式蒸发器示意图

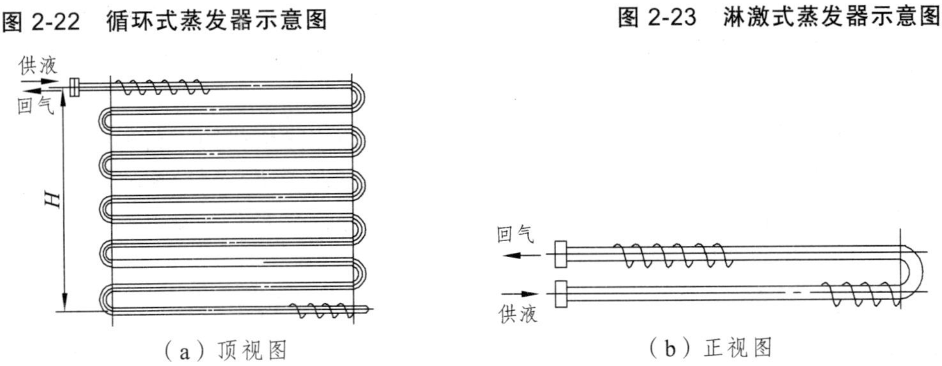

（a）顶视图　　（b）正视图

图 2-24　翅片管式排管示意图

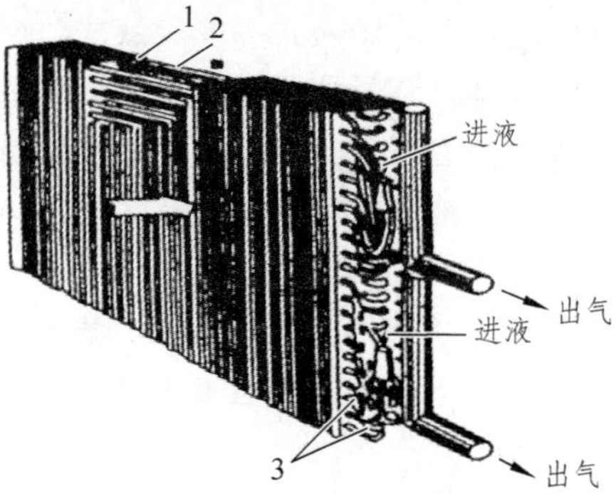

图 2-25　强制对流式空冷器

1—翅片；2—蒸发管；3—毛细管

任务 4　制冷节流机构

【活动情景】

重点介绍膨胀阀和毛细管的组成、各部分功能和简单的工作原理。

视频资源

【任务要求】

（1）掌握热力膨胀阀和毛细管的组成。

（2）掌握热力膨胀阀和毛细管的工作原理。

【基本活动】

节流机构是控制空调制冷系统的供液量和节流降压的元件；温度控制器是控制调节室内温度的元件；压力控制器是压缩机的压力保护元件；电磁阀和截止阀是控制系统通断的自动、手动阀门。

一、膨胀阀

膨胀阀是空调制冷系统的节流降压、调节流量的阀件。有以下几种：手动膨胀阀、自动膨胀阀、热力膨胀阀、热点膨胀阀和电子膨胀阀。因手动和自动膨胀阀已经较少采用，本文主要介绍热力膨胀阀。

热力膨胀阀（图 2-26）是一种能自动调节供液量的节流降压机构。它利用蒸发器出口处制冷剂蒸汽的过热度来调节制冷剂流量。由于膨胀阀具有自动调节制冷剂流量的功能，因此在采用膨胀阀节流的系统中，通常配有储液器。在早期分装式客车空调装置制冷系统中，就采用了热力膨胀阀作为节流装置。

当然，制冷系统不一定用热力膨胀阀作节流元件，可以采用毛细管、节流短管（CCOT）作为节流元件，成本低，可靠性好；可以采用电子膨胀阀，使控制更精确，但由于要采用传感器、控制线路板、带步进电机的执行机构，使制造复杂，成本提高；新的 CO_2 系统也采用喷射管作节流元件。

图 2-26　膨胀阀示意图

过热度：在系统中是指蒸发温度和蒸发器出口温度的温度差；对膨胀阀是指感温包温度和膜片下方压力对应的温度差；总过热度也称过热度范围；静装配过热度也称静止过热度，是指刚刚使阀开启的过热度；梯度过热度也称过热度变化，是指阀从开启到达到额定容量的开度所需的过热度，总过热度 = 静装配过热度+梯度过热度。

静装配过热度调节范围：静装配过热度在一定范围内是可调节的，对一般膨胀阀为 2 ~ 8 °C，对汽车空调膨胀阀为 1 ~ 10 °C。

蒸发器的面积不是 100%被利用的，总是有一部分处于过热状态。

正常情况下，离开蒸发器的气体是过热气体。

蒸发器的入口端和出口端存在阻力损失，有一定的压差。

进入膨胀阀的制冷剂液体温度与冷凝温度不一样，有一定的温度降，称之为过冷度。

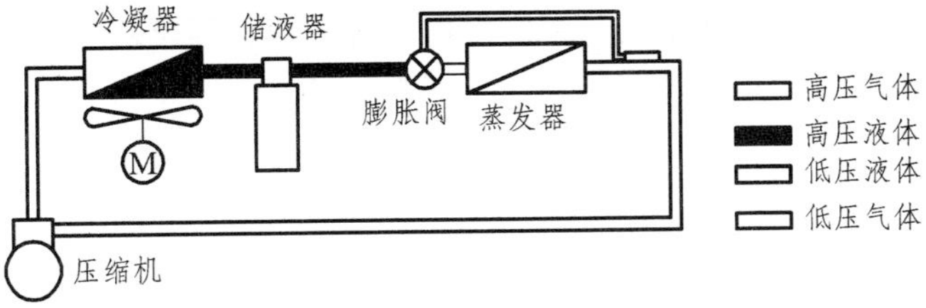

图 2-27　膨胀阀在制冷系统中的作用

1. 节流降压

将冷凝器冷凝后的高温高压液态制冷剂节流降压，成为容易蒸发的低温低压的气液混合物，进入蒸发器蒸发，吸收外界热量。

2. 调节流量

根据感温包或气箱头得到的温度信号，膨胀阀能自动调节进入蒸发器的制冷剂流量，以适应制冷负荷不断变化的需要。

3. 保持一定过热度、防止液击和异常过热

膨胀阀通过流量的调节使蒸发器具有一定的过热度，保证蒸发器总容积的有效利用，避免液态制冷剂进入压缩机引起液击；同时又能控制过热度在一定范围，防止异常过热现象的发生。

二、毛细管

当制冷剂流体沿管内流动时，由于管道摩擦阻力而产生降压，管径越小、管子越长则流动阻力就越大，产生的压降也越大。利用这一性质，在一些封闭式压缩机、小型氟利昂制冷装置中，采用小内径（0.6 ~ 2.0 mm）并有一定长度（0.6 ~ 2.5 mm）的紫铜管，代替膨胀阀作为节流降压元件，连接在冷凝器与蒸发器之间，作为制冷循环的节流压降元件，这种细长的管路就是毛细管节流装置。

毛细管节流装置的优点是结构简单，价格低廉，无运动部件，不易产生泄漏，不存在节流机构进、出口的问题，而且在压缩机停机后，冷凝器与蒸发器内的压力可较快地自动达到平衡，减轻启动时电动机的负载，很适用于装有全封闭式活塞压缩机的制冷系统。

但其主要的缺点是供液量不能随工况变动而调节。

因毛细管的长度和直径是根据一定的工况确定的，如果使毛细管的供液量能随着工况的变化而变化，就得使毛细管的直径能随着工况的变化而变化，显然这是不可能的。采用毛细管的节流装置，当蒸发压力下降时，容易引起压缩机的湿冲程，当蒸发压力上升时，容易出现蒸发器供液不足的现象。因此，毛细管节流宜用于蒸发温度变化范围不大、负荷比较稳定的场合，且通常在系统中配有气液分离器，以防止压缩机湿冲程，而不配储液器。

另外采用毛细管节流的制冷装置，对制冷剂充注量十分敏感。所以制冷剂充注量要很准确，否则影响制冷装置的正常工作。毛细管可以用一根或几根并联。当用几根并联时要配分液器，且应仔细调整，使几根毛细管的工作情况大致相同。在毛细管前应设有过滤器，以防止毛细管发生脏堵现象。

实验证明，毛细管的供液能力主要取决于毛细管入口处制冷剂的状态以及毛细管的几何尺寸（长度和内径）。在客车单元式空调机组均采用毛细管节流。

任务 5　制冷装置的辅助设备

【活动情景】

重点介绍辅助设备的组成、各部分功能和简单的工作原理。

视频资源

【任务要求】

（1）掌握气液分离器、干燥过滤器、储液器的组成。

（2）掌握气液分离器、干燥过滤器、储液器的工作原理。

【基本活动】

在蒸汽压缩式制冷系统中，为了能良好运行，还需要一些其他辅助设备来完成如润滑油的分离、制冷工质的存储以及净化等工作。这些辅助设备的作用是改善制冷机的工作条件，保证制冷机正常运转和提高运行经济性。在这些辅助设备中，制冷工质并不起状态变化，它们不是完成制冷循环所必需的设备，所以，在小型制冷机中，为了简化设备起见，往往将一些辅助设备省去。但这些辅助设备对改善空调制冷系统的性能有不可忽视的作用。

一、气液分离器

制冷系统中的气液分离设备（图 2-28），用于重力供液系统中，如氨液分离器，将蒸发器出来的蒸汽中的液滴分离掉，以提高压缩机运转的安全性；它也用在储液器后面，以分离因节流降压而产生的闪发气体，不让它进入蒸发器，以提高蒸发器工作效率。

分离原理为主要利用气体和液体的密度不同，通过扩大管路通径减小速度以及改变速度的方向，使气体和液体分离。气液分离器有立式和卧式两种。

正常工作时，其进气阀、回气阀、供液阀、出液阀、浮球的均压阀、压力表阀都是常开的。

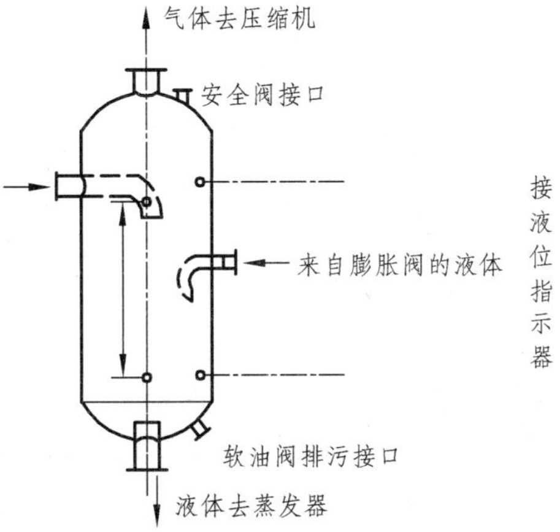

图 2-28　气液分离器

二、储液器

1. 高压储液器

高压储液器（图 2-29），一般位于冷凝器之后，它的主要作用是：

（1）储存冷凝器流出的制冷剂液体，使冷凝器的传热面积充分发挥作用。

（2）保证供应和调节制冷系统中有关设备需要的制冷剂液体循环量。

（3）起到液封作用，即防止高压制冷剂蒸汽窜至低压系统管路中去。

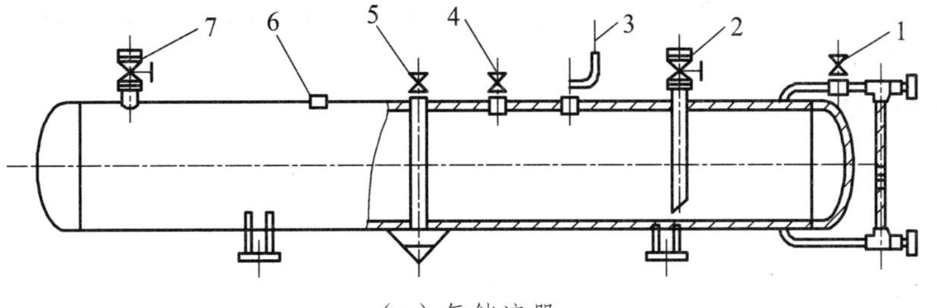

（a）氨储液器

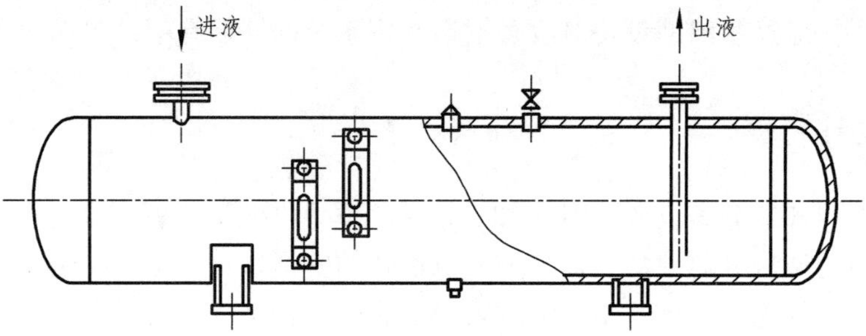

（b）氟利昂储液器

图 2-29　高压储液器

1—压力表阀；2—出液管；3—安全阀；4—放空气管；5—放油管接头；6—平衡管；7—进液管

2. 低压储液器

低压储液器（图 2-30）根据用途的不同可分为低压储液器和排液桶等。低压储液器与排液桶属低温设备，筒体外应设置保温层。排液桶的作用是贮存热氨融霜时，由被融霜的蒸发器，如冷风机或冷却排管，内排出的氨液，并分离氨液中的润滑油。一般布置于设备间靠近冷库的一侧，主要是为融霜后的排液进行气液分离和沉淀润滑油。

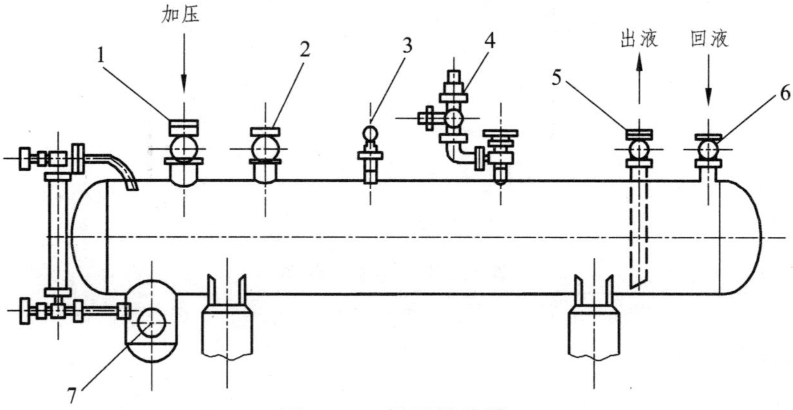

图 2-30　低压储液器

1—加压管；2—平衡管；3—压力表；4—安全阀；5—出液管；6—进液管；7—放油管

3. 油分离器

油分离器工作的基本原理如下：

（1）利用油的重度与制冷剂气体重度的不同，进行沉降分离。

（2）利用扩大通道截面降低气体流速（一般为 0.8 ~ 1 m/s），造成轻与重的物质易分离。

（3）迫使气体流动方向改变，使重的油与轻的气进行分离。

（4）气体流动撞击器壁，由于黏度不同、质量不同产生的反向速度也不同，促使油的沉降分离。

4. 干燥过滤器

干燥过滤器（图 2-31 及图 2-32）是制冷剂管路的一个最常用配件，它主要用来清理系统的有害物质，从而保护如膨胀阀和压缩机等重要部件。

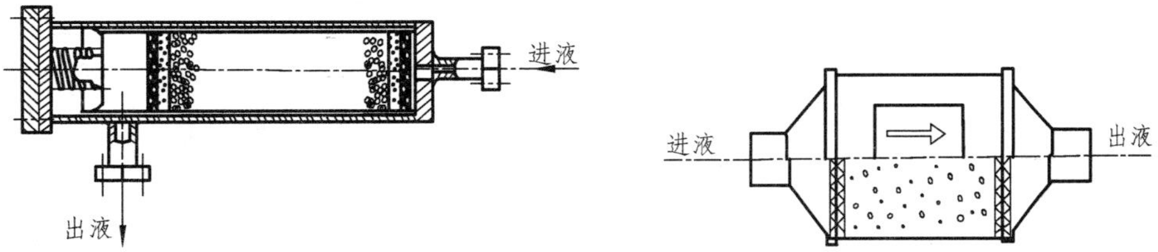

（a）直角式　　　（b）直通式

图 2-31　干燥过滤器

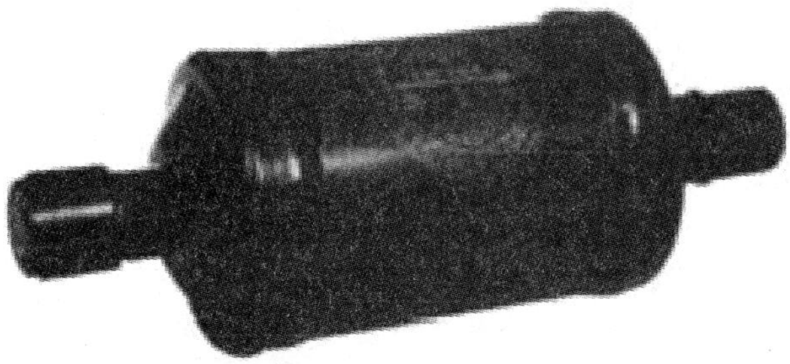

图 2-32　干燥过滤器实物图

在制冷剂系统中，会有许多有害物质通过各种途径进入管路中，常见的有以下几种：

（1）生产或维修过程：这时候制冷剂系统都会对外界开放，无论时间长短，都会有水汽，灰尘进入到系统管路中，在焊接过程中如果没有通氮气保护还有可能产生铜氧气膜，甚至是焊渣。

（2）充注制冷剂或冷冻油：如果这些东西的本身有许多固体杂质和水分，都会带到系统里面并腐蚀系统中的金属部分。

（3）在制冷系统运行中：在运行中，制冷剂中含水分时会水解生成酸性物质，对金属产生腐蚀。制冷剂和润滑油的混合物能够溶解铜，并会带到压缩机在其金属表面上形成铜膜，从而影响压缩机的工作。

（4）冷冻油：温度低到一定程度时冷冻油会析出石膜，而且对于环保制冷剂使用的 POE 油，吸湿性比较强，因此更容易水解出酸性特质。

以上物质的存在会严重威胁或破坏系统中的运动部件及需要压缩气体的汽缸和制冷系统的性能，所以都要及时清除。

在早期使用 R22 的中小型制冷剂系统中，只使用一个简单的过滤器，以防止堵塞毛细管。后来因为新冷媒如 R134a、R407C 的应用，对水分限制的要求高了，就普遍使用分子筛吸附水分，对于如冰箱的小系统，一般只用铜管里加滤网和分子筛来干燥过滤系统，因为制冷剂充注量少，进入的水分及制冷剂流量相对较小，但对于空调系统，考虑到充注量大，带入的水分也会多，压降的影响也会更大，所以要使用较大的干燥过滤器（一般是钢板焊接加喷涂做成），一些专业厂家如 ALCO、DANFOSS 都有此类产品。这类产品根据用途或大小分为密封式和可拆装式，一般密封式为 5 ~ 124 kW，可拆装式为 50 ~ 500 kW。可拆装式用在大型系统中时，因为其充注量、管路都比较大，所以含水量、开放时间及空间相对也会较大，而且使用可拆装式可以不用排空冷媒即可更换滤芯，方便现场服务。随着新冷媒 HFC 及对应冷冻油 POE 油的广泛使用，对系统的水分要求越来越高，原来要求 R22 过滤到 60 ppm，R410a

过滤到 50 ppm（1 ppm=10^{-6}）。而且 POE 油在带酸性的环境中润滑效果更好，所以 DANFOSS 则 100%使用 3A 的分子筛，而对 HCFC 的则是 80%分子筛和 20%活性氧化铝（ALCO 分别是 75%和 25%）。但是对于旧系统的现场维修，因其运行了一段时间，在维修时系统会被污染，所以在更换干燥过滤器时最好配备一定比例的活性氧化铝。

项目小结

项目 2 对车辆空调制冷系统的原理等内容进行了阐述，对空调系统中四大部件进行了整理和归类。其编写目的在于：使车辆空调系统的初学者在系统地学习车辆空调系统地基本概念等重要内容之后，对车辆空调系统有一个更深入的认识。本项目是本门课程的核心。

思考练习

1. 简述单机蒸汽压缩机的工作原理和制冷系统的基本构成？
2. 蒸汽压缩式制冷的实际循环和理论循环有什么区别？
3. 在压焓图上绘制蒸汽压缩式制冷的实际循环，并说明工质在四大部件中进行了怎样的热力过程？
4. 冷凝器和蒸发器有什么作用？各有哪些类型？影响其换热的因素有哪些？
5. 膨胀阀有哪些类型？热力膨胀阀的作用是什么？

项目3　车辆空调通风系统

项目描述

车辆空调通风系统一般指机械强迫通风，一般由离心式通风机、滤尘装置、送风道、回风道等组成。它的作用是将经过处理的空气输送和分配到各客室并获得合理的气流组织，同时将室内污浊的空气排出室外，以保持室内空气的清洁度和流动速度，形成车辆内部的循环系统。

学习目标

1. 了解空调通风系统的基本概念，认识通风系统的必要性和重要性。
2. 了解空调通风系统的组成和功能。
3. 了解空调通风系统的结构及特点。

能力目标

掌握空调通风系统各部分组成，能够熟识空调系统各部件名称、功能，能够了解空调通风系统的维修。

任务1　空调通风系统基本概念

【活动情景】

在车辆空调系统中，通风系统起到什么作用？

视频资源

【任务要求】

（1）了解空调通风的必要性和重要性。

（2）掌握空调通风系统的概念。

【基本活动】

通风除尘和空气调节在实际工程中起着改善工作环境、保护人们的身体健康和提高生产力的重要作用。用通风方法改善生产劳动环境，简单地说，就是把污浊的或不符合卫生标准的内部空气排至外部，把新鲜空气或经过处理的空气送入内部，不断地更换内部空气。所以，通风也叫作“换气”。

人类新陈代谢中产生的二氧化碳、皮肤表面的代谢产物；建筑材料中挥发出的有害物，如苯类、醛类等有机物质；周围土壤中存在的氡等放射性物质；隧道中存在的灰尘、二氧化硫等构成了车辆污染物的主要来源。

向车辆内补充新鲜空气，满足人体对氧气的需求；通风可使车辆内空气稀释流通，减少有害气体的浓度；控制各种有害物，如过滤粉尘、调节湿度等构成了车辆通风的任务。

通风，包括排除的车辆内部污浊空气和向车辆内部补充新鲜空气。前者称为排风，后者称为送风，为实现排风和送风，所采用的一系列设备、装置总体称为通风系统。通风系统按通风工作原理不同，可分为自然通风和机械通风两类；按照系统作用的范围大小可以分为全面通风和局部通风两类。

（一）自然通风系统

自然通风是依靠室内外空气的温度差（实际是密度差）造成的热压，或者是室外风造成的风压，使房间内外的空气进行交换，从而改善室内的空气环境。自然通风不需要另外设置动力设备，对于有大量余热的车间，是一种经济、有效的通风方法。其缺点是，无法处理进入室内的空外空气，也难以对从室内向室外排出的污浊空气进行净化处理；其次，自然通风受室外气象条件影响、通风效果不稳定。

新中国成立初期，我国铁路客车没有空调机组，通风采用安装在车顶的数量较多的自然通风器。当车辆运行时，车外气流在通风器迎风面形成正压，背风面形成负压，而车内压力接近于大气压。这样，在车内、外空气压力差的作用下，车内空气经自然通风调节器的缺口排出车外，车外新鲜空气由开启的窗口或门窗缝隙进入车内。在无风及停车时，如车内温度高于车外温度，自然通风器仍有通风作用。采用自然通风系统时，车内外换气量小，尤其在冬季，车内空气质量很差。这种形式主要用于 21 型车、部分 22 型车和部分 25B 型车。

自然通风的优点是经济、不耗能源；缺点是效果不稳定，受气候、建筑物门窗的影响较大。

1. 自然通风影响因素

1）开口位置对室内空气流动的影响（图 3-1 ~ 3-3）

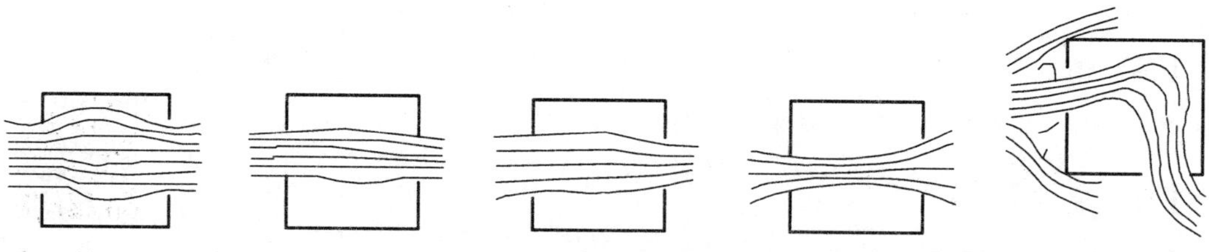

（a）　（b）　（c）　（d）　（e）

图 3-1　室内开口位置对室内空气流动影响示意图（1）

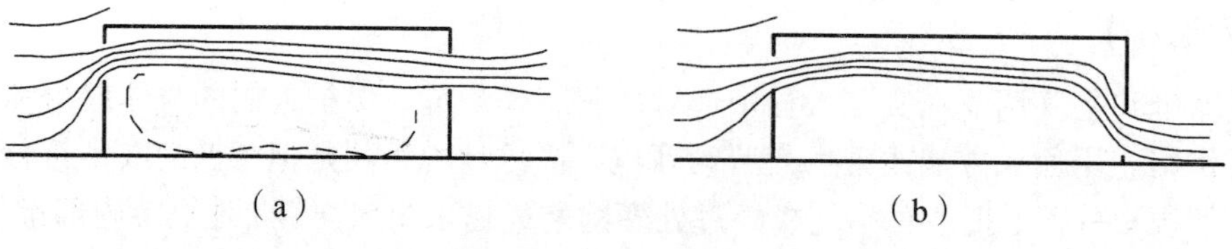

（a）　（b）

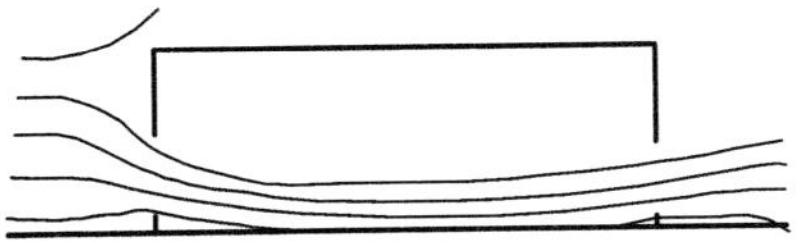

（c）

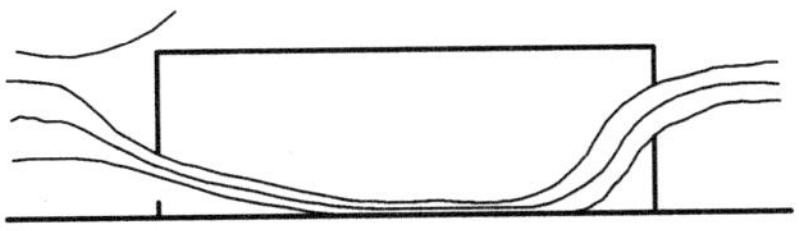

（d）

图 3-2　室内开口位置对室内空气流动影响示意图（2）

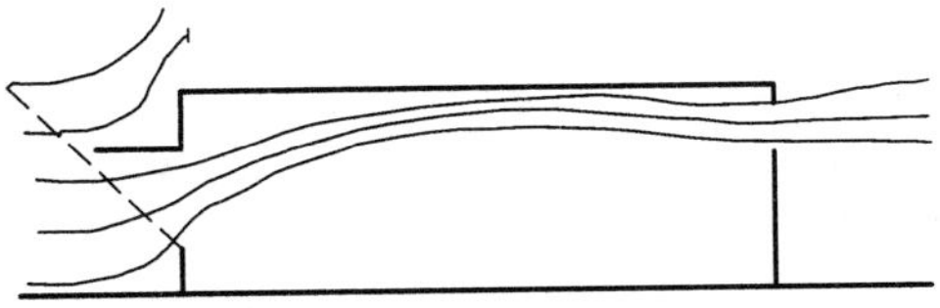

（a）

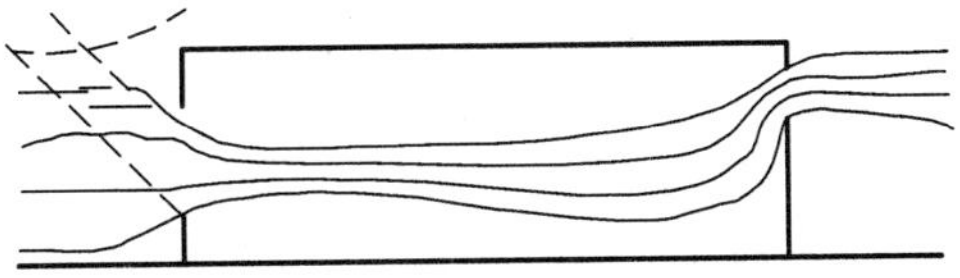

（b）

图 3-3　室内开口位置对室内空气流动影响示意图（3）

2）不同窗户形式对室内空气流动的影响（图 3-4）

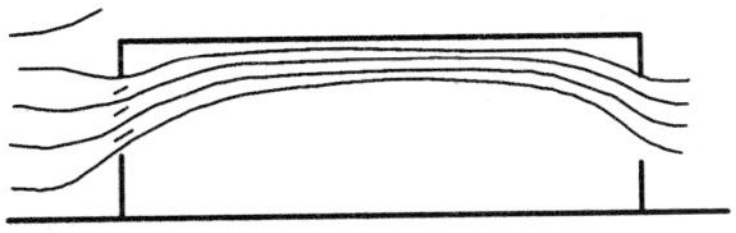

（a）

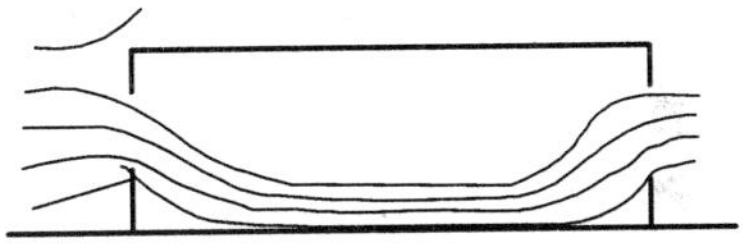

（b）

图 3-4　不同窗户形式对室内空气流动的影响

3）室内气流的调节（图 3-5、图 3-6）

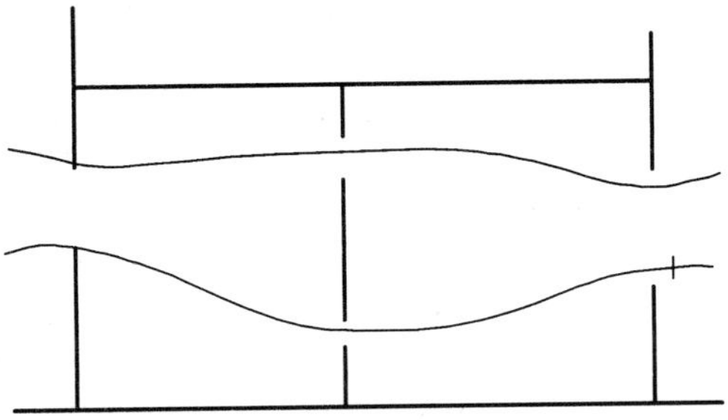

图 3-5　室内气流的调节（1）

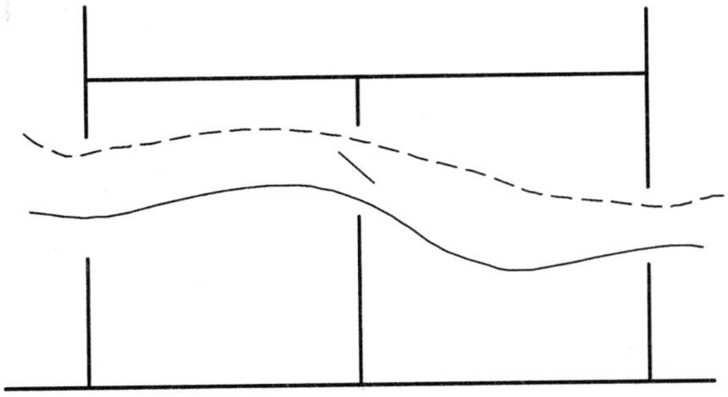

图 3-6　室内气流的调节（2）

4）绿化的导风作用（图 3-7、图 3-8）

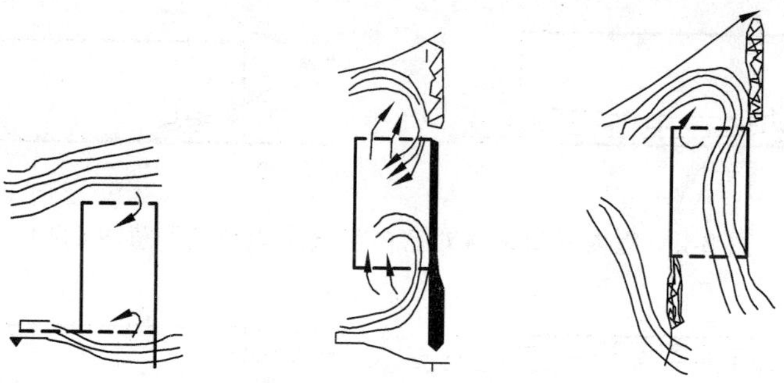

图 3-7　绿化的导风作用（1）

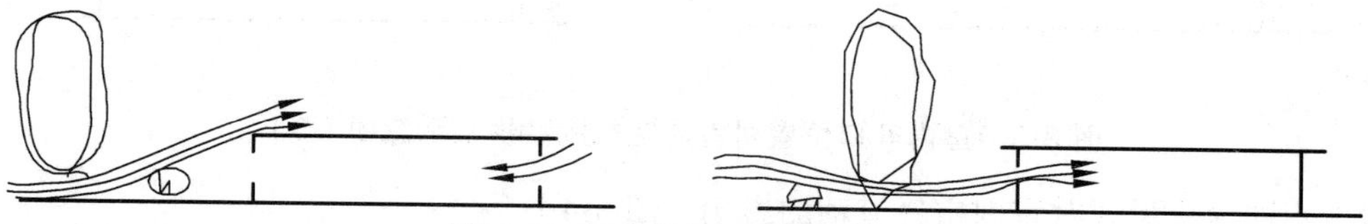

图 3-8　绿化的导风作用（2）

5）有效利用自然通风的建筑措施（图 3-9）

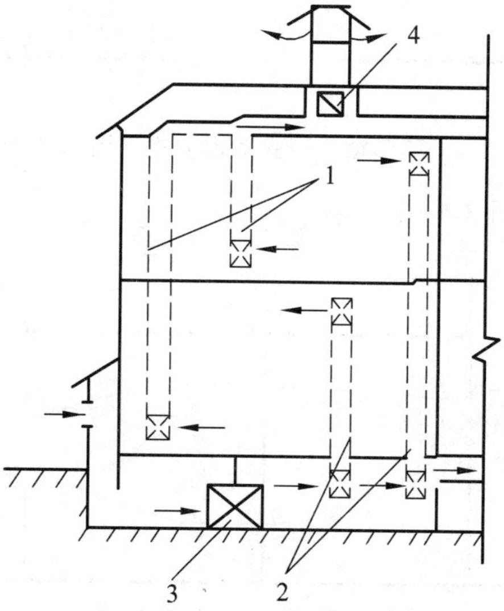

图 3-9　有效利用自然通风的建筑措施

1—排风管道；2—送风管道；3—进风加热设备；4—排风加热设备（为增大热压用）

6）自然通风排风天窗的做法（图 3-10～3-12）

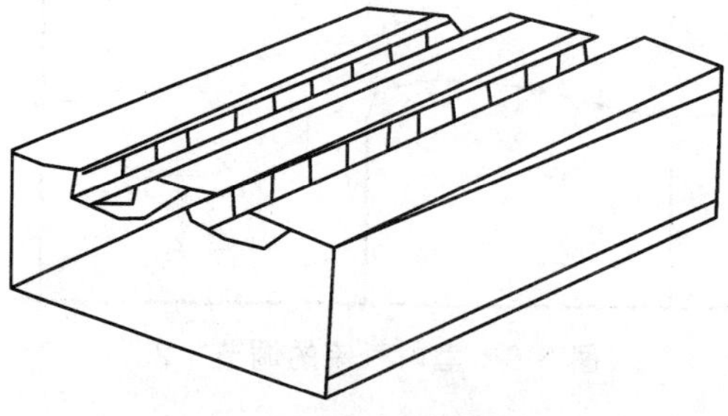

图 3-10　纵向下沉式天窗

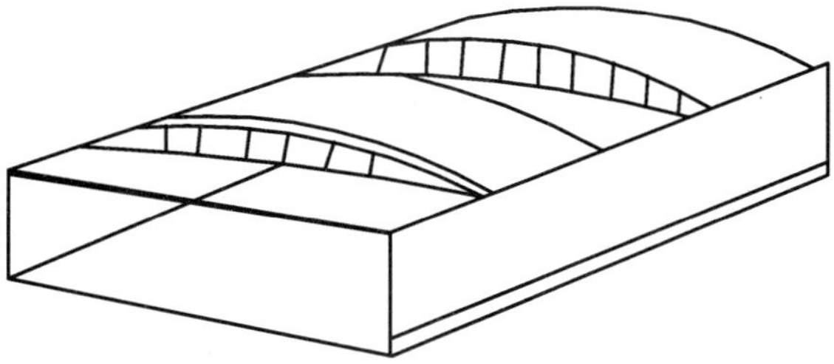

图 3-11　横向下沉式天窗

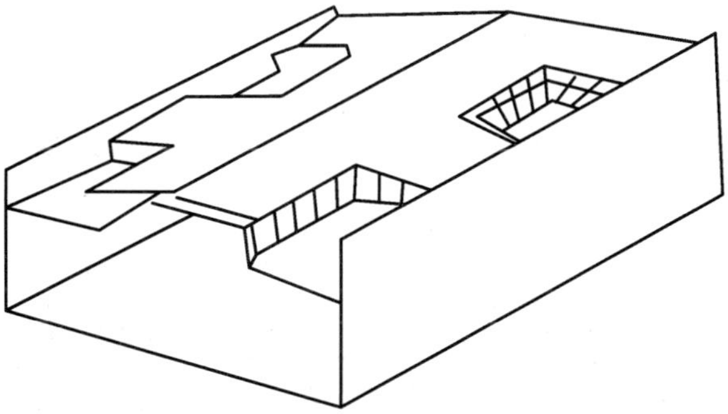

图 3-12　天井式天窗

2. 置换通风

置换通风是一种以自然通风为原理的较先进的通风换气方式，如图 3-13 所示。置换通风是基于空气的密度差而形成热气流上升、冷气流下降的原理实现通风换气，其送风分布器通常都是靠近地板，送风口面积较大，因此出风速度较低，送风的动量很低，以致对室内主导气流无任何实际的影响。

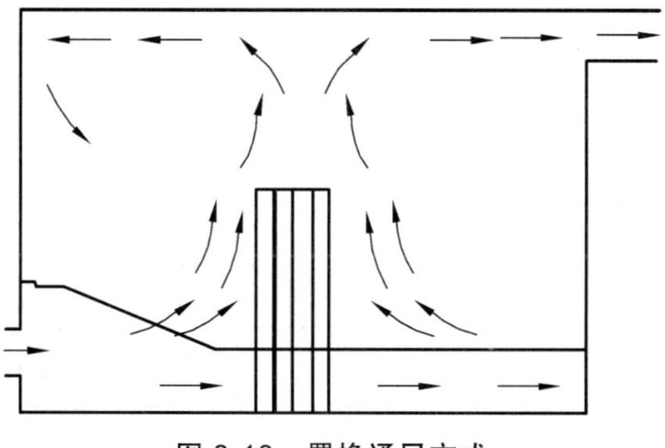

图 3-13　置换通风方式

（二）机械（强迫式）通风系统

通过风机提供通风的动力，风机的高速运转产生的风压强制室内空气交换流动，使房间通风换气的方法，称为机械通风。由于风机的风量和风压可根据需要确定，这种通风方法能保证所需要的通风量，控制房间内的气流方向和速度，并对进风和排风进行必要的处理，使房间空气达到所要求的参数。因此，目前我国绝大部分普通空调客车采用这种通风系统。其通常由离心式通风机、风道、风口、空气过滤器、排风装置等组成。在卫生间及储藏间等位置的车顶仍然安装有自然通风器。

1. 常见的通风系统类型

1）全面通风

全面通风是对整个房间进行通风换气。其基本原理是，用清洁空气稀释（冲淡）室内空气中的有害物浓度，同时不断地把污染空气排至室外，保证室内空气环境达到卫生标准。全面通风也称稀释通风。

（1）全面排风。

为了使室内产生的有害物尽可能不扩散到其他地区或邻室去，可以在有害物比较集中产生的区域或房间采用全面机械排风。

全面机械排风系统，如图 3-14 所示。

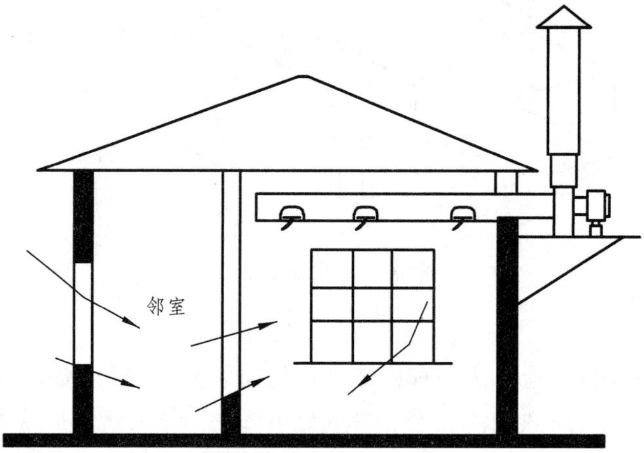

图 3-14　全面排风

（2）全面送风。

在不希望邻室或室外空气渗入室内，而又希望送入的空气是经过简单过滤、加热处理的情况下，多用全面机械送风系统，这时室内处于正压，室内空气通过门窗压至室外。

全面机械送风系统，如图 3-15 所示。

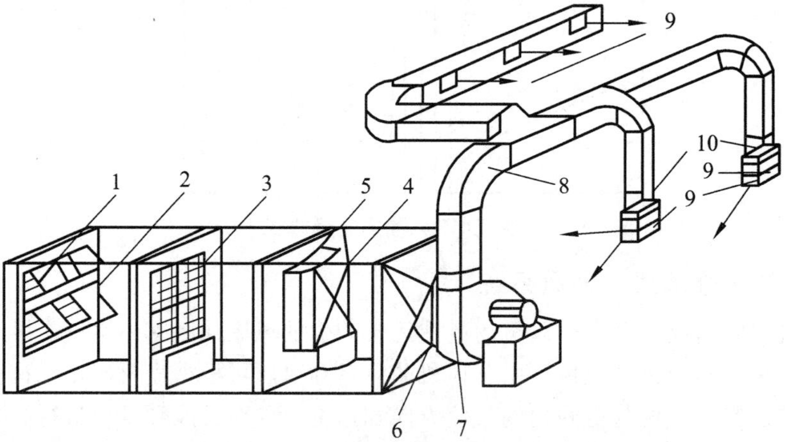

图 3-15　全面送风

1—百叶窗；2—保温阀；3—过滤器；4—空气加热器；5—旁通阀；6—启动阀；7—风机；8—风道；9—送风口；10—调节阀

（3）全面送、排风。

在很多情况下，一个空间同时采用全面排风系统与全面送风系统相结合的全面送、排风系统，这往往用在门窗紧闭，采用自然通风比较困难的场所。

在设计全面通风系统时应遵守一个基本原则：应将干净空气直接送至工作人员所在地或污染物浓度低的地方。

常用的送、排风方式有上送上排、下送上排及中间送、上下排等多种形式。具体应用时，应根据下列原则选择：

① 进风口应位于排风口上风侧。

② 送风口应接近工作人员所在地点，或者污染物浓度低的地带。

③ 排风口应设在污染物浓度高的地方。

④ 在整个控制空间内，尽量使室内气流均匀，减少涡流的存在，从而避免污染物在局部地区积聚。

2）局部通风

局部通风分为局部进风和局部排风，其基本原理都是通过控制局部气流，使局部范围不受有害物的污染，并且形成符合要求的空气环境。

（1）局部排风。

为了尽量减少工艺设备产生的有害物对室内空气环境的直接影响，用各种局部排气罩，使有害物在产生时就立即随空气一起吸入罩内，最后经排风帽排至室外，是比较有效的一种通风方式，如图 3-16 所示。

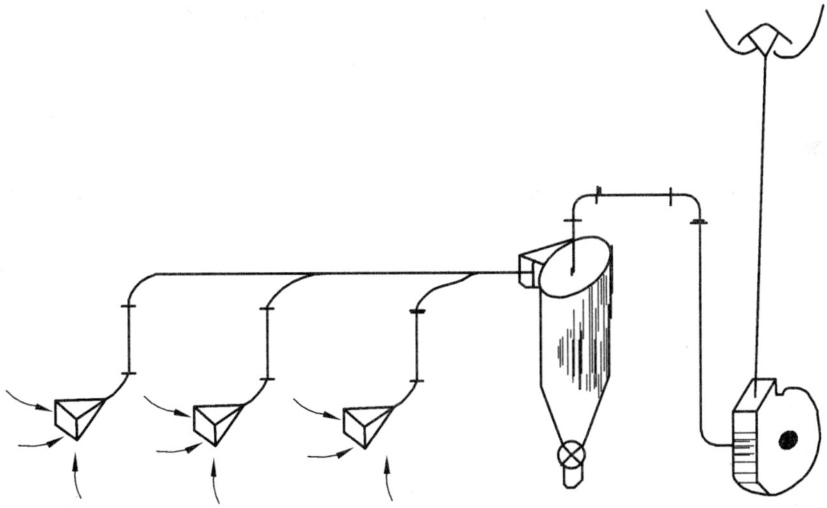

图 3-16　局部排风系统

（2）局部送风。

向局部工作地点送风，形成对工作人员温度、湿度、清洁度合适的局部空气环境，这种通风方式叫作局部送风，如图 3-17 所示，直接向人体送风的方法又叫岗位吹风或空气淋浴。岗位吹风分集中式和分散式。

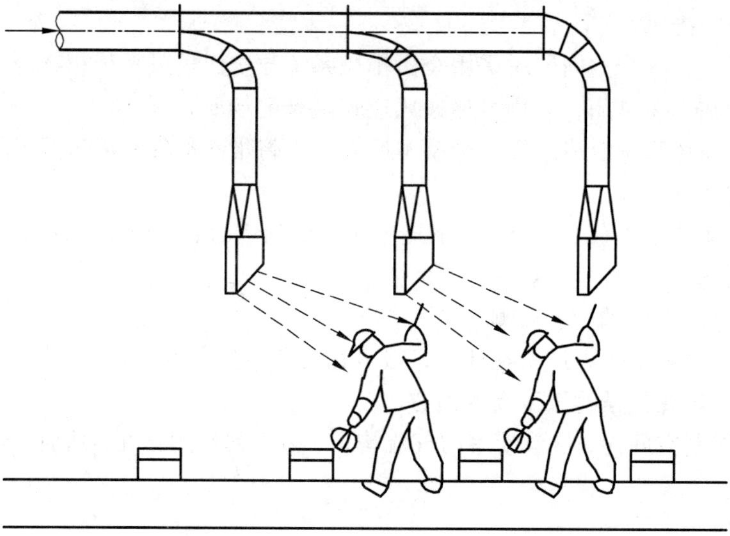

图 3-17 局部送风系统

（3）局部送、排风。

有时采用既有送风又有排风的局部通风装置，可以在局部地点形成一道“风幕”，能防止有害气体进入室内，是一种既不影响工艺操作又比单纯排风更为有效的通风方式。

任务 2 机械强迫式通风系统

【活动情景】

在车辆空调通风系统中，风机和风管有哪些作用，他们之间又有什么样的关系？

【任务要求】

（1）了解空调通风系统的组成。
（2）掌握空调通风系统的结构和功能。

视频资源

【基本活动】

机械强迫式通风系统是由通风机组、风道、风口、空气过滤器等组成的。

在通风机组的作用下，室外新鲜空气经进风口进入车内，首先经滤尘器过滤并与回风混合后送入空气处理室，然后经过蒸发器冷却或者由电预热器预热，送入主风道，再由各送风口均匀地送入室内。室内空气的一部分，经回风口、回风道再被通风机吸入为再循环空气重复使用；另一部分则经由排风口和排风扇排出车外。

一、通风机组

通风机组是通风系统的动力装置。其作用是吸入车外新风和室内回风，并将处理后的混合空气加压，通过主风道等送入客室。一般将其安装在车辆端部顶板上部空间，也可以安装在车下部，其安装处取决于空气处理设备的位置。由于空间位置的限制，车辆空调系统一般都采用两台通风机并联使用，一台双轴电动机放在两台通风机中间。

常用的通风机有轴流式、离心式和贯流式。在车辆通风系统中常常采用离心式风机送风；排风机、冷凝风机采用轴流式风机。

为了减少通风机及其驱动电动机所产生的噪声传入车内客室，通风机组在安装时，应采用有效的隔音减振措施：一是在通风机组的安装座上加装橡胶减振器；二是在通风机壳上铺设阻尼涂料；三是在主风道与通风机相连接的风管处采用帆布或人造革制作的软风道。

1. 离心风机

离心风机（图 3-18）用于低压或高压送风系统，特别是低噪声和高风压的系统。其叶轮的叶片式有流线型、后弯叶型、前弯叶型（图 3-19）和径向型四种。

离心式风机的主要部件有风机吸入口、叶轮、机壳和机座等。

（1）吸入口。如果风机进口未接引风管，可直接从大气中进风。这时一般应装设吸入口（又称集流器），使气流能以损失最少的方式均匀地流入机内。风机吸入口有圆筒形、圆锥形和圆弧形三种，前两种阻力较大，制作方便；后一种阻力小，但制作较复杂。

（2）叶轮。离心式风机的叶轮由前盘、后盘、叶片和轮机组成。根据叶片出口安装角度的不同，有前向叶型、径向叶型和后向叶型三种形式。叶轮固定在机轴上，由电机带动旋转。在车辆空调设备中，使用前向叶片离心式通风机用于车内通风。

（3）机壳。中、低压风机机壳常用钢板焊接或成对数螺旋形的壳体，并且机壳截面积逐渐扩大。

（4）机座。机座由型钢焊制，用来支撑风机。机座上装有轴承，支撑风机转轴。

离心式风机的工作原理：当电机带动机轴上的叶轮旋转时，叶片间的气流在离心力的作用下，由叶轮中心甩向边缘并获得动能和压力能。同时，叶轮中心所产生的负压区促使后续气流连续不断地进入风机。气流从叶轮流出后进入机壳，在机壳排出管的扩压作用下将部分动能转变为压力能，最后以高压沿切线方向送入排气管路或房间，离心风机实物，如图 3-20 所示。

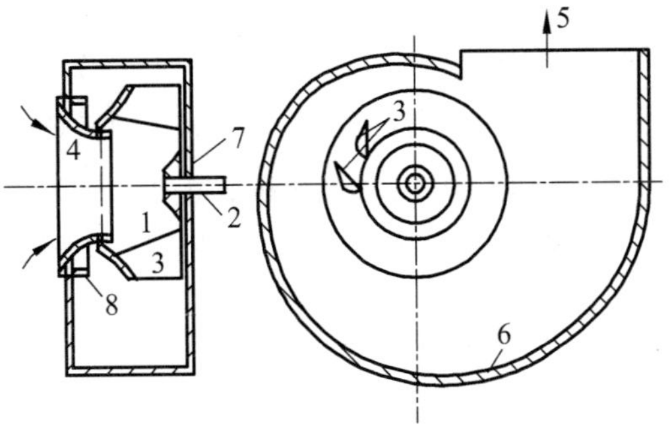

图 3-18　离心风机构造示意图

1—叶轮；2—机轴；3—叶片；4—吸气口；5—出口；
6—机壳；7—轮毂；8—扩压环

图 3-19　前向曲线叶型

图 3-20　离心风机

2. 轴流风机

轴流风机的构造，如图 3-21 所示。叶轮由轮毂和铆在其上的叶片组成，叶片与轮毂平面安装成一定的角度。叶片的形式有机翼型扭曲叶片、厚板型扭曲叶片或直叶片等。

其占地面积小、便于维修、风压较低、风量较大，多用于阻力较小的大风量系统。

轴流式风机的工作原理：由于轴流式风机的叶片与机轴中心线有一定的螺旋角，当电机带动叶片在机壳内转动时，空气一边随叶轮转动，一边沿轴向推进；当空气被推出后，原来占有的位置形成局部低压，促使外面的空气由吸入口进入。空气通过叶轮压力增高后，从出口排出。由于气体在机壳中的流动始终沿轴向进行，所以称为轴流式风机。

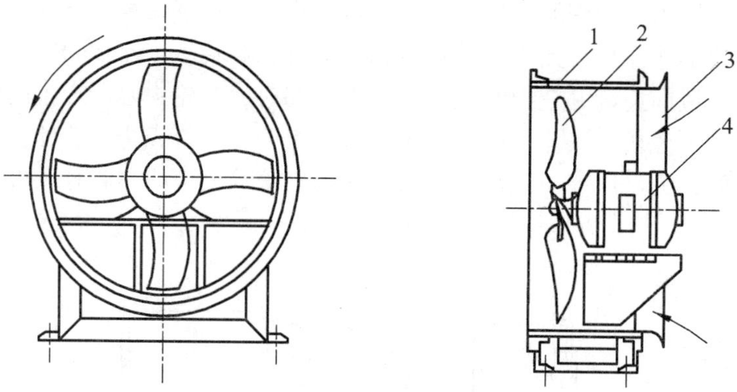

图 3-21　轴流风机示意图

1—圆筒形机壳；2—叶轮；3—进口；4—电动机

二、风管

1. 形式：圆形和矩形

圆形风道的强度大、阻力小、耗材少，但占用空间大、不易与建筑配合。对于高流速、小管径的除尘和高速空调系统，或是需要暗装时可选用圆形风道。矩形风道容易布置，便于加工。低流速、大断面的风道多采用矩形。矩形风道适宜的宽高比在 3.0 以下。

2. 材料

一般来讲，输送腐蚀性气体的风道可用涂刷防腐油漆的钢板或硬塑料板、玻璃钢制作；埋地风道通常用混凝土板做底，两边砌砖，用预制钢筋混凝土板做顶；利用建筑空间兼作风道时，多采用混凝土或砖砌风道。

三、室内送排风口

室内送风口是送风系统中风道的末端装置，由送风道而来的空气，通过送风口以适当的速度均匀地分配到各个指定的送风地点。室内排风口是排风系统的始端吸入装置，车间内被污染的空气经过排风口进入排风道内。室内送、排风口的任务是将各送风、排风口所需的空气量按一定的方向、速度送入室内和排出室外。室内送排风口，如图 3-22 所示。

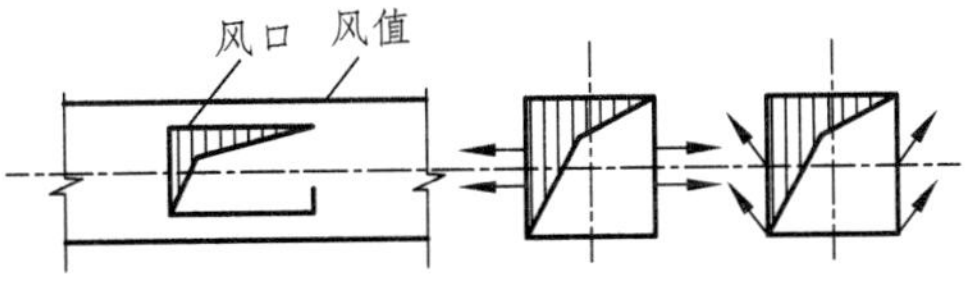

(a)

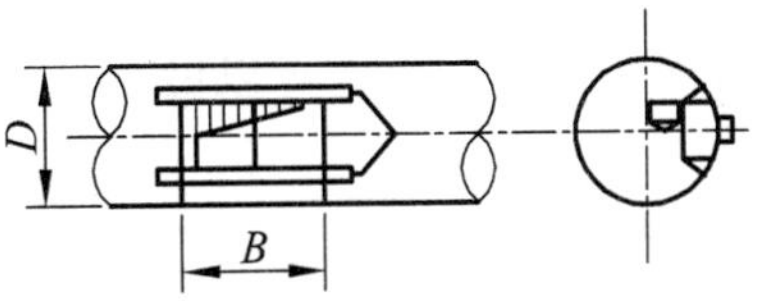

(b)

图 3-22　室内送排风口

图 3-22（a）所示为风管侧送风口，图 3-22（b）所示为插板式送、吸风口；无法调节送风的流量和方向，不能改变和控制气流方向。

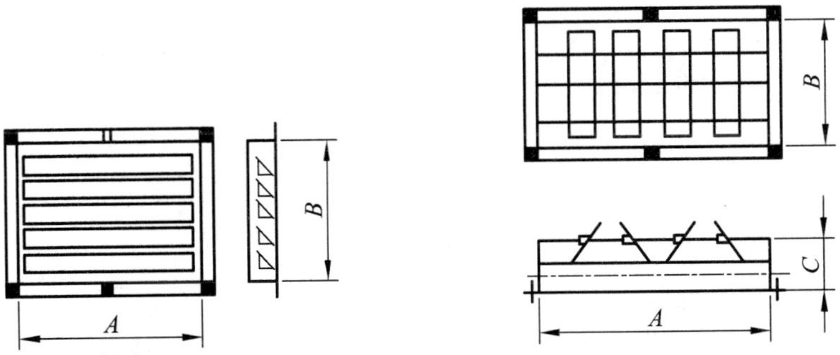

(a)　　(b)

图 3-23　风管侧送风口

百叶式送风口：不仅可以调节控制气流速度，还可以调整气流的角度。

在工业厂房中，往往需要向某些工作地点供应大量的空气，从较高的上部风道向工作区送风，为了避免工作地点有“吹风”的感觉，要求在送风口附近的风速迅速降低，能满足这种要求的大型室内送风口，通常叫作空气分布器。

室内排风口是全面排风系统的一个组成部分，室内被污染的空气经由排风口进入排风管道，如图 3-24 所示。排风口的种类较少，通常做成百叶式，多采用单层百叶式排风口，有时也采用水平排风道上开孔的孔口排风形式。

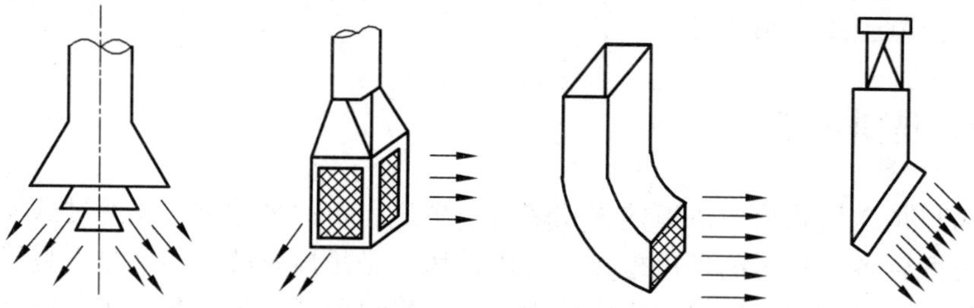

图 3-24　室内排风口

四、室外进、排风装置

1. 室外进风装置

室外进风口是通风和空调系统采集新鲜空气的入口。根据进风室的位置不同，室外进风口可采用竖直风道塔式进风口，图 3-25（a）所示装置是贴附于建筑的外墙上的；图 3-25（b）所示装置是做成离开建筑物而独立的构筑物，也可以做成设在建筑物外围结构上的墙壁式或屋顶式进风口。

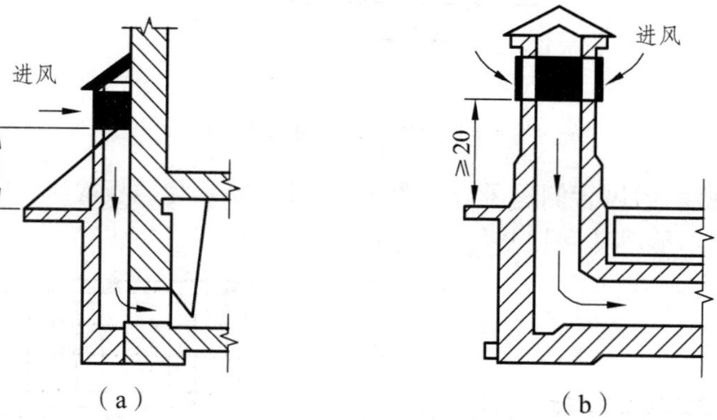

图 3-25　室外进风口装置

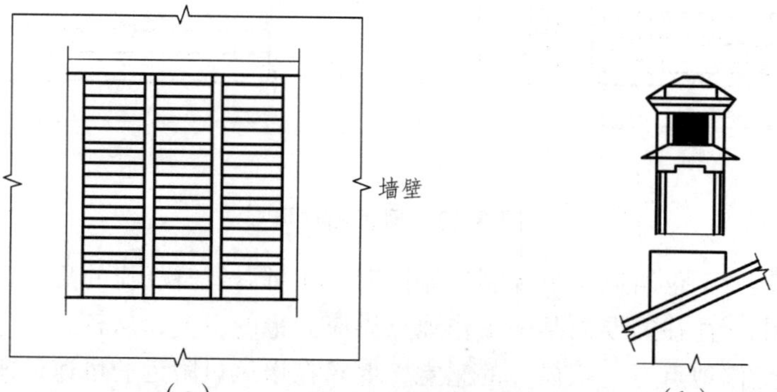

图 3-26　室外进风口装置

室外进风口位置应满足以下要求：

（1）设置在室外空气较为洁净的地点，在水平和垂直方向上都应远离污染源。

（2）室外进风口下缘距室外地坪的高度不宜小于 2 m，并须装设百叶窗，以免吸入地面上的粉尘和污物，同时可避免雨、雪的侵入。

（3）用于降温的通风系统，其室外进风口宜设在背阴的外墙侧。

（4）室外进风口的标高应低于周围的排风口，且宜设在排风口的上风侧，以防吸入排风口排出的污浊空气。具体地说，当进风口、排风口相距的水平间距小于 20 m 时，进风口应比排风口至少低 6 m。

（5）屋顶式进风口应高出屋面 0.5 ~ 1.0 m，以免吸进屋面上的积灰和被积雪埋没。

2. 室外排风装置

室外排风装置的任务是将室内被污染的空气直接排到大气中去。管道式自然排风系统通常是通过屋顶向室外排风，排风装置的构造形式与进风装置相同，排风口也应高出屋面 0.5 m 以上，若附近没有进风装置，则应比进风口至少高出 2 m。

机械排风系统一般也从屋顶排风；以减轻对附近环境的污染。为保证排风效果，往往在排风口上加上一个风帽。空气由侧墙排出时，排风口应高出屋面。一般地，室外排风口应设在屋面以上 1 m 的位置，出口处应设置风帽或百叶风格。

项目小结

车辆空调通风系统是将经过处理的空气输送和分配到各客室并获得合理的气流组织，同时将室内污浊的空气排出室外，以保持室内空气的清洁度和流动速度，形成车辆内部的循环系统。

思考练习

1. 简述空调通风的意义。
2. 空调通风的功能有哪些？
3. 简述通风系统的组成。

项目 4　车辆空调采暖系统

项目描述

空调采暖系统是城市轨道车辆空调系统中必不可少的组成部分。本项目介绍了采暖系统的类型、组成，重点介绍电加热装置基本原理、组成以及电加热器的维护，也简要介绍了热泵循环。

学习目标

1. 了解城市轨道车辆空调采暖系统的基本类型。
2. 掌握电加热的基本原理和特点。
3. 了解空气加湿系统。

能力目标

1. 掌握电加热器的维护。
2. 了解热泵循环工作原理和特点。

任务 1　采暖系统概述

【活动情境】

采用课堂授课形式，讲解目前车辆空调采暖系统。

视频资源

【任务要求】

了解车辆空调采暖系统的常见形式。

【基本活动】

为了在寒冷的冬季给乘客提供一个舒适的乘车环境，必须采取一些措施提高铁道车辆内部的温度及空气质量，来保证冬天铁道车辆客室内的舒适性，如在车体中采用优质的防寒保温材，减小车体的传热系数，降低车内向车外的热传递以及设置采暖装置。

由于铁道车辆实际运行区域气候条件的不同，一般在我国南方城市运行的铁道车辆基本上未设置采暖系统，如广州、深圳、上海等；而在北方各大城市运行的铁道车辆上都设置相应的采暖系统，如北京、天津、西安等。

铁道车辆基本上都采用车顶送风方式，为了保持车内温度一定和减少送风温度与室内温度差，铁道车辆的采暖系统有两个作用：对送入车内空气进行预热和对车内空气进行补偿加热。

空气的预热是通过使空调机组的空气处理室内的空气流过空气预热器来实现的。根据热媒不同，空气预热器可分为温水空气预热器和电热空气预热器两种。

空气的补偿加热，由设在铁道车辆内两侧地板面上的加热器来完成，根据热媒不同，地面加热器也分为温水加热器和电加热器两种。

【高级技术】

所谓采暖，就是使室内获得热量并保持一定的室内温度，以达到适宜的生活条件或工作条件的技术，是人类最早期开始使用的室内温度指标控制手段。

所有采暖系统都由热媒制备（热源）、热媒输送和热媒利用（散热设备）三个主要部分组成。热源和散热设备为一体化装置的为集中式采暖，反之，则为分散式采暖。铁道车辆的客室电加热器为集中式采暖，而热原空调为分散式采暖。

采暖系统的热媒有：热水、蒸汽、空气、电、太阳能等。由于以热水、蒸汽、太阳能作为热媒的采暖系统均需较为庞大的热源设备，如热水（蒸汽）锅炉，以空气作为热媒的采暖系统需要较为笨重的散热设备，而铁道车辆属于交通运输设备，其体积小，需利于运动，并且需要尽可能大的空间来运送乘客。因而，目前铁道车辆通常采用电加热采暖。

任务 2　电加热装置

【活动情境】

在检修现场进行教学，或采用多媒体展示电加热器的使用。

【任务要求】

掌握电加热器的原理以及组成。

视频资源

【基本活动】

一、管状电热元件

当前国内铁道车辆使用的电加热器，一般采用管状电热元件，根据电流热效应原理，让电流通过电阻丝而产生热量，然后把热量传给流过的空气。它具有表面温度均匀、热量稳定、结构紧凑、控制方便等特点。

管状电热元件的基本结构（图 4-1），是在金属管内沿轴线方向放入一根螺旋形的电阻丝（镍铬丝），在其空隙部分均匀地填满具有良好导热性和电气绝缘性的结晶氧化镁粉，并用缩管机将管径轧小，以增加氧化镁粉的密度而提高导热系数。同时，还要保证要管内螺旋状电热丝不致因电热元件经受弯曲或碰撞发生而碰及管壁。在电热丝引出棒出口处浇以硼酸钡的混合物密封，以避免空气中的水分和液体介质浸入氧化镁粉中而引起绝缘不良。

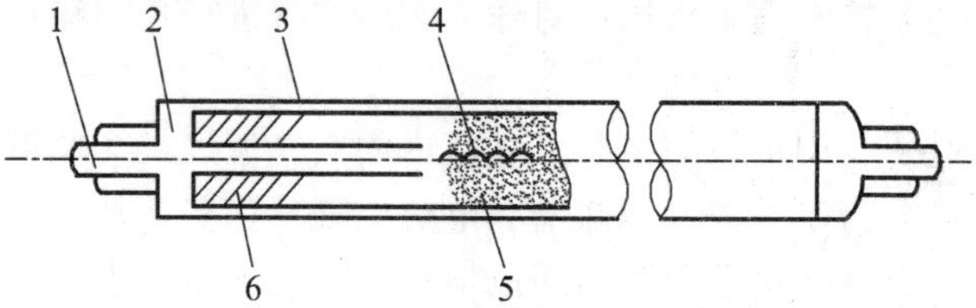

图 4-1　管状电热组件基本结构

1—连线端子；2—绝缘垫；3—金属套管；4—电热丝；5—结晶氧化镁粉；6—封口材料

由于电热丝是埋在紧密的导热性较高的氧化物介质中，不与空气接触，其单位负荷功率相比于裸露式电热丝可大大增加，寿命也相应提高。

二、电热空气预热器

电热空气预热器结构如图 4-2 所示，它由电热元件和框架组成。由新风口引入的新鲜空气及车内循环空气，被机组的通风机吸入并在电热空气预热器前混合，通过电热空气预热器加热，温度升高，再由通风机送入车内风道各格栅，向车内送热风，使温度徐徐上升，使车内温度维持在一定舒适温度。其在使用时与通风机实现电气联锁，与制冷机实现电气互锁。电热元件一般分为两组，通过空调温度控制器根据室内空气温度自动控制其一组工作、两组工作或停止工作。与电热空气预热器相接部分的风道，应采用不易燃烧的耐热保温材料。

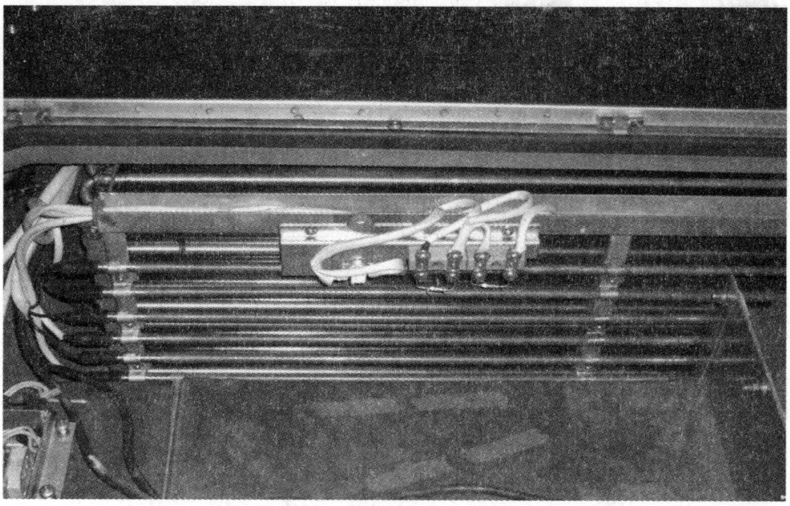

图 4-2　电热空气预热器

为了防止电热空气预热器在缺风时工作而导致表面温度过高，一般设置两道缺风保险：温度超过 70 °C，继电器跳开；温度超过 139 °C，熔断器熔断，从而切断控制电路和主回路，使电热空气预热器停止工作。

三、电加热器

目前铁道车辆上采用的电加热器分为客室电加热器和司机室电加热器。

（一）客室电热器（如图 4-3 所示）

客室电热器安装在座椅底下的安装座上，控制电路采用直流 110 V，50 Hz，主电路采用交流 220 V，50 Hz。每组电热器内设两支电热管，两支电热管分两路，可分别或同时工作、停止。电热器设“全暖”“半暖”两个控制位，由司机控制。

图 4-3　客室电热器

（二）司机室电热器

为了提高司机室冬季采暖的舒适性，在司机室设带风机的强迫通风电热装置。

司机室电热装置机构如图 4-4 所示，每个电热器内设一台小型贯流风机、两支电热管。

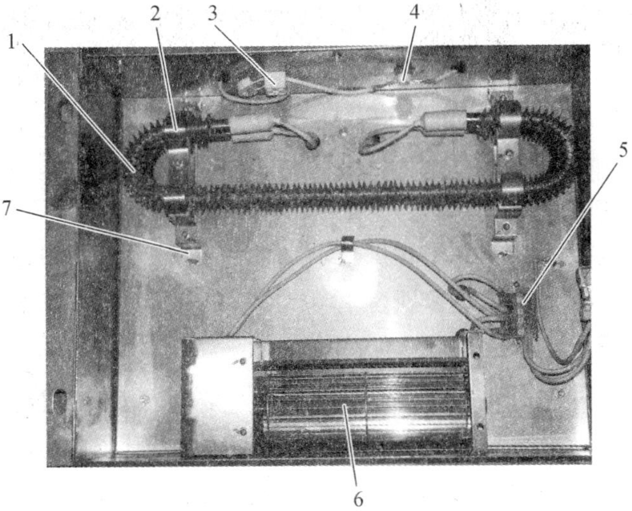

图 4-4　司机室电热器

1—电热管；2—管卡；3—熔断器；4—温控器；5—接线端子；6—风机；7—支架

司机室电热装置安装在司机台下，控制电路采用直流 110 V，50 Hz，主电路采用交流 220 V，50 Hz。司机室电热装置内风机与电加热器设置联锁，风机启动后电热装置投入运行，电热装置设热继电器进行超温保护，当由于风机故障等原因使电热器温度超过设定值时，自动停止工作。由司机手动操作，设半暖、全暖位。

任务 3　热泵循环

【活动情境】

采用课堂授课形式，讲解热泵循环系统。

视频资源

【任务要求】

了解热泵循环的工作原理及基本组成。

【基本活动】

一、热泵循环的工作原理

热泵循环与制冷循环的原理是一致的，也是利用某种工质的状态变化，从较低温度的热原吸取一定热量，通过一个消耗功或热量的补偿过程，向较高温度的热源放出热量。其区别在于工作的温度区间不同，达到的目的不同。制冷循环是利用吸取热量而使被冷却对象的温度低于环境温度，达到制冷的目的；热泵循环则是从环境介质吸热，向被加热对象放热，使其温度高于环境介质温度。

凡是可以在外界低温环境下吸取热量，并将其热量“泵”入室内的装置均称为热泵。

在热泵循环过程中，根据热力学第二定律，高温热源的放热量 Q_H 等于从低温热源吸取的热量 Q_0 加上所消耗的功 W 之和，即：

$$Q_H = Q_0 + W$$

因为 $Q_H > W$，利用制冷机从低温外气中吸热，而在温度较高的室内空气中放热，比直接利用电能加热所能获得的热量大得多，所以热泵能够节省电能。

热泵循环的性能系数称制热系数（供热系数），用 ε_H 表示。供热系数是评价热泵性能好坏的指标，为供热量与消耗功之比，即：

$$\varepsilon_H = Q_H / W = 1 + \varepsilon_0$$

式中，ε_0 为制冷系数。可见，热泵的制热系数恒大于 1，表明其经济效果好。

如图 4-5 所示，图 4-5（a）为夏季制冷工况，置于空气处理室内的蒸发器，吸收空气中的热量，从而冷却车内的空气；图 4-5（b）为冬季热泵工况，经过四通换向阀，转换制冷剂流向。室内蒸发器作为冷凝器使用，而室外冷凝器作为蒸发器使用，于是通过制冷剂就将室外空气中的热量转移到了室内。

热泵系统中，作为蒸发器的换热器（制冷系统中的冷凝器）有可能表面结霜，以致堵塞空气通路，影响换热，所以在系统中应采取适当的融霜措施。

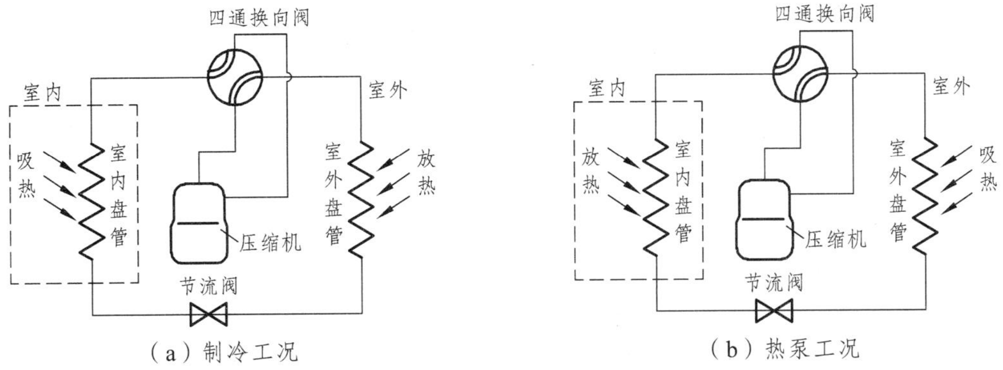

图 4-5　制冷与制热系统原理

二、四通转换阀基本结构

四通转换阀是将电磁阀和四通阀用毛细管连接而成的一个换向系统，其结构如图 4-6、4-7 所示。四通阀有四根接管 1、2、3、4 和 3 根毛细管 C、D、E。阀体内装有滑块和活塞，它们利用支架构成一体，两端活塞上各有小孔，以使活塞两端能互相通气。1 号管与蒸发器出口连接，2 号管与压缩机吸气管连接，3 号管与冷凝器进口连接，4 号管与压缩机排气管连接，而滑块好像一个三通阀门，可以将 1 与 2 连通时，也可以将 2 与 3 连通。当 1、2 连通时，3、4 就通过四通阀体而连通；当 2、3 连通时，1、4 就通过四通阀体而连通。3 根毛细管中，C、D 管接在四通阀两端，E 管接在 2 中。电磁阀由阀体、阀芯 A 和 B、弹簧 1 和 2、衔铁及电磁线圈组成，阀芯 A 和 B 与衔铁连成一体，并一起移动。当线圈接通电源而产生磁场时，

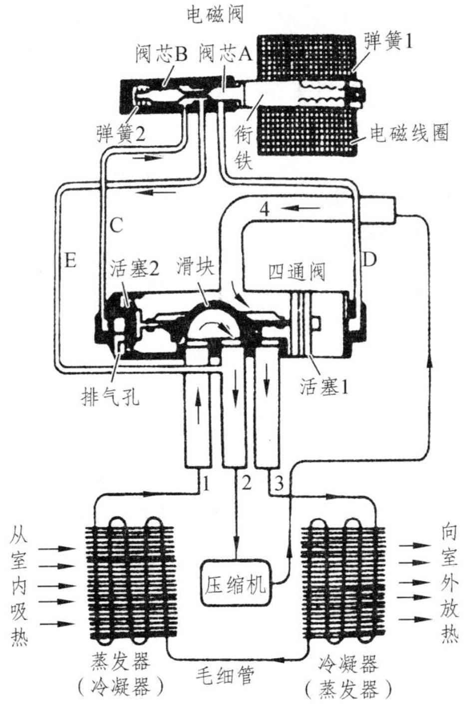

图 4-6　四通转换阀制冷时的工作原理

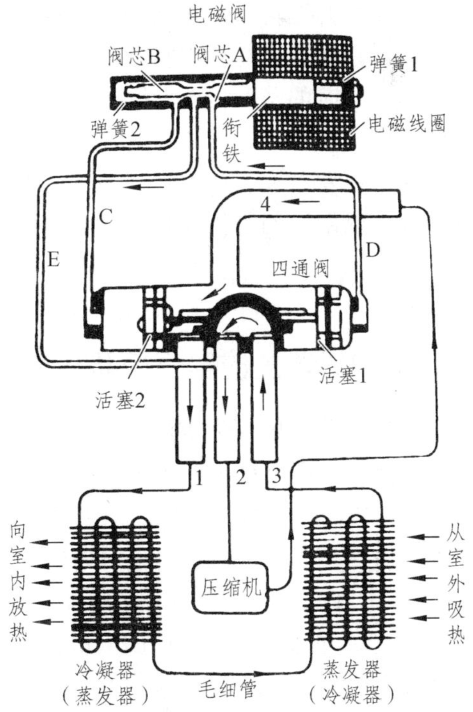

图 4-7　四通转换阀制热时的工作原理

衔铁被磁场吸引而动作，使阀芯向右移动，阀芯 B 关闭左阀孔，而右面阀孔被阀芯 A 打开。当线圈断电而衔铁复位时，阀芯 A 关闭右阀孔，而左面阀孔被阀芯 B 打开。

三、四通转换阀在制冷时的工作原理

如图 4-6 所示，系统制冷时，由于受电源换向开关的控制，四通换向阀电磁铁线圈的电源被切断，衔铁在弹簧 1 推动下左移，使阀芯 A 将右阀孔关闭，而左阀孔就打开。这样，C 与 E 管被接通，而 D 管被关闭而不通。四通阀体内，除滑块盖住的部分是低压气体外，其他部分都是高压气体。在 D 管堵住不通的情况下，阀体内的高压气体通过活塞 2 的小孔，向四通阀左端盖内充气。因为 C 管与 E 管是接通的，而毛细管孔径又比活塞上的小孔大数倍，故从小孔流过去的气体迅速涌向压缩机吸气管。因此，在活塞 2 的左面不能建立起高压力，滑块左、右端活塞就形成一个压力差，把滑块与活塞组推向左端位置。此时管 1 与管 2 连通，即制冷剂气体从蒸发器流出被压缩机吸入，而管 4 与管 3 连通，即压缩机排出的高压气体进入冷凝器，这就是热泵系统在制冷位时四通阀的状态。

四、四通转换阀在制热时的工作原理

如图 4-7 所示，系统制热时，电源换向开关将四通换向阀的电磁线圈的电源接通，线圈产生磁场，衔铁被磁场吸引向右移动，阀芯 A 打开右边阀孔，阀芯 B 关闭左边阀孔，E 管与 D 管连通，C 管被堵住不通。四通阀右端盖内高压气体从 D 管经 E 管流向压缩机吸气管，使右端盖内压力等于吸气压力。而左端盖内，由于 C 管被堵住不通，高压气体从活塞小孔向左端充气，使压力升至排气压力而平衡。这样，左、右两端产生压力差，活塞就带动滑块一起向右移动，滑块将管 2 与管 3 接通，管 1 与管 4 接通，压缩机排气从管 4 经过管 1 进入冷凝器（即制冷运行时的蒸发器），然后经毛细管进入蒸发器（即制冷运行时的冷凝器）。从蒸发器流出的蒸汽，经管 3 与管 2 而进入压缩机吸气管，通过四通换向阀对管路的转向，使原来制冷运行时的蒸发器成为冷凝器，而冷凝器则成为蒸发器，从而实现从室外吸热而向室内放热，这就是“热泵”的工作原理。

【拓展训练】

一、电加热器的使用、拆装及维护

（一）电加热器的开启时间

由于电加热器是在寒冷的冬季为城市轨道交通车辆内部提供热量的设备，故各个城市地铁车辆开启电加热器的时间也不同，如北京地铁车辆电暖器开启时间一般在 12 月份，停用时间为来年 2 月底左右（具体供暖日期可依据气候条件延长供暖时间）。沈阳地铁车辆电暖器开启时间一般在 11 月份，停用时间为来年 3 月底左右（具体供暖日期依据气候条件可延长供暖时间）。西安地铁车辆电暖器开启时间一般在 11 月份左右，停用时间为来年 3 月份左右（具体供暖日期可依据气候条件延长供暖时间）。基本上城市地铁车辆使用电加热器的时间大概为 11 月份、12 月份、1 月份、2 月份、3 月份，由于各个城市气候的不同，采暖周期会有所变化。

（二）电加热器的拆装

1. 拆卸程序

（1）拆卸之前必须切断电源，如断开相应车辆上的空气断路器。

（2）松开固定螺钉，将电加热器外罩拆除。

（3）断开电加热器各接线端子的电气连接线。

（4）拆下电加热器固定到车辆上的紧固螺栓。

（5）移除电加热器时，务必小心电加热器滑落。

2. 安装程序

安装程序与拆卸程序相反，但切记各种接线正确无误，勿将工具、杂物遗留到电加热器外罩内。

（三）电加热器的维护

1. 注意事项

在电加热器使用过程中必须注意以下事项：

（1）电热管发生击穿或闪烁现象，应该断开电源，进行检查更换。

（2）乘客不可以随便触摸电热管，以防烫伤或触电。

（3）不允许将水或其他杂物放入电加热器。

（4）不得随意磕碰电加热器，以防损坏电加热器外罩。

（5）在夏季停用电加热器时，应该断开电加热器的控制电源。

2. 定期维护

电加热器在使用过程中必须进行定期检查，保持电热管表面干燥、清洁。每年在冬季使用电加热器前，对电加热器进行专项检查，具体内容如下：

（1）电加热器外罩是否变形，紧固螺钉是否缺失。

（2）打开电加热器外罩，用软毛刷轻轻刷掉电热管表面的灰尘及杂物。

（3）用真空吸尘器吸掉刷下来的灰尘及杂物。

（4）检查电加热器相关线路的空气开关、接触器、端子排接线是否松动、脱落、断线、烧损、烧熔等。

（5）将电加热器通电运转 1 h 以上，观察各电加热器的各空气开关、接触器、端子排接线是否出现烧损、烧熔现象，并且用红外线点温枪对电加热器的各空气开关、接触器、端子排处的接线进行点温测试并记录数值，比较各温度值是否正常，可以按照以下标准执行：

① 接线处温度高于环温 35 °C 时；实测温度高于 80 °C 时。

② 同一接线排各通电接头温度差高于 20 °C 时。

③ 同一电气三相接线处温度差高于 15 °C 时。

二、空气加湿系统

空气加湿系统仅在某些对车内相对湿度要求较高的客车内安装。在冬季，由于车外空气温度很低，含湿量很小，当空气被加热而温度提高之后，其相对湿度就更低了，而某些客车由于定员少，所以旅客的散湿量也小，这样，有可能使车内空气的相对湿度较低，不满足舒适性的要求。为此，必须对空气进行加湿处理。

对空气加湿可以采用直接喷水蒸气加湿、直接喷水雾加湿、水表面自然蒸发加湿和电热加湿等方法。这些加湿方法可归纳成两类：一类是将水蒸气混入空气进行加湿，即等温加湿；另一类是由于水吸收空气中的显热而汽化进入空气的加湿，即等焓加湿。

（一）蒸汽加湿器

常用的蒸汽加湿器有电极式加湿器、干式蒸汽加湿器、红外加湿器等。在小型空调设备中，电极式加湿器应用得最为广泛。电极式加湿器的结构如图 4-8 所示，在金属或耐裂陶瓷做成的圆筒中盛有一定高度的水，将 3 根不锈钢棒或镀铬铜棒插入其中作为电极，与三相电源连接。电极棒接通电后，就有电流从水中通过。水相当于电阻，水被加热而产生蒸汽，蒸汽由排出管引致欲加湿的空气中去，直接与空气混合。显然，水位越高，导电面积越大，则电阻越小，电流越强，发热量越大。因此，水位的高低决定了产生蒸汽量的多少，水位高度可由溢水管的高低来调节。电极也可以采用两根电极棒，或利用两个同心的不同直径的金属作为电极。

电极式加湿器在圆筒内无水时电流切断，因此，相对于电容式更加安全，加湿器也更容易控制，但缺点是容易积水垢，电极易腐蚀。

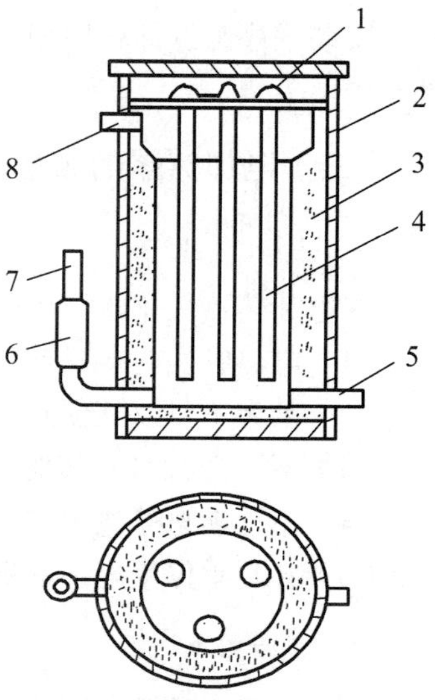

图 4-8　电极式加湿器

1—接线柱；2—外壳；3—保温层；4—电极；5—进水管；6—橡皮短管；7—溢水管；8—蒸汽出口

（二）喷水加湿器

喷水加湿器常用于某些余热量较大，余湿量较小，又要求保持较高温度的室内加湿。这类加湿器是直接将常温水雾化，利用水雾吸收室内空气热量蒸发成水蒸气来加湿空气。常用的喷水加湿器有高压喷水雾加湿器、离心式加湿器、超声波加湿器等。

1. 高压喷水雾加湿器

高压喷水雾加湿器是将经过高压泵加压的高压水喷嘴小孔向空气中喷出，形成粒径细小的水雾，并与周围空气进行热湿交换而汽化蒸发实现加湿的。

为防止杂质堵塞喷水小孔，要求水质清洁、无异味，最好用软化水。高压喷水加湿器的优点是体积小，质量轻，加湿量大，耗电量少等。但当被处理空气温度较低时，喷出的水雾蒸发困难，加湿效果将受影响。

2. 离心式加湿器

离心式加湿器是依靠离心力作用将水雾化成细小水滴，水滴在空气中蒸发进行加湿的。这种加湿器有一个圆筒状外壳，封闭电机驱动一个圆盘和水泵管高速旋转。水泵管从储水器中吸水并送到旋转的圆盘上面形成水膜，水由于离心力作用被甩向破碎梳，形成细小水滴。

干燥空气从圆盘下部进入，吸收雾化了的水滴而被加湿。

离心式加湿器具有结构简单，安装、维修方便，体积小，使用寿命长等优点，可用于较大型的空调系统。但由于其水滴颗粒较大，不能完全汽化蒸发，因此需设置排水设备。

3. 超声波加湿器

超声波加湿器的主要部件是超声波发生器，是由装置水箱底部的振动子将发振回路产生的超声波发射到水中。由于超声波发生器以每秒170万次的高频电振动超声波将水雾化进行加湿，它具有能耗少、发湿量大、喷雾粒子较细、加湿快等特点。超声波喷雾加湿不仅增湿效果好，同时还会产生大量的负氧离子。

项目小结

空调采暖系统在冬季对进入车内的空气进行预热和对车内的空气进行加热，保证了车辆内的温度保持在舒适范围内。

城市轨道车辆的采暖系统主要以电空预热器和电加热为主。其中电空预热器对流过预热器的空气进行加热，电加热作为空气的补偿加热，由装在客室座椅下和司机驾驶台下的加热器来完成。

思考练习

1. 简述采暖系统的基本作用以及常见类型。
2. 简述电加热装置的两种类型、其基本原理和主要特点。
3. 说明热泵循环的工作原理。
4. 简述电加热器维护和保养的作业范围。

项目 5　车辆空调控制系统认知

项目描述

目前，铁路客车空调机组等相关装置的结构、组成是比较成熟、稳定的。当然，若是要达到比较理想的工况效果，除了空调装置本身之外，其电气控制系统起着重要的作用。当今，随着计算机技术的使用和发展，空调电气控制系统的功能和性能都有了很大的改进。铁路空调电气控制系统的控制方式，根据其电路元器件的工作原理不同，主要有继电器-接触器控制方式和 PLC-接触器控制方式这两大类。传统的继电器-接触器控制的电路比较成熟，经历多年工作的考验，工作性能可靠，但功能较少，尤其不能适应集中控制的需要。随着铁路优质服务要求的不断提高，继电器-接触器控制方式的功能较弱，已不能适应发展需要；而 PLC 空调电气控制系统具有功能强大、易于集中控制、保护特性更可靠等优点，它将得到更为普遍的应用。本项目将围绕目前主型铁路客车的空调电气系统进行分析。

学习目标

1. 了解常用低压电器。
2. 了解典型的电机控制电路。
3. 了解 25G 型客车空调电气控制系统。
4. 了解 25T 型客车空调电气控制系统。

能力目标

掌握各型客车空调控制系统的组成，能够认识空调控制柜中的各型控制器件，了解控制的基本原理，为现场车辆空调控制系统的使用、维护、检修打好基础。

任务 1　常用低压电器

【活动情景】

在车辆空调控制系统中使用了很多控制元件，这些元器件大多数都属于常用的低压电器，因此首先应该明确什么是低压电器。

【任务要求】

（1）掌握低压电器的基本概念。

（2）了解常见低压电器的使用和基本属性。

视频资源

【基本活动】

一、低压电器的概念

低压电器是一种能根据外界的信号和要求，手动或自动地接通、断开电路，以实现对电路或非电对象的切换、控制、保护、检测、变换和调节的元件或设备。控制电器按其工作电压的高低，以交流 1 200 V、直流 1 500 V 为界，可划分为高压控制电器和低压控制电器两大类。总的来说，低压电器可以分为配电电器和控制电器两大类，是成套电气设备的基本组成元件。在工业、农业、交通、国防以及民用电部门中，大多数采用低压供电，因此电器元件的质量将直接影响到低压供电系统的可靠性。

二、低压电器的分类

低压电器的种类繁多，分类方法有很多种。

（一）按用途和控制对象分

配电电器：用于低压电力网的配电电器。

控制电器：用于电力拖动及自动控制系统的电器。

（二）按操作方式分

自动电器：产生电磁吸力而自动完成动作指令的电器，如接触器、继电器等。

手动电器：通过人的操作发出动作指令的电器，如刀开关、转换开关和主令电器等。

（三）按工作原理分

电磁式电器：根据电磁感应原理进行工作，如交直流接触器、电磁式继电器等。

非电量控制电器：以非电物理量作为控制量进行工作，如按钮开关、行程开关、刀开关、热继电器、速度继电器等。

电力拖动自动控制系统常用电器，如图 5-1 所示。

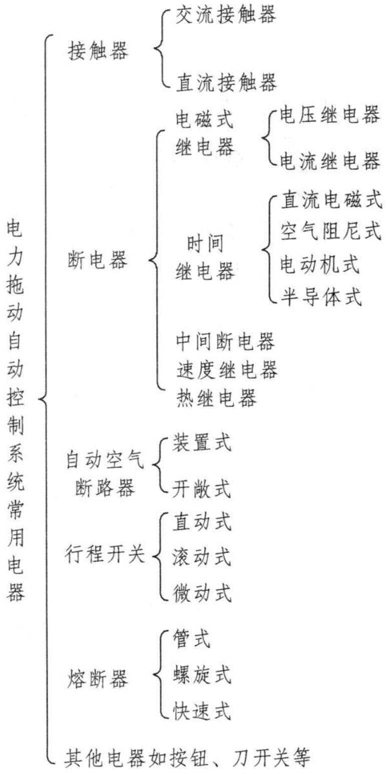

图 5-1　电力拖动自动控制系统常用电器

三、电磁式低压电器的基本结构

从结构看，电器一般都具有两个基本组成部分，即感受部分与执行部分，感受部分接受外界输入的信号，通过转换、放大与判断做出有规律的反应，使执行部分动作，输出相应的指令，实现控制的目的，对于有触头的电磁式电器，感受部分是电磁机构，执行部分是触头系统。

（一）电磁机构

1. 电磁机构的结构形式

电磁机构由吸引线圈、铁芯和衔铁组成，吸引线圈通以一定的电压和电流产生磁场及吸力并通过气隙转换成机械能，从而带动衔铁运动使触头动作，完成触头的断开和闭合，实现电路的分断和接通。图 5-2 所示是几种常用电磁机构的结构形式。根据衔铁相对铁芯的运动方式，电磁机构有直动式与拍合式，拍合式又有衔铁沿棱角转动和衔铁沿轴转动两种。

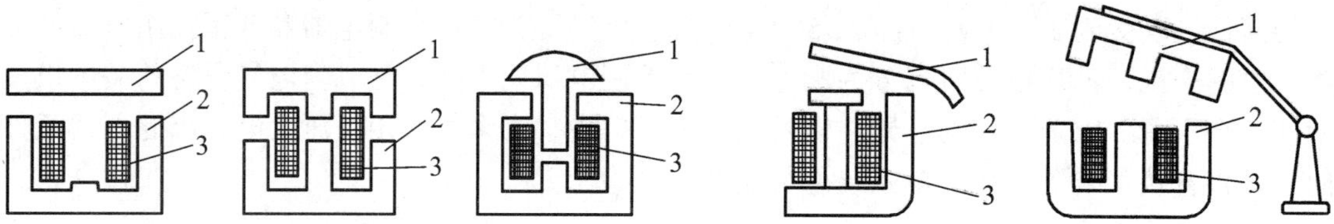

（a）直动式电磁机构　　（b）拍合式电磁机构

图 5-2　电磁机构

1—衔铁；2—铁芯；3—线圈

2. 电磁机构的工作原理

当吸引线圈通入电流后，产生磁场，磁通经铁芯、衔铁和工作气隙形成闭合回路，产生电磁吸力，将衔铁吸向铁芯。与此同时，衔铁还受到反作用弹簧的拉力，只有当电磁吸力大于弹簧反力时，衔铁才能可靠地被铁芯吸住。而当吸引线圈断电时电磁吸力消失，在弹簧的作用下，衔铁与铁芯脱离，即衔铁释放。

（二）吸引线圈

吸引线圈用以将电能转换为磁能，按吸引线圈通入电流性质不同，电磁机构分为直流电磁机构和交流电磁机构，其线圈分别称为直流电磁线圈和交流电磁线圈。直流电磁线圈一般做成无骨架、高而薄的瘦高型，线圈与铁芯直接接触，利于线圈散热；交流电磁线圈由于铁芯存在磁滞和涡流损耗，造成铁芯发热，为此铁芯与衔铁用硅钢片叠制而成，且为改善线圈和铁芯的散热，线圈设有骨架，使铁芯和线圈隔开，并将线圈做成短而厚的矮胖型。另外，根据线圈在电路中的连接，又有串联线圈和并联线圈。串联线圈采用粗导线、匝数少，其又称为电流线圈；并联线圈匝数多，线径较细，又称为电压线圈。如图 5-3 所示，单向交流电磁机构上短路环的作用是消除振动。

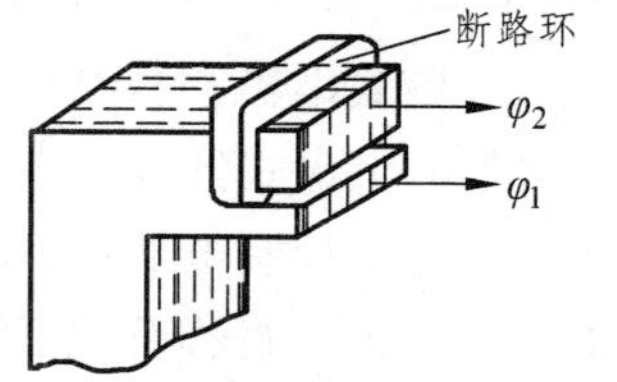

图 5-3　交流电磁铁的短路环

（三）电器的触头系统

触头是有触点电器的执行部分，通过触头的开合控制电路通、断。触头材料一般采用铜、银、镍制成；对于小容量电器常用银质材料制成。一般有桥式触头、指式触头，如图 5-4 所示。

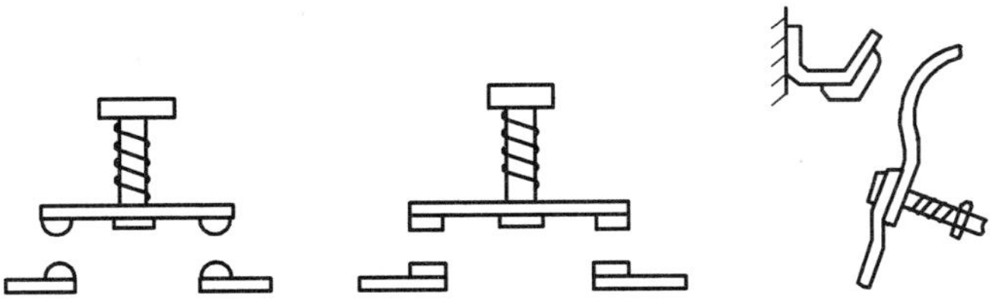

图 5-4　触头的结构形式

触点按其原始状态可分为常开触点和常闭触点。原始状态时（即线圈未通电）断开，线圈通电后闭合的触点叫常开触点。原始状态闭合，线圈通电后断开的触点叫常闭触点。线圈断电后所有触点复原。按触点控制的电路可分为主触点和辅助触点。主触点用于接通或断开主电路，允许通过较大的电流，辅助触点用于接通或断开控制电路，只能通过较小的电流。

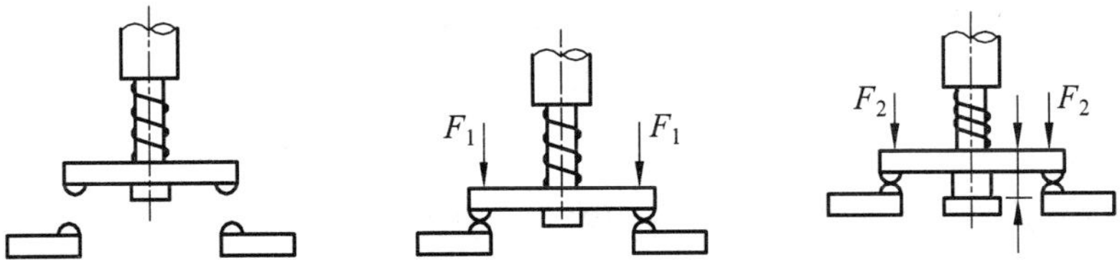

（a）最终断开位置　（b）刚刚接触位置　（c）最终闭合位置

图 5-5　触头的位置状态

（四）电弧及灭弧方法

1. 电弧

开关电器切断电流电路时，触头间电压大于 10 V，电流超过 80 mA 时，触头间会产生蓝色的光柱，即电弧。

2. 电弧的危害

（1）延长了切断故障的时间。

（2）高温引起电弧附近电气绝缘材料烧坏。

（3）形成飞弧造成电源短路事故。

3. 灭弧措施

可采用吹弧、拉弧、长弧割短弧、多断口灭弧、利用介质灭弧、改善触头表面材料等方式。

1）电动力灭弧

图 5-6 所示是一种桥式结构双断口触头系统。当触头打开时，在断口中产生电弧。电弧电流在两电弧之间产生如图 5-6 所示的磁场。根据左手定则，电弧电流要受到一个指向外侧的电动力 F 的作用，使电弧向外运动并拉长，使其迅速穿越冷却介质，从而加快电弧冷却并熄灭。交流接触器通常采用这种灭弧方法。

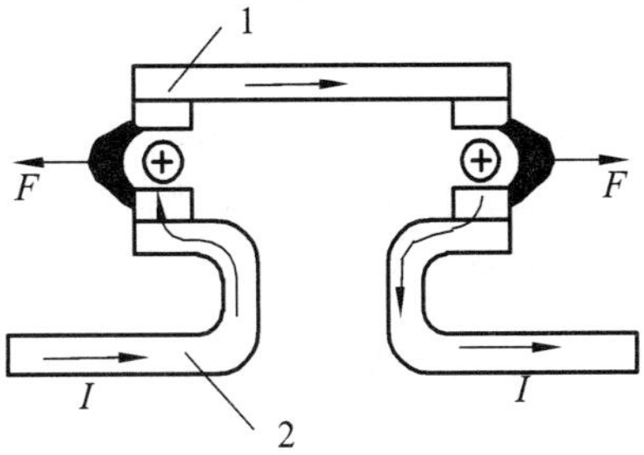

图 5-6　桥式触头灭弧原理

1—动触头；2—静触头

2）磁吹灭弧

在触头电路中串入吹弧线圈，该线圈产生的磁通经过导磁夹板引向触头周围，在弧柱下方，两个磁通是相加的，而在弧柱上方是彼此相减的，在下强上弱的磁场作用下电弧被拉长并吹入灭弧罩中，电弧被拉长并受到冷却而很快被熄灭，如图 5-7 所示。其广泛应用于直流灭弧装置中（如直流接触器中）。

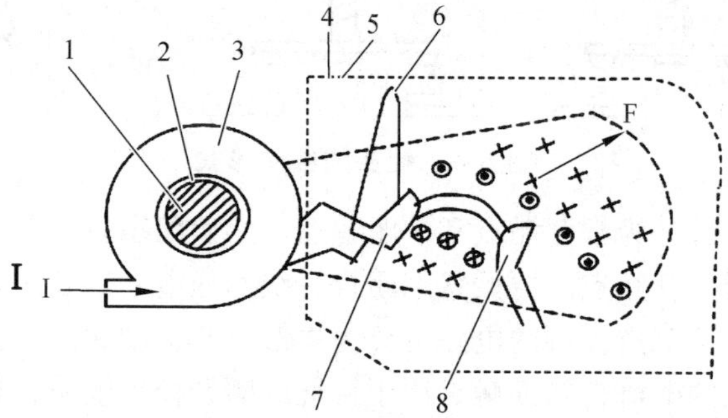

图 5-7　磁吹式灭弧装置

1—铁芯；2—绝缘管；3—吹弧线圈；4—导磁夹片；5—灭弧罩；6—引弧角；7—静触点；8—动触点

3）栅片灭弧

灭弧栅一般是由多片镀铜薄钢片（称为栅片）和石棉绝缘板组成，它们通常在电器触头上方的灭孤室内，彼此之间互相绝缘，如图 5-8 所示。当触头分断电路时，在触头之间产生电弧，电弧电流产生磁场，由于钢片磁阻比空气磁阻小得多，因此，电弧上方的磁通非常稀疏，而下方的磁通却非常密集，这种上疏下密的磁场将电弧拉入灭弧罩中，当电弧进入灭弧栅后，被分割成数段串联的短弧。这样每两片灭弧栅片可以看作一对电极，而每对电极间都有 150～250 V 的绝缘强度，使整个灭弧栅的绝缘强度大大加强，而每个栅片间的电压不足以达到电弧燃烧电压，同时栅片吸收电弧热量，使电弧迅速冷却而很快熄灭。

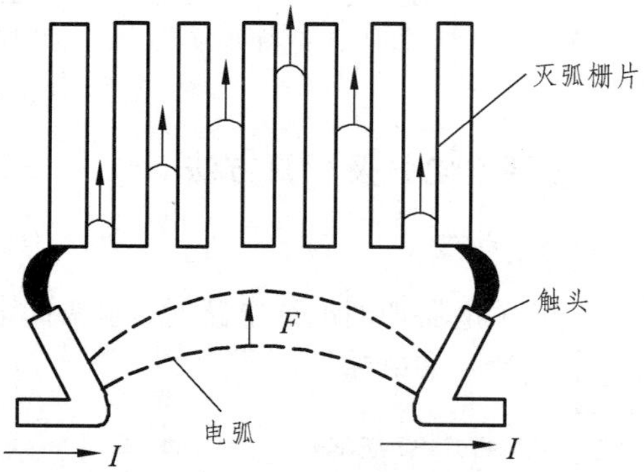

图 5-8　栅片灭弧装置

四、常用低压电器简介

（一）接触器

接触器是电力拖动和自动控制系统中使用量大、涉及面广的一种低压自动控制电器，用来频繁地接通和分断交、直流主回路和大容量控制电路，如图 5-9 所示。其主要控制对象是电动机，能实现远距离控制，并具有欠压保护。

1. 接触器分类及特点

（1）交流接触器：线圈通以交流电，主触点接通、切断交流主电路。

① 交变磁通穿过铁芯，产全涡流和磁滞损耗，使铁芯发热。

② 铁芯由硅钢片冲压而成以减少铁损。

图 5-9　接触器

③ 线圈做成短而粗的圆筒状绕在骨架上以利于散热。
④ 铁芯端面上安装铜制的短路环，以防止交变磁通使衔铁产生强烈振动和噪声。
⑤ 灭弧装置通常采用灭弧罩和灭弧栅。
（2）直流接触器：线圈通以直流电，主触点接通、切断直流主电路。
① 不产全涡流和磁滞损耗，铁芯不发热。
② 铁芯用整块钢制成。
③ 线圈制成长而薄的圆筒状。
④ 250 A 以上的直流接触器采用串联双绕组线圈。
⑤ 灭弧装置通常采用灭弧能力较强的磁吹灭弧装置。

2. 接触器主要技术参数

（1）接触器极数：2P、3P、4P。
（2）额定电压：指主触点的额定工作电压。
交流：127 V、220 V、380 V、500 V、660 V。
直流：24 V、110 V、220 V、440 V、660 V。
（3）额定电流：指主触点的额定电流。
交流接触器：5 A、10 A、20 A、40 A、60 A、100 A、150 A、250 A、400 A、600 A。
直流接触器：40 A、80 A、100 A、150 A、250 A、400 A、600 A。
（4）线圈的额定电压：吸引线圈正常工作的电压值。
交流接触器：36 V、110（127）V、220 V、380 V。
直流接触器：24 V、48 V、220 V、440 V。

3. 接触器的选择原则

（1）根据电路中负载电流的种类选择接触器的类型。一般直流电路用直流接触器控制，当直流电动机和直流负载容量较小时，也可用交流接触器控制，但触头的额定电流应适当选择较大值。

（2）接触器的额定电压应大于或等于负载回路的额定电压。

（3）吸引线圈的额定电压应与所接控制电路的额定电压等级一致。

（4）额定电流应大于或等于被控主回路的额定电流。根据负载额定电流，接触器安装条件及电流流经触头的持续情况来选定接触器的额定电流。

4. 接触器的工作原理

当电磁线圈通电后，线圈电流产生磁场，使静铁芯产生电磁吸力吸引衔铁，并带动触点动作，使常闭触点断开，常开触点闭合，两者是联动的。当线圈断电时，电磁力消失，衔铁在释放弹簧的作用下释放，使触点复原，即常开触点断开，常闭触点闭合。

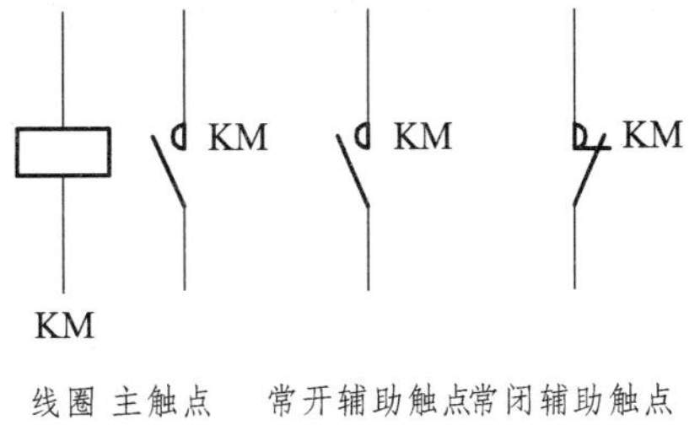

图 5-10 接触器的图形符号

5. 接触器的图形符号

接触器的图形符号，如图 5-10 所示。

（二）继电器

继电器是一种利用各种物理量的变化，将电量或非电量的变化转化为电磁力或使输出状态发生阶跃变化，从而通过其触头或突变量促使在同一电路或另一电路中的其他器件或装置动作的一种控制元件。继电器用于控制电路，流过触点的电流小，一般不需要灭弧装置。常用继电器：电流继电器，电压继电器，中间继电器，时间继电器，热继电器以及温度、压力、固态继电器等。如图 5-11 所示。

图 5-11 继电器

1. 电磁式继电器

作用：起控制、放大、联锁、保护和调节作用。

分类：直流继电器和交流继电器；电压继电器、电流继电器、中间继电器和时间继电器。

1）电磁式继电器的原理

当线圈通电后，线圈的激磁电流就产生磁场，从而产生电磁吸力吸引衔铁。一旦电磁力大于反力，衔铁就开始运动，并带动与之相连接的动触点向下移动，使动触点与其上面的动断静触点分开，而与其下面的动合静触点吸合。若在衔铁处于最终位置时切断线圈的电源，磁场便逐渐消失，衔铁会在反力的作用下，脱离极靴，并再次带动动触点脱离动合触点，返回到初始位置处。

2）继电器与接触器的区别

继电器：用于控制电路、电流小，没有灭弧装置，可在电量或非电量的作用下动作，有调节装置。接触器：用于主电路、电流大，有灭弧装置，一般只能在电压作用下动作。

3）电磁式电流继电器

电流继电器的线圈串接于电路中，根据线圈电流的大小而动作。这种继电器的线圈导线粗、匝数少、线圈阻抗小。其符号如图 5-12 所示。

（a）过电流继电器　　（b）欠电流继电器

图 5-12 电流继电器的符号

4）电磁式电压继电器

电压继电器线圈匝数多、导线细，工作时并联在回路中，根据线圈两端电压的大小接通或断开电路。其符号如图 5-13 所示。

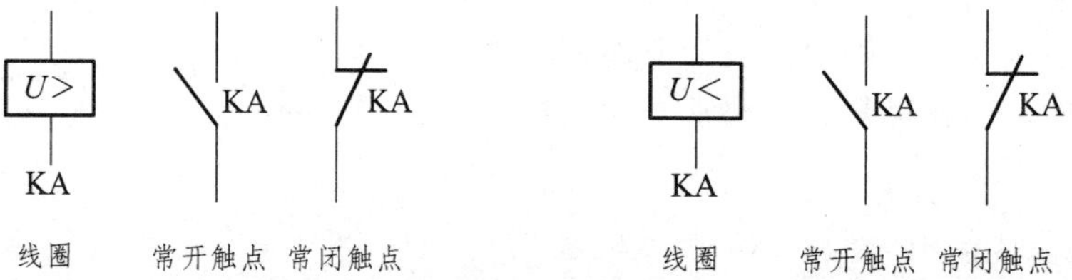

（a）过电压继电器　　（b）欠电压继电器

图 5-13 电压继电器的符号

5）中间继电器

（1）中间继电器实质：是一种电磁式电压继电器，结构和工作原理与接触器相同。

（2）特点：触点数量较多。

（3）作用：在电路中起增加触点数量和起中间放大作用。

（4）分类：直流中间继电器、交流中间继电器。

2. 热继电器

热继电器：一种专门用来对连续运行的电动机进行过载及断相保护，防止电动机过热而烧毁的保护电器。

1）热继电器的分类

热继电器有多种形式，其中常用的有：

（1）双金属片式：利用双金属片受热弯曲去推动杠杆使触头动作。

（2）热敏电阻式：利用电阻值随温度变化而变化的特性制成的热继电器。

（3）易熔合金式：利用过载电流发热使易熔合金达到某一温度值时，合金熔化而使继电器动作。

图 5-14　热继电器

2）双金属片式热继电器的工作原理

双金属片式热继电器由双金属片、加热元件、动作机构、触点系统、整定调整装置及手动复位装置等组成。双金属片为温度检测元件，由两种膨胀系数不同的金属片压焊而成，它被加热元件加热后，因两层金属片伸长率不同而弯曲。加热元件串接在电动机定子绕组中，电动机正常运行时，热元件产生的热量不会使触点系统动作；当电动机过载，流过热元件的电流加大，经过一定的时间，热元件产生的热量使双金属片的弯曲程度超过一定值，通过导板推动热继电器的触点动作（常开触点闭合，常闭触点断开）。通常用其常闭触点与接触器线圈电路串联，切断接触器线圈电流，使电动机主电路失电。故障排除后，手动复位热继电器触点可以重新接通控制电路，如图 5-15 所示。

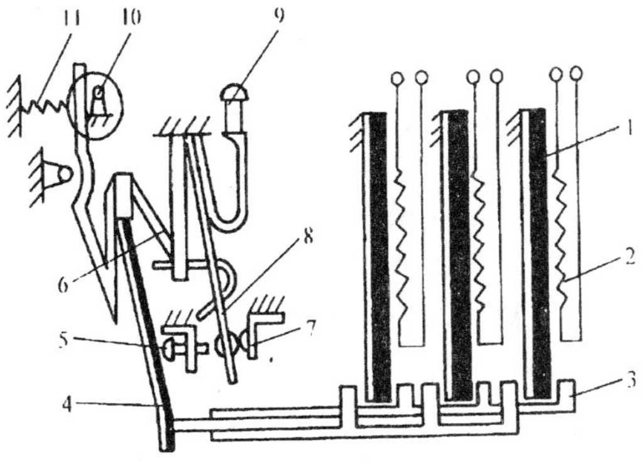

图 5-15　双金属片式热继电器的结构原理

1—主双金属片；2—电阻丝；3—导板；4—补偿双金属片；5—螺钉；6—推杆；7—静触头；8—动触头；9—复位按钮；10—调节凸轮；11—弹簧

3）热继电器的使用与选择

热继电器的选择应满足：

$$I_{eR} \geqslant I_{ed}$$

式中 I_{eR}——热继电器热元件的额定电流；

I_{ed}——电动机的额定电流。

4）热继电器图形符号（图 5-16）

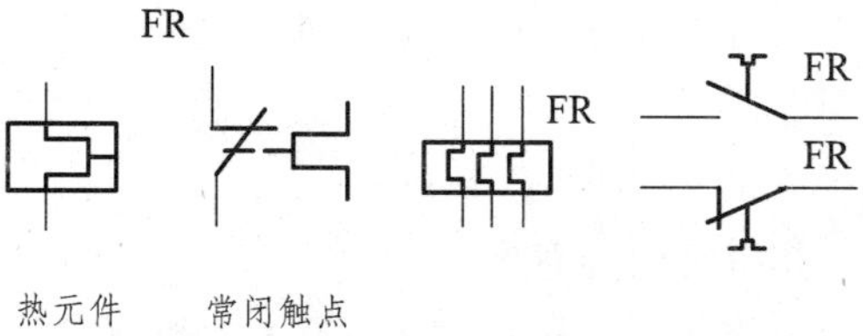

图 5-16 热继电器图形符号

3. 时间继电器

时间继电器用来按照所需时间间隔，接通或断开被控制的电路，以协调和控制生产机械的各种动作，因此是按整定时间长短进行动作的控制电器。其外形如图 5-17 所示。

图 5-17 时间继电器

1）时间继电器的分类

时间继电器种类很多，按构成原理分为电磁式、电动式、空气阻尼式、晶体管式和数字式等，按延时方式分为通电延时型、断电延时型。

2）时间继电器的图形符号

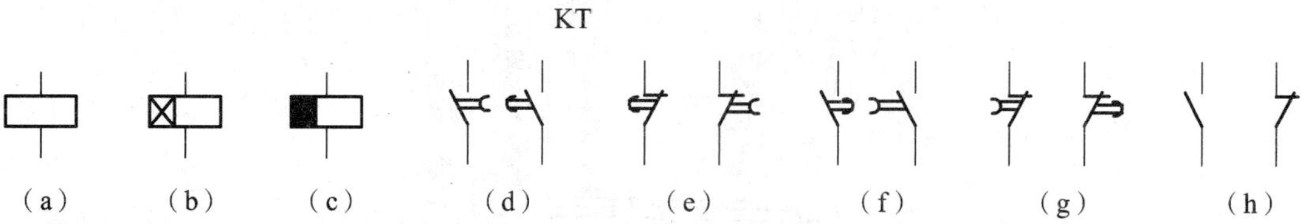

图 5-18 时间继电器的图形符号

（a）线圈一般符号；（b）通电延时线圈；（c）断电延时线圈；（d）通电延时闭合动合（常开）触点；（e）通电延时断开动断（常闭）触点；（f）断电延时断开动合（常开）触点；（g）断电延时闭合动断（常闭）触点；（h）瞬动触点

（三）主令电器

主令电器是用来发布命令、改变控制系统工作状态的控制电器。用于闭合或断开控制电路，从而控制电动机的启动、停车、制动以及调速等。主令电器可以直接作用于控制电路，也可以通过电磁式电器的转换对电路实现控制。常用主令电器有：控制按钮、行程开关、万能转换开关、主令控制器等。

1. 控制按钮

控制按钮是一种简单电器，不直接控制主电路，而在控制电路发出手动控制信号。其结构原理如图 5-19 所示，由按钮帽、复位弹簧、桥式触头和外壳组成。

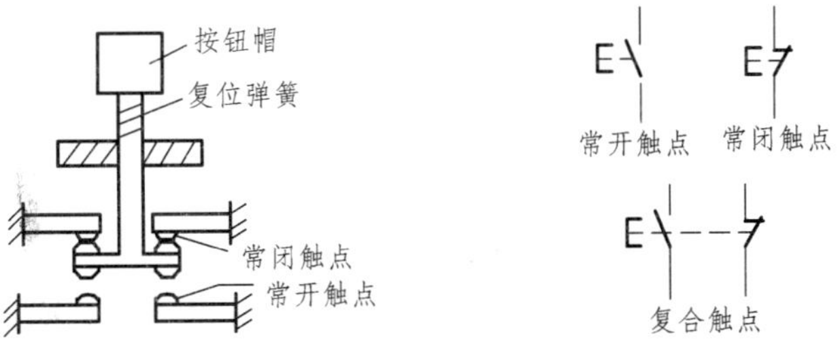

（a）结构原理图　　（b）符号

图 5-19　按钮的结构与符号

控制按钮按照按钮的结构形式可分为开启式（K）、保护式（H）、防水式（S）、防腐式（F）、紧急式（J）、钥匙式（Y）、旋钮式（X）和带指示灯（D）式等。

2. 位置开关

位置开关又称行程开关或限位开关，它的作用是将机械位移转变为电信号，使电动机运行状态发生改变，即按一定行程自动停车、反转、变速或循环。从而控制机械运动或实现安全保护。位置开关包括：行程开关、限位开关、微动开关及由机械部件或机械操作的其他控制开关。

位置开关有两种类型：直动式（按钮式）和旋转式。其结构基本相同，由操作头、传动系统、触头系统和外壳组成，主要区别在传动系统。

3. 接近开关

无触点行程开关又称接近开关，是当某种物体与之接近到一定距离时就发出“动作”信号，它不需施以机械力。接近开关的用途已经远远超出一般的行程开关的行程和限位保护，它还可以用于高速计数、测速、液面控制、检测金属体的存在、检测零件尺寸、无触点按钮及用作计算机或可编程控制器的传感器等。

接近开关按工作原理分为高频振荡型（检测各种金属）、永磁型及磁敏元件型、电磁感应型、电容型、光电型和超声波型等几种。常用的接近开关是高频振荡型，由振荡、检测、晶闸管等部分组成。

常用的接近开关有 LJ 系列、SQ 系列、CWY 系列和 3SG 系列。3SG 系列为德国西门子公司生产的新型产品。

4. *万能转换开关*

万能转换开关可同时控制许多条（最多可达 32 条）通断要求不同的电路，而且具有多个档位，广泛应用于交直流控制电路、信号电路和测量电路，亦可用于小容量电动机的启动、反向和调速。由于其换接的电路多，用途广，故有“万能”之称。万能转换开关以手柄旋转的方式进行操作，操作位置有 2 ~ 12 个，分定位式和自动复位式两种。

任务 2　典型的电气控制电路

【活动情景】

在车辆空调控制系统中的执行机构大多是由电动机完成的，为了能够清晰地理解空调控制柜中的各类控制电路，首先应该理解典型的电气控制电路。

【任务要求】

（1）掌握常见电气控制电路的组成及工作原理。

（2）掌握常见电气控制电路的保护方法。

视频资源

【基本活动】

由继电器、接触器所组成的电气控制电路，其基本控制规律有自锁与互锁的控制、点动与连续运转的控制、多地连锁控制、顺序控制与自动循环的控制等。

一、自锁与互锁的控制

自锁与互锁的控制系统统称为电气的联锁控制，在电气控制电路中应用十分广泛，是最基本的控制。图 5-20 所示为三相笼型异步电动机全压启动单相运转控制电路。电动机启动时，合上电源开关 Q，接通控制电路电源，按下启动按钮 SB2，其常开触头闭合，接触器 KM 线圈通电吸合，KM 常开主触头与常开辅助触点同时闭合，前者使电动机接入三相交流电源启动旋转；后者并联在启动按钮 SB2 两端，从而使 KM 线圈经 SB2 常开触点与 KM 自身的常开辅助触点两路供电。松开启动按钮 SB2 后，虽然 SB2 这一路已经断开，但 KM 线圈仍通过自身常开触头这一通路而保持通电，使电动机继续运转，这种依靠接触器自身辅助触头而保持接触器线圈通电的现象称为自锁，这对起自锁作用的辅助触头称为自锁触头，这段电路称为自锁电路。要使电动机停止运转，可按下停止按钮 SB1，KM 线圈断电释放，主电路及自锁电路均断开，电动机断电停止转动。上述电路是一个典型的有自锁控制的单向运转电路，也是一个具有最基本的控制功能的电路。给电路由熔断器 FU1、FU2 实现主电路与控制电路的短路保护；由热继电器 FR 实现电动机的长期过载保护；由启动按钮 SB2 与接触器 KM 配合，实现电路的保护。

若在图 5-20 所示控制电路基础上，在主电路中加入转换开关 SC，SC 有四对触头，三个工作位置，当 SC 置于上、下方不同位置时，通过其触头来改变电动机定子接入三相交流电源的相序，进而改变电动机的旋转方向。在这里，接触器 KM 作为线路接触器使用，如图 5-21 所示，转换开关控制电动机正反转电路。转换开关 SC 为电动机旋转方向预选开关，由按钮来控制接触器，再由接触器主触头来接通或断开电动机三相电源，实现电动机的启动和停止。电路保护环节与图 5-20 所示一致。

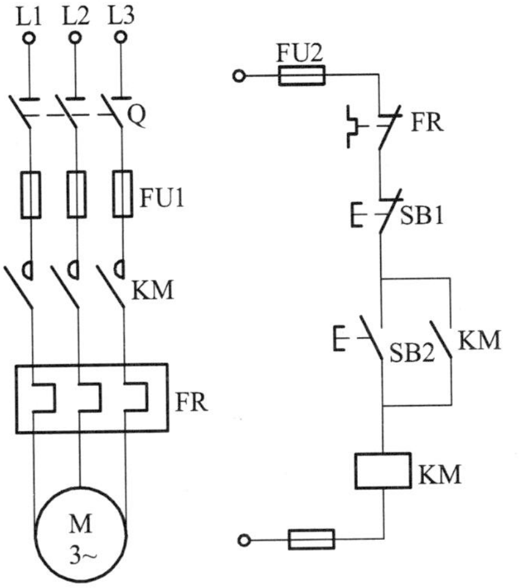

图 5-20　三相笼型异步电动机全压启动单向运转控制电路

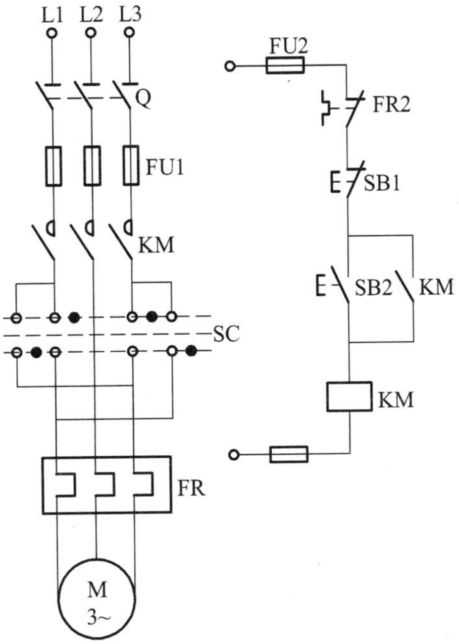

图 5-21　转换开关控制电动机正反转电路

图 5-22 所示为三相异步电动机正反转控制电路。图 5-22（a）所示是将两个单向旋转控制电路组合而成。主电路由正、反转接触器 KM1、KM2 的主触头来实现电动机三相电源任意两相的换向，从而实现电动机正反转；当需要正转启动时，按下正转启动按钮 SB2，KM1 线圈通电吸合并自锁，电动机正向启动并运转；当需要反转启动时，按下反转启动按钮 SB3，KM2 线圈通电吸合并自锁，电动机便反向启动并运转。但若在按下正转启动按钮 SB2，电动机已经进入正转运行后，发生又按下反转启动按钮 SB3 的误操作时，由于正反转接触器 KM1、KM2 线圈均通电吸合，其主触头均闭合，于是发生电源两相短路，致使熔断器 FU1 熔体熔断，电动机无法工作。因此，该电路在任何时候只允许一个接触器通电工作。为此，通常在控制电路中将 KM1、KM2 正反转接触器常闭辅助触头串接在对方线圈电路中，形成相互制约的控制，这种相互制约的控制关系称为互锁，这两对起互锁作用的常闭触头称为互锁触头。

图 5-22（b）所示是利用正反转接触器常闭辅助触头作互锁的，这种互锁称为电气互锁。这种电路要实现电动机由正转到反转，或由反转变正转，都必须先按下停止按钮，然后才可进行反向启动，这种电路称为正-停-反电路。

图 5-22（c）所示是在图 5-22（b）基础上又增加了一对互锁，这对互锁是将正、反转启动按钮的常闭辅助触头串接在对方接触器线圈电路中，这种互锁称为按钮互锁，又称机械互锁。所以图 5-22（c）是具有双重互锁的控制电路，该电路可以实现不按停止按钮，由正转直接变反转，或由反转直接变正转。这是因为按钮互锁触头可以实现先断开正在运行的电路，

再接通反向运转的电路，称为正-反-停电路。

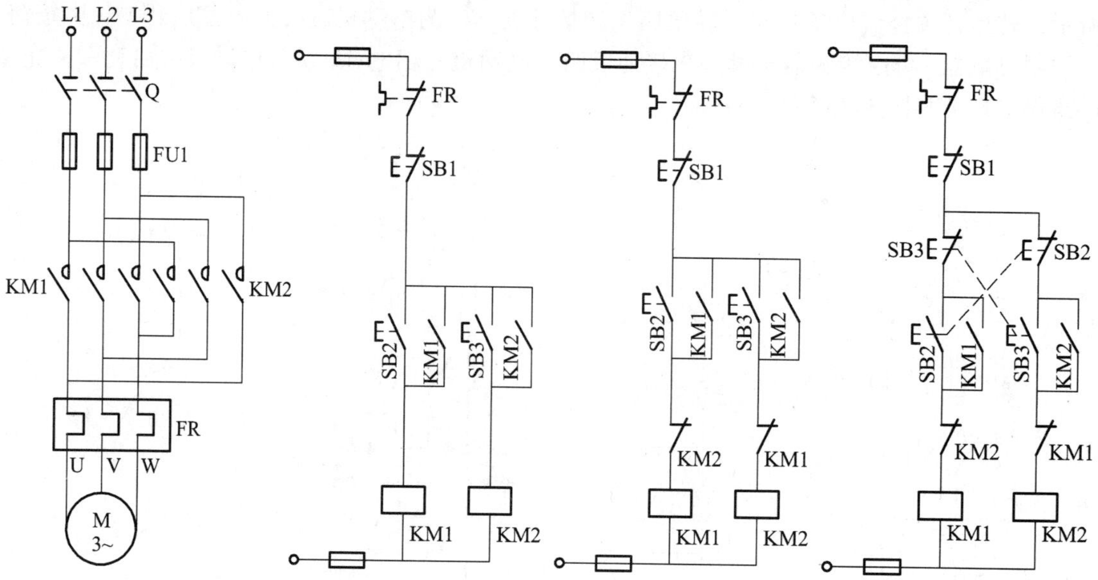

（a）无互锁电路　（b）具有电气互锁电路　（c）具有双重互锁电路

图 5-22　三相异步电动机正反转控制电路

二、点动与连续运转的控制

生产机械的运转状态有连续运转与短时间断运转，所以对其拖动电动机的控制也有点动与连续运转两种控制方式，对应的有点动控制与连续运转控制电路，如图 5-23 所示。图 5-23（a）所示是基本的点动控制电路。按下点动控制按钮 SB，KM 线圈通电，电动机启动旋转；松开 SB 按钮，KM 线圈断电释放，电动机停转。所以该电路为单纯的点动控制电路。图 5-23（b）所示是用开关 SA 断开或接通自锁电路，可以实现点动也可以实现连续运转的电路。合上开关 SA 时，可实现连续运转；SA 断开时，可实现点动控制。图 5-23（c）所示是用复合按钮 SB3 实现点动控制，按钮 SB2 实现连续运转控制的电路。

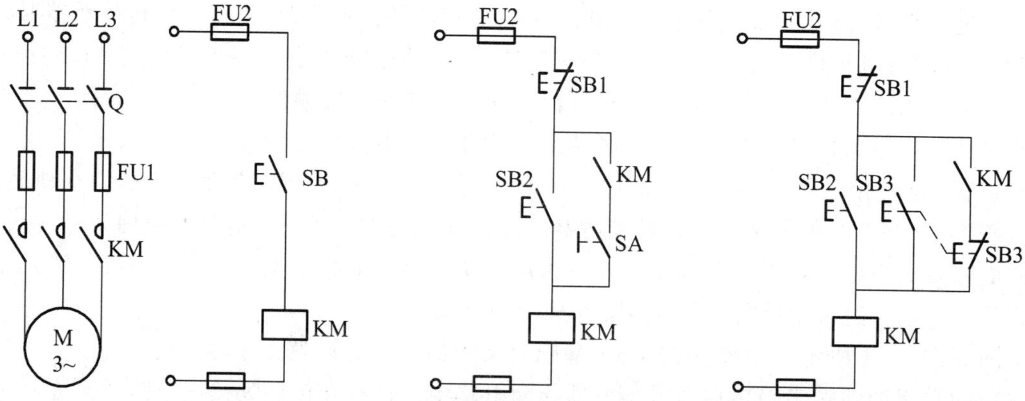

（a）基本点动控制电路　（b）开关选择运行状态的电路　（c）两个按钮控制的电路

图 5-23　电动机点动与连续运转控制电路

三、多地联锁控制

在一些大型生产机械和设备上，要求操作人员在不同方位能进行操作与控制，即实现多地控制。多地控制是用多组启动按钮、停止按钮来进行的，这些按钮连接的原则是：启动按钮常开触头要并联，即逻辑或的关系；停止按钮常闭触头要串联，即逻辑与的关系。图 5-24 为三地联锁控制电路图。

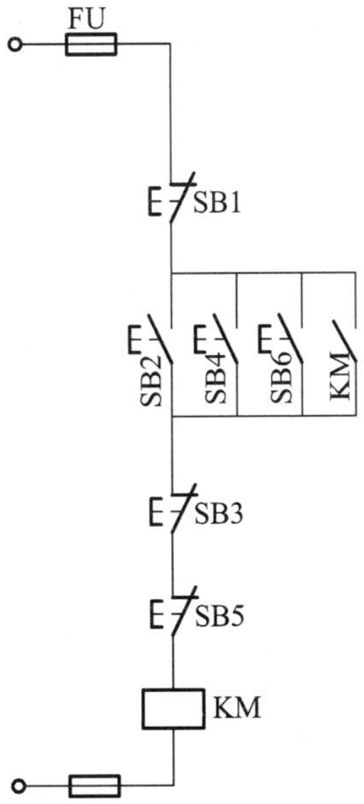

图 5-24　三地联锁控制电路图

四、顺序控制

在生产实际中，有些设备往往要求其上的多台电动机的启动与停止必须按照一定的先后顺序进行，这种控制方式称为电动机的顺序控制。顺序控制可在主电路中实现，也可在控制电路中实现。

主电路中实现顺序启动的电路如图 5-25 所示。图中电动机 M1、M2 分别由接触器 KM1 和 KM2 控制，但电动机 M2 的主电路接在接触器 KM1 主触头的下方，这样就保证了启动时必须先启动 M1 电动机，只有当接触器 KM1 主触头闭合，M1 启动后才能启动 M2 电动机，实现了 M1 先启动 M2 后启动的控制。

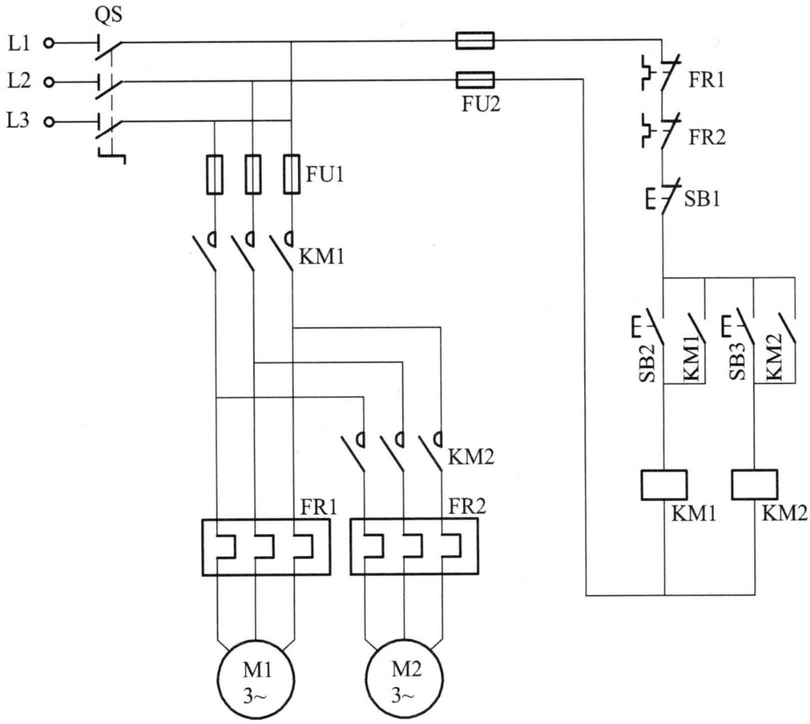

图 5-25　主电路中实现两台电动机顺序启动的电路图

顺序控制也可在控制电路中实现，图 5-26 所示为两台电动机顺序控制的电路图，图 5-26（a）所示为两台电动机顺序控制主电路，图 5-26（b）所示为顺序启动电路图，合上主电路与控制电路电源开关，按下启动按钮 SB2，KM1 线圈通电并自锁，电动机 M1 启动旋转，同时串在 KM2 线圈电路中的 KM1 常开辅助触头也闭合，此时再按下按钮 SB4，KM2 线圈通电并自锁，电动机 M2 启动旋转，如果先按下 SB4 按钮，因 KM1 常开辅助触头断开，电动机 M2 不可能先启动，达到顺序启动 M1、M2 的目的。

生产机械除要求按顺序启动外，有时还要求按一定顺序停止。图 5-26（c）所示为按顺序启动与停止的控制电路，为此在 5-26（b）的基础上，将接触器 KM2 的常开辅助触头并接在停止按钮 SB1 两端，这样，即使先按下 SB1，由于 KM2 线圈仍通电，电动机 M1 不会停转，只有按下 SB3，电动机 M2 先停后，再按下 SB1 才能使 M1 停转，达到先停 M2，后停 M1 的要求。

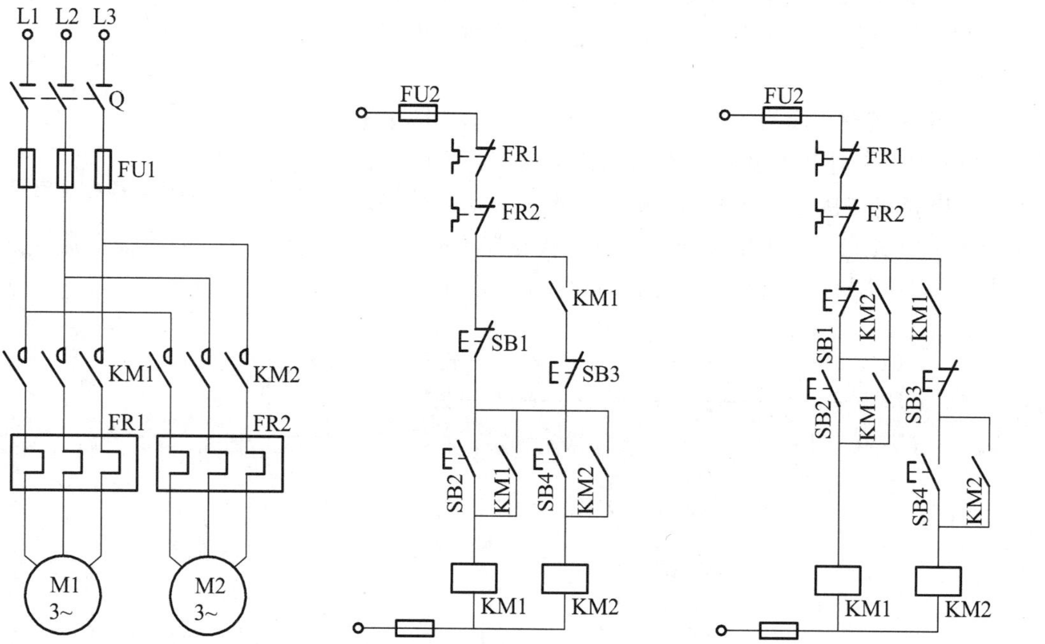

（a）主电路　　（b）按顺序启动电路　　（c）按顺序启动、停止的控制电路

图 5-26　两台电动机顺序控制电路图

在许多顺序控制中，要求有一定的时间间隔，此时往往用时间继电器来实现。图 5-27 所示为时间继电器控制的顺序启动电路，接通主电路与控制电路电源，按下启动按钮 SB2、KM1、KT 同时通电并自锁，电动机 M1 启动运转，当通电延时继电器 KT 延时时间到，其延时闭合的常开触头闭合，接通 KM2 线圈电路并自锁，电动机 M2 启动旋转，同时 KM2 常闭辅助触头断开将时间继电器 KT 线圈电路切断，KT 不再工作，使 KT 仅在启动时起作用，尽量减少运行时的电器使用数量。

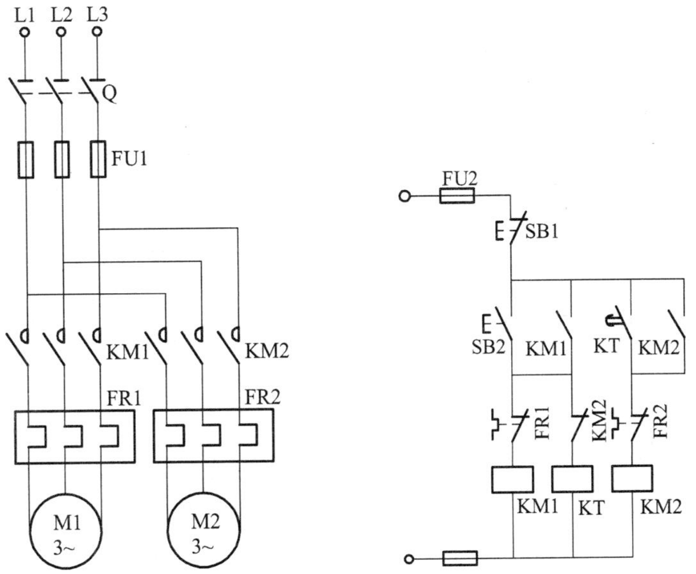

图 5-27 时间继电器控制的顺序启动电路

五、自动往复循环控制

在生产中，某些机床的工作台需要进行自动往复运行，通常是利用行程开关来控制自动往复运动的行程，并由此来控制电动机的正反转或电磁阀的通断电，从而实现生产机械的往复运动。图 5-28（a）所示为机床工作台自动往复运动示意图，在床身两端固定有行程开关 ST1、ST2，用来表明加工的起点与终点。在工作台上安装有撞块 A 和 B，其随运动部件工作台一起移动，分别压下 ST2、ST1，来改变控制电路状态，实现电动机的正反向运转，拖动工作台实现工作台的自动往复运动。图 5-28（b）所示为自动往复循环控制电路，图中 ST1 为反向转正向行程开关，ST2 位正向转反向行程开关，SQ2 为反向限位开关。

其电路工作原理：合上主电路与控制电路电源开关，按下正转启动按钮 SB2，KM1 线圈通电并自锁，电动机正转启动旋转，拖动工作台前进向右移动，当移动到位时，撞块 A 压下 ST2，其常闭触头断开，常开触头闭合，前者使 KM1 线圈断电，后者使 KM2 线圈通电并自锁，电动机由正转变为反转，拖动工作台由前进变为后退，工作台向左移动。当后退到位时，撞块 B 压下 ST1，使 KM2 断电 KM1 通电，电动机由反转变为正转，拖动工作台变后退为前进，如此周而复始实现自动往返工作。当按下停止按钮 SB1 时，电动机停止，工作台停下。当行程开关 ST1、ST2 失灵时，电动机换向无法实现，工作台继续沿原方向移动，撞块将压下 SQ1 或 SQ2 限位开关，使相应接触器线圈断电释放，电动机停止，工作台停止移动，从而避免运动部件因超出极限位置而发生事故，实现限位保护。

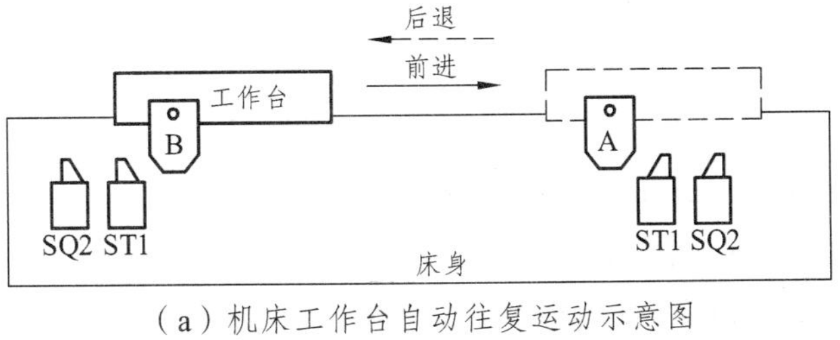

（a）机床工作台自动往复运动示意图

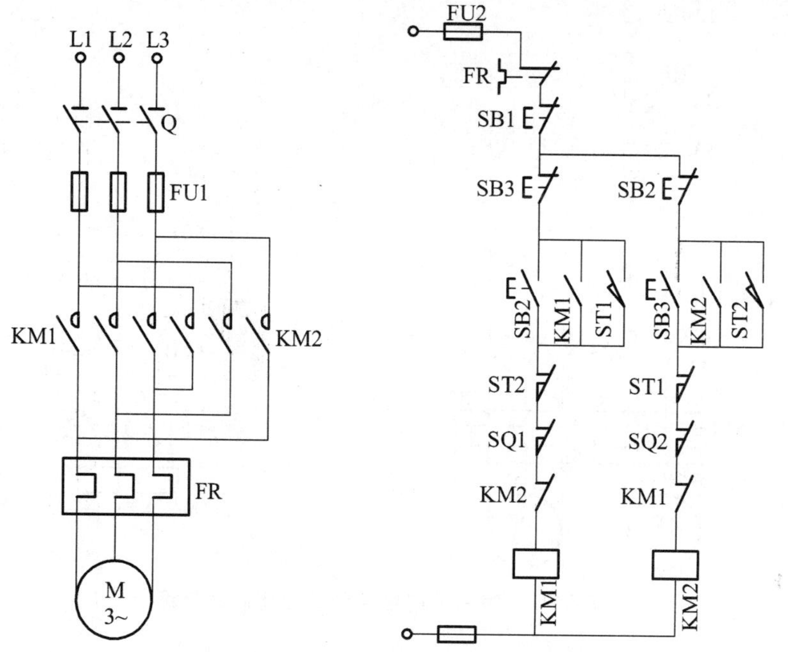

（b）自动往复循环控制电路

图 5-28 自动往复循环控制

任务 3 25G 型客车空调电气控制系统

【活动情景】

25G 型客车空调电气控制系统由原铁道部在 20 世纪 90 年代前期设计生产，原铁道部对其进行统一电气原理图、统一电气元器件（统型）的生产要求，很好保证了电器柜的设计使用性能。它属于继电器-接触器控制方式。其发展大致经历了两个阶段：第一个阶段，是以 KLC40-1T1 为代表的系列空调电气控制系统，它们是统型电器柜的原型产品；第二阶段，则是通过对原型产品的使用，对其进行改进后生产的以 KLC20[2]-1T1 为代表的系列空调电气控制系统，它们的主要命名特征是在其型号中带有[2]字样。

25G 型空调客车，按照不同车种其相应的空调电气系统类型有：YZ25G 硬座车采用 KLC29[2]-1T2 空调系统（俗称一拖二，表示一台电气柜拖动两套空调组）；YW25G 硬卧车和 CA25G 餐车采用 KLC40[2]-1T1（俗称一拖一，表示一台电气柜拖动一套空调组）；RW25G 软卧车则采用 KLC29[2]-1T1 空调系统。

【任务要求】

（1）掌握 KLC40[2]-1T1 控制柜的结构及工作原理。

（2）掌握 KLC40[2]-1T1 控制柜的使用方法。

（3）了解 KLC40[2]-1T1 控制柜的故障处理方法。

视频资源

【基本活动】

一、设备概述

客车空调电气控制柜是客车空调系统的控制中心，它按设定的程序准确地控制着空调系统的正常工作，完成通风、制暖、制冷的手动或自动运行，整个电路可完成空调系统的供电、控制及保护作用，柜门上的指示灯显示出各种工况或故障现象等。为了提高整个控制柜的可靠性，其主要电器件采用进口产品，大多数器件也都采用国内引进生产线生产的优质产品。该控制柜是在多种电路形式的基础上，综合分析，并根据实际需要，广泛征求用户意见，部局领导的联合设计小组统一设计的方案。各生产厂均按统一图纸生产，给用户的使用维修带来极大的方便。

控制柜为落地式结构，如图 5-29 所示。外形尺寸为 1 300 mm × 700 mm × 250 mm（1T1 型）。柜体的后壁有 6 个安装孔，以便将控制柜安装在车壁上。柜体前面为两扇对开的柜门，其开度大于 90°，开门后由固定装置将门固定，以防止检修时柜门摆动。门上装有显示各种工况的指示灯及铭牌等。右门有暗式把手，左门内装有两个插销。柜门的内侧贴有电气原理图及布线图，以便在使用维修时查阅。所有电气件（指示灯除外）大部分安装在柜内的一块大安装板上，器件多采用轨道安装方式，以方便更换。配线用行线槽，各线端用印有线号的热缩管套紧，柜内整齐美观。温控仪、转换开关及计时器等安装在一块可翻动的小安装板上，检修非常方便。

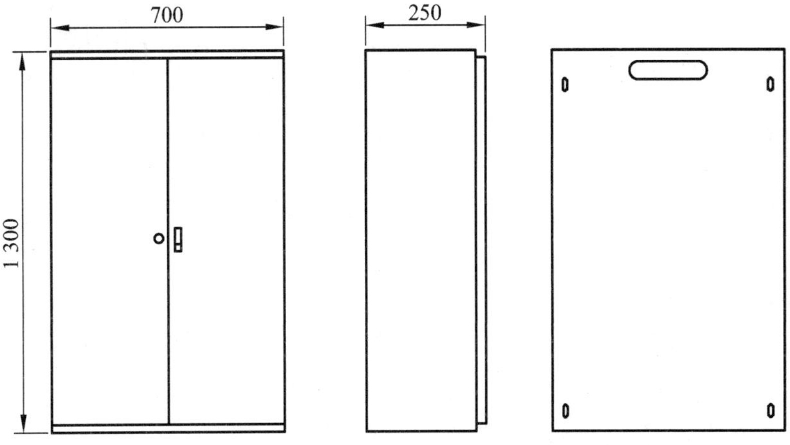

图 5-29　空调控制柜外形图

KLC4O1T1 型空调电气控制柜控制 1 台 KLC40 型平底侧出风空调机组工作，供硬卧、餐车或软座车应用。KLC291T1 型控制柜控制 1 台 KLC20 型空调机组，供软卧车使用。KLC291T1 型与 KLC401T1 型控制柜的电路基本相同，其主要不同是 KLC29 型空调机组中只有 1 台冷凝风机（没有 5M）。

二、主要技术参数

（1）型号：KLC40-1T1 型（KLC29-1T1 型）。

（2）配套空调机组：KLC40 型（KLC29 型）。

（3）形式：对开门柜式。

（4）使用环境温度：－20～＋40 °C。

（5）使用环境湿度：≤85%。

（6）电源：控制回路，单相交流 220 V、50 Hz；主回路，三相交流 380 V、50 Hz。

（7）海拔：≤1 500 m。

（8）外形尺寸：1 300 mm × 700 mm × 250 mm。

（9）质量：72 kg。

三、静态设定参数

（1）时间继电器：KT1——60 s；KT2——70 s；KT3——0.5 s。

（2）热继电器：FR1——4.5 A；FR4，FR5——4 A。

（3）过、欠电压继电器：

欠压：187+30 V 释放，191+30 V 复位；过压：253－50 V 释放，240+50 V 复位。

（4）温控仪：

① 制冷时：ATC——L 设定置为 24 °C，回差值 1.5 °C；ATC——H 设定置为 26 °C，回差值 1.5 °C；

② 制暖时：ATC——H 设定置为 18 °C，回差值 1.5 °C；ATC——L 设定置为 16 °C，回差值 1.5 °C。

（5）过流继电器：FA8、FA7——18 A（KLC29——1T1 为 13.2 A）。

四、操作方法及工作过程（25G 型客车空调控制柜电气原理图见附图）

1. 开机前的准备状态

将 SA1 置于“停止”位，合上自动空气开关 1Q、2Q（制暖时再合上 3Q、4Q），主回路及控制回路有电，指示灯 HL1 亮，过、欠电压继电器 FOV、FLV 得电工作，KT3 得电吸合。温控仪指示出车内起始温度。检查温控仪设定是否正确。

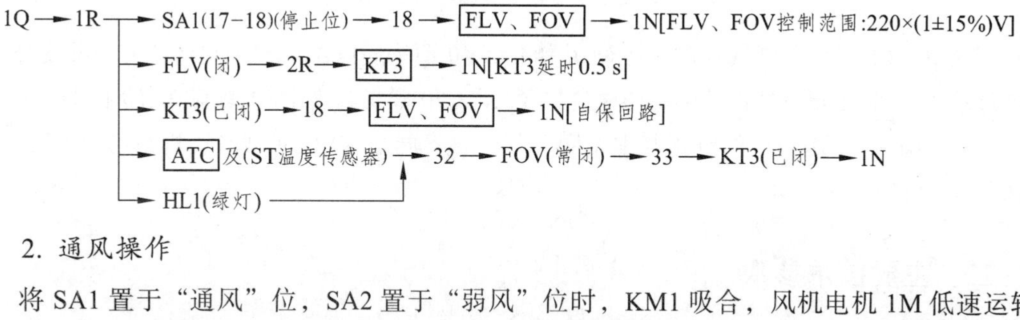

2. 通风操作

将 SA1 置于“通风”位，SA2 置于“弱风”位时，KM1 吸合，风机电机 1M 低速运转，HL2 绿灯亮，指示弱通风；将 SA2 置于“强风”位时，KM2、KM3 吸合，风机电机 1M 高速运转，HL3 黄灯亮，指示强通风。

回路：SA1 置于“通风”位，SA2 置于“弱风”位或“强风”位。

3. 制冷操作

1）手动半冷

将 SA1 置于“半冷”位，SA2 置于“弱风”位，SA3 置于“手动”位，此时 KM1 吸合，通风机低速运转（若将 SA2 置于“强风”位，通风机高速运转）。101 号线无电，温控接点 KA3、KA4 不能吸合，其常闭触点接通，由于 SA1 的触头 19－20 处于闭合状态，使 KM4 得电吸合，冷凝风机 4M、5M 得电工作。同时 KT1（或 KT2）得电，延时 60 s 使 KM6（或延时 70 s 使 KM7）得电吸合，压缩机 6M（或 7M）运转，HL6（或 HL7）亮，开始制冷。若手动停机，应将 SA1 置“停机”位，关掉控制电源，风机及制冷系统停止工作。再将控制电源接通时，即重复上述过程。电路自动转换为 7M（6M）工作，HL7（HL6）指示灯亮。

手动半冷回路：SA1 置于“半冷”位，SA2（1－2）置于“弱风”位，或（3－4）置于“强风”位；SA3 置于“手动”位（通风回路从略）。

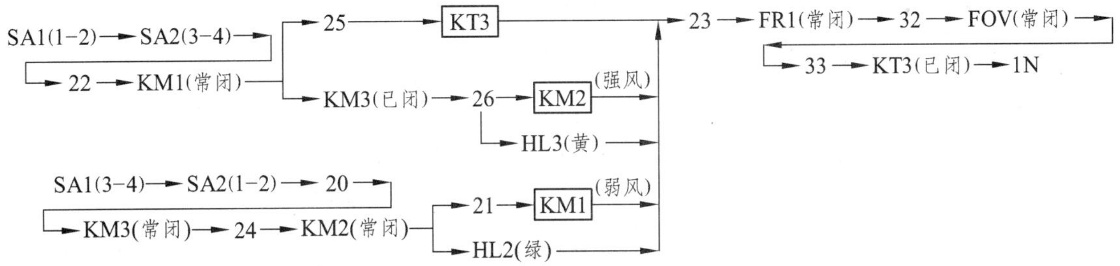

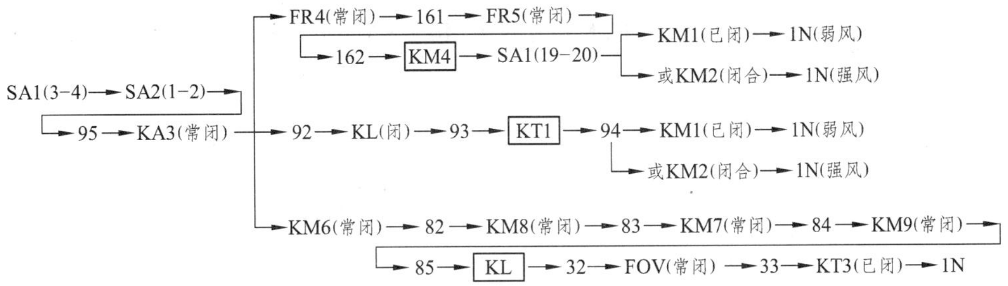

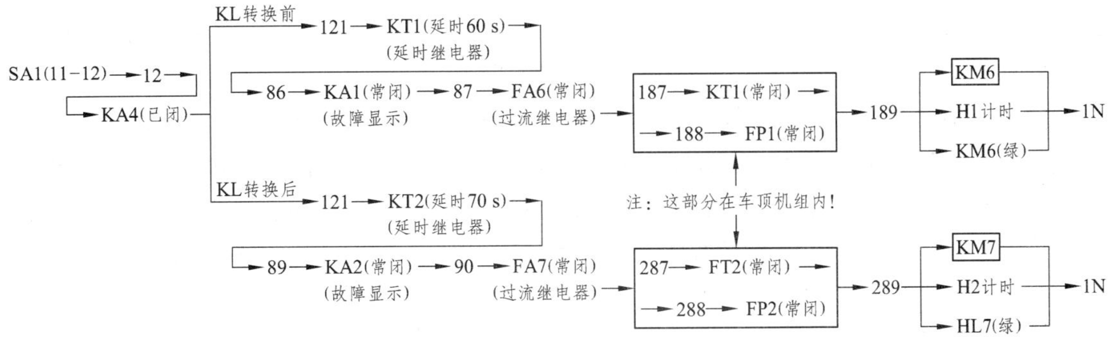

注：KA1、KA2 是显示故障用的高阻值继电器，在并联电路中电流很小，正常工作时线圈两端电压几乎相等，不会吸合。当 FA6、FT1、FP1 中，任何一处发生断路后，KA1

右侧电压消失，其线圈将吸合并自保，同时，显示故障红灯。当排除故障后，只有重新启动，才能使其释放。SA1（19－20）以保证冷凝风机接通；KM 6 、（KM7）制冷、KM8、（KM9）采暖每接通一次，KL 翻转一次，使 KT1 与 KT2 自动转换，以保证两组设备磨损均等。

2）手动全冷

SA1 置于“全冷”位，SA1 的触头 9－10 号线接通，SA2 必须置于“强风”位 SA3 置于“手动”位。KM2 得电吸合，通风机高速运行。KA3、KA4 无电不能吸合，其常闭触点接通，KM4 得电，冷凝风机 4M、5M 得电工作。KA7 吸合，使 KT1、KT2 得电，分别延时 60 s、70 s 后，KM6、KM7 吸合，压缩机电机 6M、7M 运转，HL6、HL7 亮，系统处于手动全冷工况。此时必须手动关掉控制电源，系统才能停止制冷。下次开机时重复上述过程。

手动全冷回路：SA1 置于“全冷”位，SA2 必须置于“强风”位，SA3 置于“手动”位（通风回路从略）。

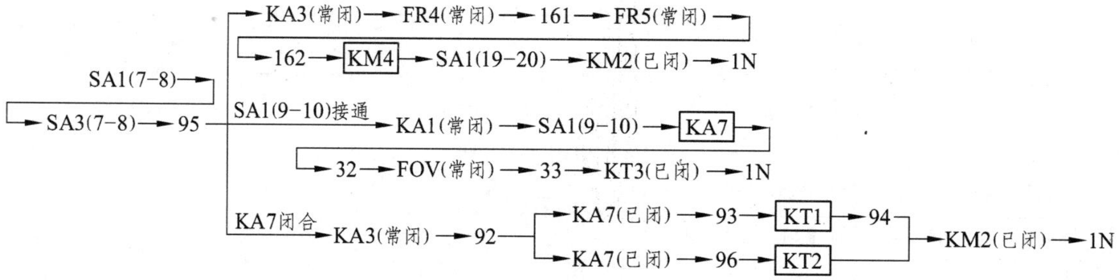

将 KL 封闭，使 KT1、KT2 同时得电，KM6、KM7 同时吸合，达到全冷。

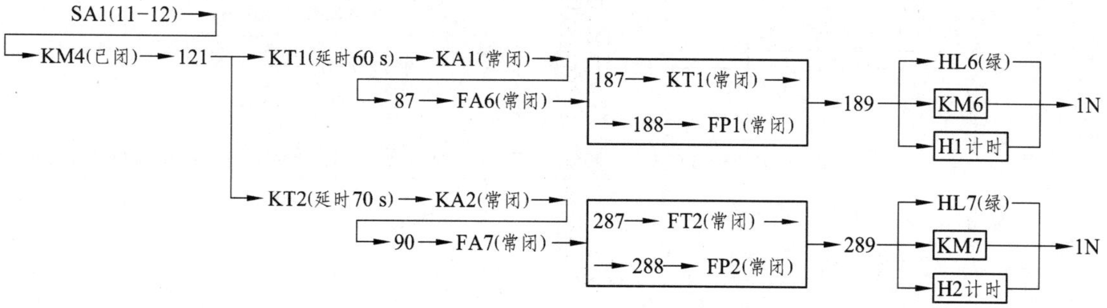

3）自动半冷

SA1 置于“半冷”位，SA2 置于“弱风”（或“强风”）位，SA3 置于“自动冷”位。KM1 得电吸合，1M 低速运转。若此时室温高于设定温度的上限 25.5 °C 时，温控仪的 L 触点闭合，KA4 得电吸合，常开触点接通。92 号线有电，KM4 得电吸合，冷凝风机工作。KT1（或 KT2）得电后，延时 60 s（或 70 s）使 KM6（或 KM7）得电吸合，M6（或 M7）得电运转，HL6（或 HL7）亮，一台制冷压缩机工作，温度逐渐下降。当温度降到 24 °C 时，L 触点断开，释放，KM4、KT1（或 KT2）和 KM6 或（KM7）释放，6M（或 7M）停止工作，温度开始逐渐上升。当温度升高 25.5 °C 时，L 触点再次接通，KA4 吸合，转换继电器 KL 转换一次，KM4 吸合，换成 KT2（或 KT1）得电，延时 70 s（或 60 s）后，KM7（或 KM6）得电吸合，

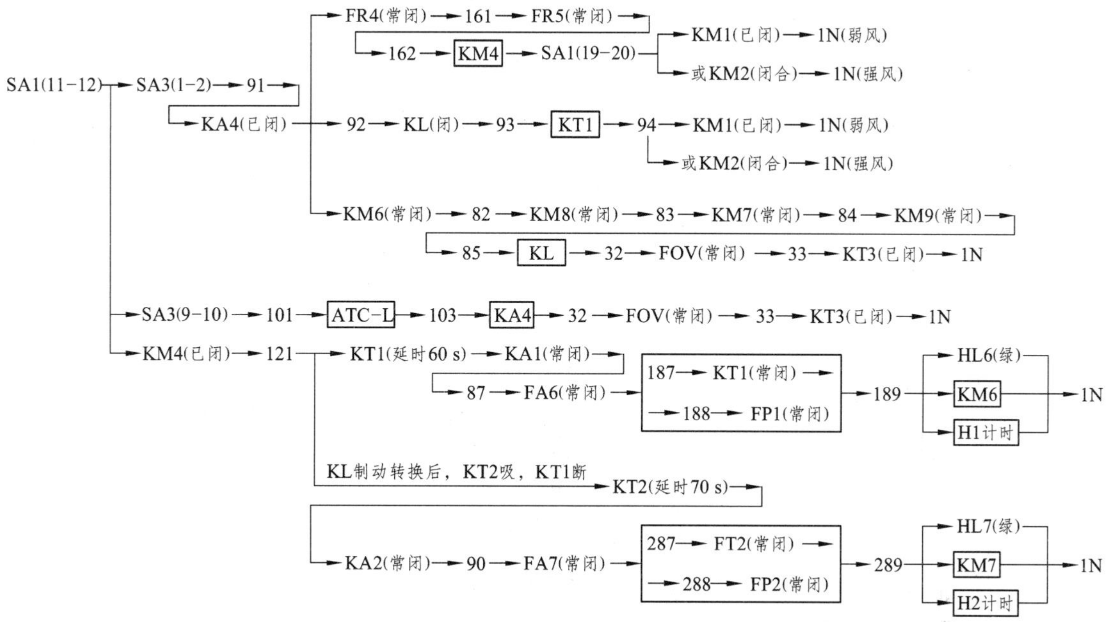

7M（或 6M）工作，HL7（或 HL6）亮，另一台制冷压缩机工作，温度开始下降。当温度降到 24 °C 时，L 触点断开，KA4 释放，KM4、KT2、KM7 释放，7M 停止工作，温度再次回升，如此反复，系统处于自动半冷工作状态。

自动半冷回路：SA1 置于“半冷”位，SA2 置于“弱风”（或“强风”）位，SA3 置于“自动冷”位（通风回路从略）。

4）自动全冷

SA1 置于“全冷”位，9 – 10 号线接通，SA2 必须置于“强风”位，SA3 置于“自动冷”位。KM3、KM2 吸合，1M 高速运转。若室温高于设定的上限 27.5 °C 时，温控仪的 L、H 触点均处于接通位，KA3、KA4 吸合，其常开触点闭合，92、10 号线均得电，KL 转换一次，KM4 得电吸合，冷凝风机工作。KA7 吸合，将 KL 自动转换接点封闭，KT1、KT2 都得电，使 KM6 延时 60s、KM7 延时 70s 吸合，两台制冷压缩机 6M、7M 都工作，温度开始下降。当温度降到 26 °C 时，H 触点断开，KA7、KT2、KM7 释放，第二台制冷压缩机停止工作，温度逐渐开始回升。当温度升高到 27.5 °C 时，H 触点再次闭合，KA3、KA7 吸合，KL 转换一次，92 – 96 接通，KT1、KT2 吸合，KM6、KM7 吸合，两台压缩机 6M、7M 都工作，温度又开始下降。当温度降到 26.5 °C 时，H 触点断开，KA3 释放，KA7、KT1、KM6 释放，第一台制冷压缩机 6M 停止工作，温度又开始回升。当升高到 27.5 °C 时，两台机组又都工作，温度下降。温度降到 26 °C 时，KM7 释放，7M 停止工作。如此反复，这两台制冷压缩机，总有一台压缩机在工作，另一台则自动交替停、开，系统处于自动全冷工况。但万一温度降到 24 °C 以下时（例：驶入北方时），温控仪 ATC 的 H、L 触点全断开，则 91 ~ 92 断开，制冷系统断电，停止工作，此时只有强通风还继续工作。

自动全冷回路：SA1“全冷”位，SA2 必须“强风”位，SA3“自动”位。使冷凝风机得电。

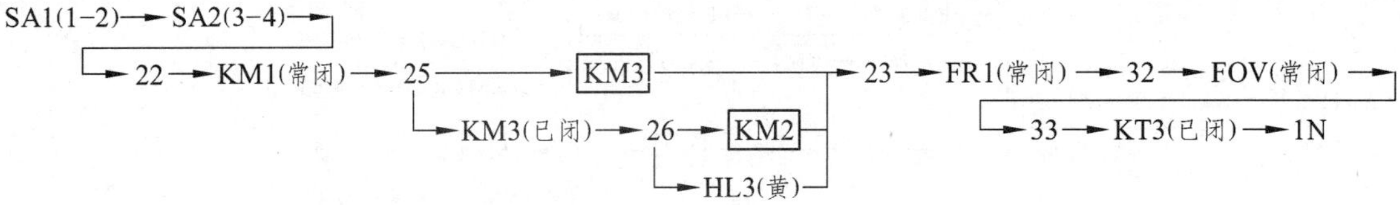

室温高于 27.0 °C 时有以下回路：

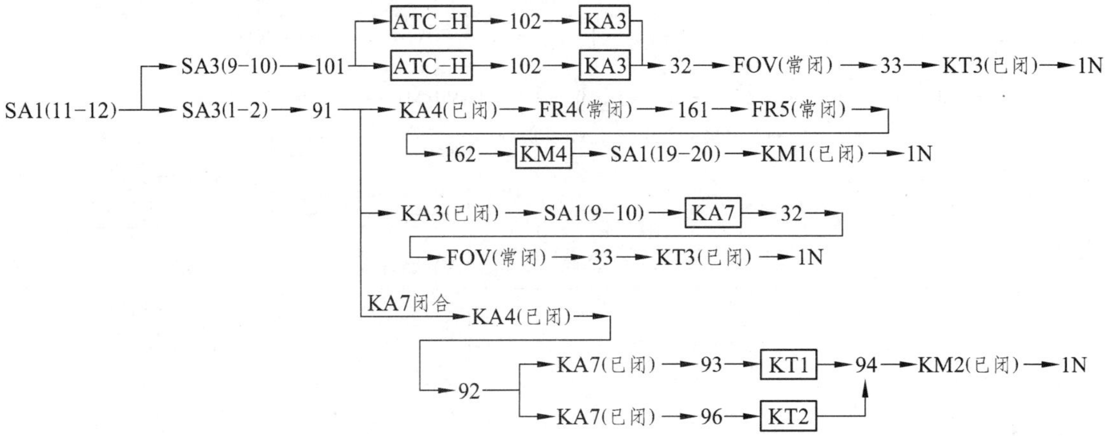

将 KL 封闭，使 KT1、KT2 同时得电，KM6、KM7 同时吸合，达到全冷。

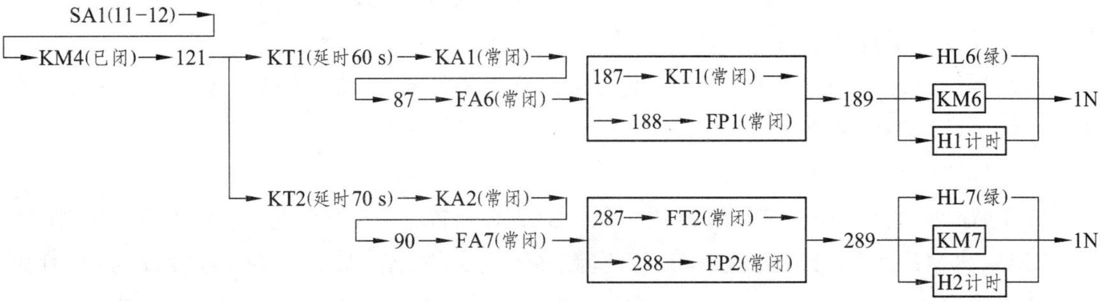

4. 集控制冷操作

集控制冷位可在发电车上集中控制通风机（强风）与制冷压缩机的工作。将 SA1 置于集控位使通风集控线 98 号供电，KM2、KM3 吸合，通风机 1M 高速运转。制冷控制线 100 号供电后，制冷控制回路得电，SA3 无论在“手动”还是在“自动冷”位，两台压缩机都得电工作，工作过程如下：

集控回路：SA1 置于“集控”位后，（13－14）接点与（15－16）接点接通，（21－22）闲置，（23－24）封闭 SA1 下面的 KT3 常开触点，使本车的 FLV 与 FOV 过、欠电压保护不起作用，而改由发电车集中控制。但是由于“集控”操作，不能监控各车运行实际状况，在电器线路不良时，不可能立即发现并处理故障，当上级未通知使用“集控”操作时，“集控”线暂不使用。

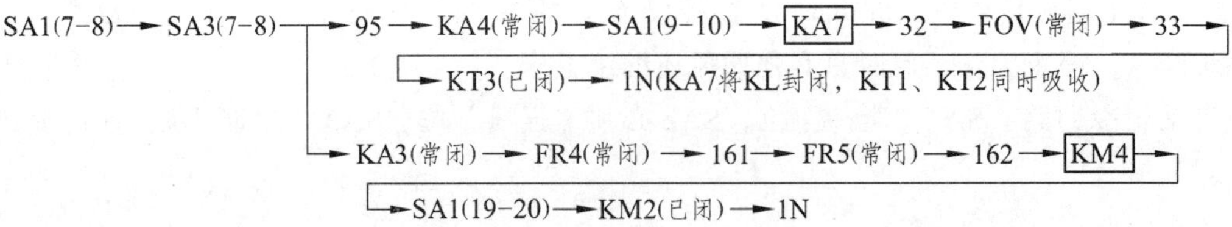

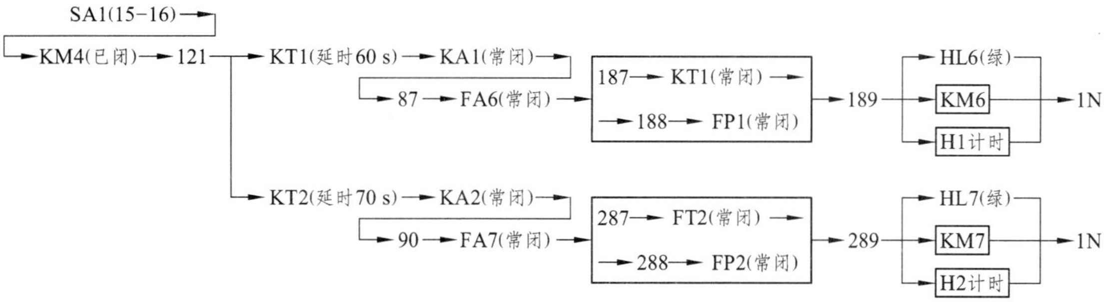

5. 制暖操作

需要注意的是，制暖工况只有弱通风。采用从车顶为客室提供暖风，由于发生过通风机故障，电热管仍通电，造成过热而引起火灾，应在保证安全条件下，再开客室暖风。

1）手动半暖

SA1 置于“半暖”位，SA2 置于“弱风”位，SA3 置于“手动”位。KM1 得电吸合，风机 1M 低速运转。此时 KA3、KA4 均不吸合，其常闭触点处于接通位，95 号线有电，使 92 号线有电，KL 转换一次。由于此时 SA1 的 19 – 20 不通，所以 KM4 无电不能吸合，制冷系统无法工作。KT1 得电后延时 60 s 使 KM8 吸合，HL8 亮，第一组电加热器 1DR 得电加热。若想停止加热，应手动关掉电源，再次接通控制电源时，92 号线再次得电，KL 转换一次，换成 92 – 96 接通，使 KT2 得电，延时 70 s 后，KM9 吸合，第二组电加热器 2DR 得电加热，HL9 亮。如此，实现手动制暖工况。KM8、KM9 吸合后，客室座位之间下面的电暖气同时加热，与空调机组内的电加热器可共同供暖。

手动半暖回路：SA1 置于“半暖”位，SA2 置于“弱风”位，SA3 置于“手动位”（通风回路从略）。

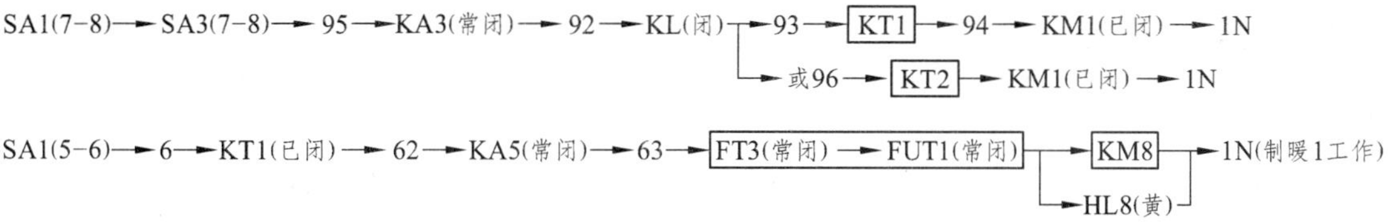

注：KA5、KA8 为高阻继电器，正常工作时不会吸合而导通。

2）手动全暖

SA1 置于“全暖”位，SA2 置于“弱风”位，SA3 置于“手动”位。KA3、KA4 无电不吸合，其常闭触点闭合，92 号线有电，9 – 10 号接点处于接通位，使 KA7 得电吸合，KT1、KT2 均得电，延时 60 s、70 s 后使 KM8、KM9 吸合，两组电加热器都得电加热，关断控制电源，两组电加热器停止加热，再次接通控制电源时，两组电加热器又可得电工作。

手动全暖回路：SA1 置于“全暖”位，SA2 置于“弱风”位，SA3 置于“手动”位（通风回路从略）。

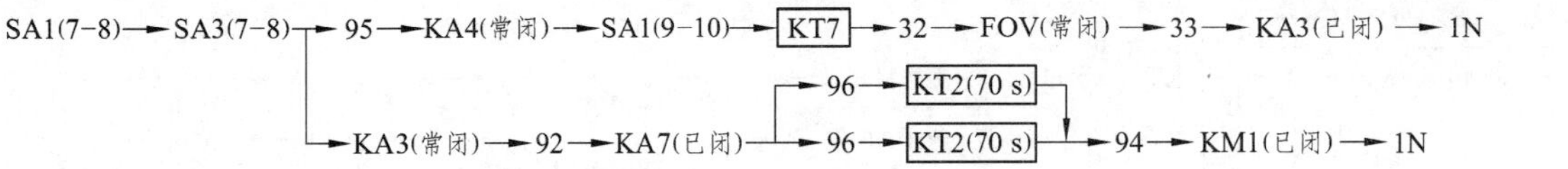

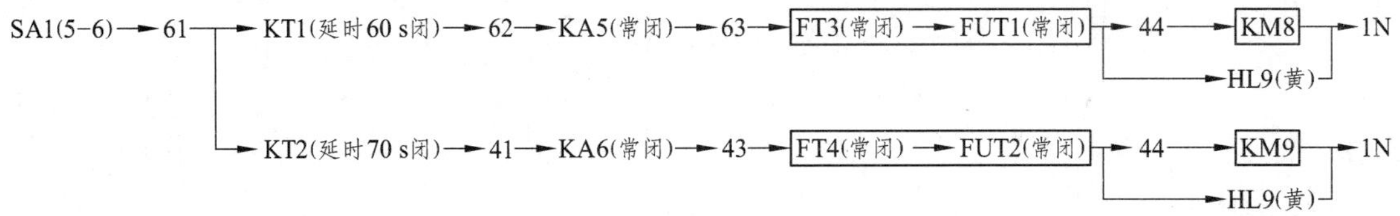

若发生故障，温度异常升高，FT3（FT4）或 FUT1（FUT2）断开，电压加在 KA5（KA6）高阻继电器线圈上，电路如下：

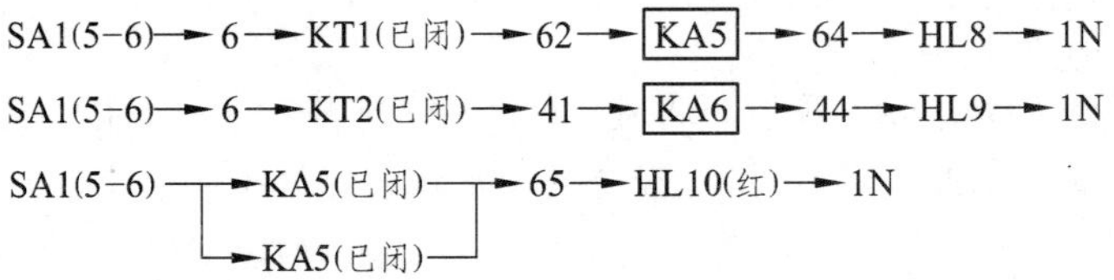

另一路红灯亮后，显示制暖故障。KA5（KA6）常开触点闭合后，并自保，使 KM8（KM9）可靠断路。FUT1 及 FUT2 应该在 139 °C 熔断，需更换后才能继续工作。

3）自动半暖

SA1 置于“半暖位”，SA2 置于“弱风”位，SA3 置于“自动暖”位。此时 95、101 号线有电。若室温低于设定值 18 °C，温控器的 L、H 触点均断开，KA3、KA4 不能得电吸合，其常闭触点处于接通位。92、9 号线有电。但此时 SA1 的 9 – 10 不通，故只有 KL 得电转换一次。92 – 93 接通，KT1 得电，延时 60 s 后使 KM8 吸合，第一组电加热器 1DR 得电加热，HL8 亮，温度开始上升。当温度升高到 19.5 °C 时，H 触点接通，KA3 吸合，常闭触点断开，KT1 释放，KM8 释放，1DR 失电，停止加热，温度开始下降。当温度降到 18 °C 时，H 触点再次断开，KA3 释放，常闭触点接通，92 号线得电，KL 转换一次，使 92 – 96 号接通，KT2 得电，延时 70 s 后 KM9 吸合，第二组电加热器 2DR 得电工作，HL9 亮，温度逐渐上升。当温度升高到 19.5 °C，H 触点接通，KA3 吸合，KT2 释放，KM9 释放，2DR 停止加热，温度开始下降。如此反复，两组电加热器交替工作，系统处于自动半暖工作状态。

自动半暖回路：SA1 置于“半暖”位，SA2 置于“弱风”位，SA3 置于“自动暖”位（通风回路从略）。

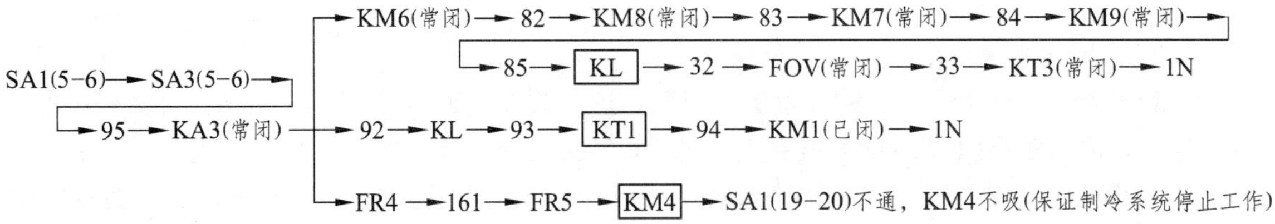

当室温上升到 19.5 °C 时，H 点闭合，接通。

SA1(5−6)→SA3(11−12)→101→[ATC−H](已闭)→
→102→[KM8]→32→FOV(常闭)→33→KT3(已闭)→1N

KA3 常闭接点在 ATC 的 H 点，断电后打开，KT1 释放，KM8 释放，KL 转换一次，1DR 断电，温度下降。当室温降到 18 °C；H 点断开，KT3 失电后，常闭触点接通。

SA1(5−6)→SA3(5−6)→95→KA3(常闭)→
  →KM6(常闭)→82→KM8(常闭)→83→KM7(常闭)→84→KM9(常闭)→85→[KL]→32→FOV(常闭)→33→KT3(已闭)→1N
  →92→KL→96→[KT2]→KM1(已闭)→1N

SA1(5−6)→KT2(延时 70 s)→41→KA6(常闭)→43→[FT4(常闭)→FUT2(常闭)]→44→[KM9]→1N(第二组电加热器加热)
  44→HL9(黄)→1N

4）自动全暖

SA1 置于“全暖”位，SA2 置于“弱风”位，SA3 置于“自动暖”位。当室温低于 16 °C 时，L、H 触点均断开，KA3、KA4 不吸合，其常闭触点处于接通状态。此时 92、SA1（9 − 10）均有电，KL 得电转换一次。KA7 吸合，92 − 93 接通，使 KT1、KT2 均得电，延时 60 s、70 s 后，KM8、KM9 吸合，两组电加热器均得电加热，温度开始上升。当温度升高到 17.5 °C 时，L 触点接通，KA4 吸合，常闭触点断开，9 − 10 号线失电，KA7、KT2 释放，KM9 释放，第二组电加热器断电，停止加热，此时第一组电加热器还在工作，如果温度能继续上升到 19.5 °C（例如：列车驶到南方时），H 点也接通，KA3 吸合，常闭点断开，KT1 也断电，第一组加热器也断电，供暖停止。如果温度下降，当温度降到 18 °C 时，H 触点断开，KA3 释放，其常闭触点接通，KL 又转换一次，KT2 吸合，第二组电加热器接通。如果温度继续下降到 16 °C 时，L 触点断开，KA4 释放，常闭触点接通，9 − 10 号线得电 KA7 吸合（KL 再转换一次，使 92 − 93 接通），KT1、KT2 均得电吸合，使 KM8、KM9 吸合，两组电加热器 1DR、2DR 同时加热。当温度升高到 17.5 °C 时，L 触点再次接通，KA4 吸合，KA7、KT1 释放，KM8 释放，1DR 断电，第一组电加热器停止加热，温度开始下降。此时第二组电加热器还在工作，如此反复，总有一组电加热器在工作，并与另一组电加热器交替停开，系统处于自动全暖工作状态。

自动全暖回路：SA1 置于“全暖”位，SA2 置于“弱风”位，SA3 置于“自动暖”位（通风回路从略）。

SA1(5−6)→SA3(5−6)→
  →95→KA4(常闭)→SA1(9−10)→[KA7]→32→FOV(常闭)→33→KT3(已闭)→1N
  →KA3(常闭)→92→
    →KA7(已闭)→93→[KT1]→94→KM1(已闭)→1N
    →KA7(已闭)→96→[KT2]→KM1(已闭)→1N

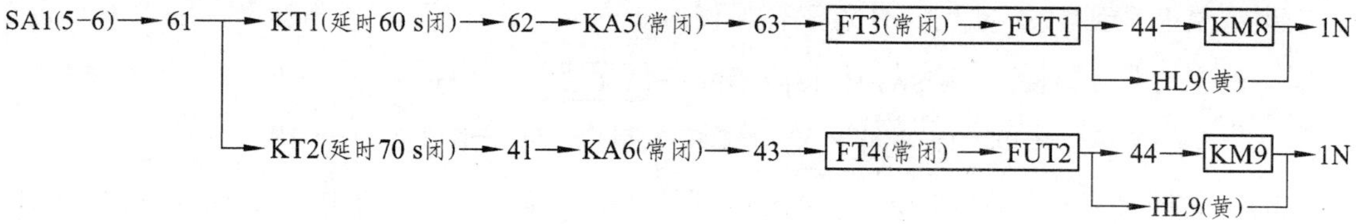

温度升高后，ATC—L 接通，KA4 吸合。

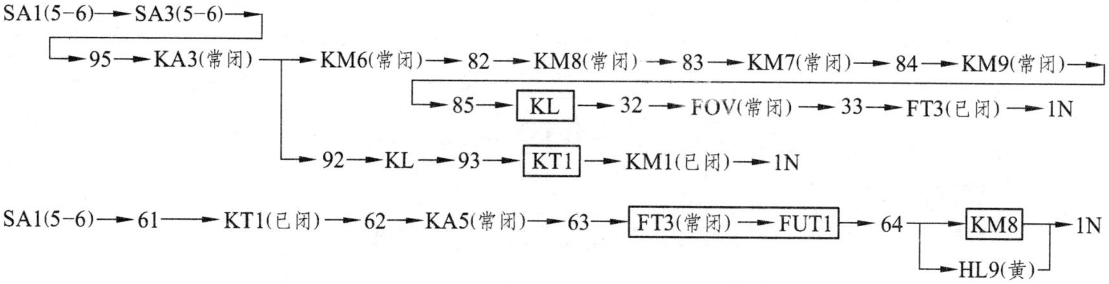

五、电路自动保护与故障显示

1Q、2Q、3Q、4Q 空气开关起短路保护作用，当电路某处出现短路时，相应的空气开关会自动跳开，切断电源。电机主回路的热继电器 FR1、FR4、FR5 为相应电机的热保护继电器；FA6、FA7 为压缩机过流保护。

1. 制冷故障

当压缩机出现过大的电流，FA6 或 FA7 的触点断开；当环境空气温度低于 18 °C 时，FT1、FT2 断开；当系统的压力不正常时，FP1、FP2 断开。上述三者之一断开时，KA1（或 KA2）吸合并自保，使 KM7 或 KM6 断电释放，压缩机停止工作，起到保护作用。同时 HL4、HL5 红灯亮显示压缩机故障。必须消除故障，重新开机，系统才能重新工作。

2. 制暖故障

当制暖系统出现故障时，如风道温度过高，FT3（或 FT4）断开，KA5（或 KA6）吸合并自保，KM8（或 KM9）释放，电加热器断电，HL10 红灯亮，显示制暖故障。排除故障后重新开机，系统才能再次工作。如客室空气电加热器温度超过 139 °C，装在电加热器上的温度熔断器 FUT1 或 FUT2 即熔断，直接将电源断开。此时必须更换熔断的器件后，才能正常工作。FUT1 与 FUT2 安装在车顶电加热器框架上。

由于 KA1、KA2、KA5、KA6 继电器线圈是高阻值继电器，约 12 kΩ，因此在正常情况下，虽接在电路中，线圈两端电压近似相等，而且由于阻值高，其与各保护继电器 FA6、FA7、FT1、FP1、FT2、FP2、FT3、FT4、FUT1、FUT2 触点并联时，其上电压降很低，达不到吸合值，并不动作。当发生故障后，保护继电器触点断开起到保护作用。例如：KA1、KA8、FT1、FP1 触点任一处断开，使得几乎全部电压都加在 KA1 上，这时 KA1 才能吸合，而 KM8 达不到吸合电压而断开。KA1 吸合后，HL4 得电，故障灯亮，指示出故障处所，以方便检修。此时，由于 KA1 的自保作用，只有在故障消除后，重新启动，KM6 才能正常工作。

3. 过电压、欠电压、失电压保护

FOV、FLV 继电器起到过、欠电压和失电压保护作用。当电源电压超过额定电压值的 15%，即高于 253 V 时，FOV 的常闭触点断开，通风机接触器 KM1、KM2、KM3 及 ATC、KL、KA7、KA3、KA4 等失电，系统停止工作，起到保护电路的作用。当电源电压低于额定电压值的 15%，即低于 187 V 时，FLV 的触点断开，同样起到欠电压的保护作用。

如果系统在某一工况下突然停电，FOV、FLV 释放，再次来电时因 SA1 处在某一工况位，17—18 号线不通，1R 的控制电压不能加到 FOV、FLV 上，故 FOV、FOV 不接通，系统无法投入工作。必须将 SA1 置于“停”位，使 1R 与 18 号线接通，FOV、FLV 得电工作后，KT3 延时 0.5 s 才能吸合，其常开点闭合使 FOV、FLV 保持后，再将 SA1 置于所需工况位，系统才能重新工作。该电路起到断电后不能在原位自动开机的保护作用避免非正常情况下制冷压缩机的频繁停开。SA1 在集控位时例外，此时只可在发电车直接用集控线开机。

六、常见故障及处理方法（表 5-1）

表 5-1　常见故障处理

故障现象	故障原因	处理方法
无控制电压 HL1 不亮	1. 控制开关 1Q 损坏或跳开； 2. 时间继电器 KT3 损坏或插座接触不良； 3. FOV、FLV 损坏，或插座接触不良，或电源电压过高、过低	更换或合上； 更换 KT3 或插座； 更换 FOV、FLV 或插座，调整电源电压
通风机不工作或只有一种风速	1. 转换开关 sA1 的 1－2、3－4 触点接触不良； 2. SA2 的 1－2、3－4 接触不良； 3. KM1、KM2 或 KM3 损坏； 4. 热继电器 FRl 动作或损坏； 5. 通风机电机 1M 损坏	更换 SAl； 更换 SA2； 更换； 复位或更换； 更换
通风机不工作，但车顶空气预热电加热器仍通电，HLL0 亮（危险情况！）	交流接触器 KM8 或 KM9 的触头烧连在一起，或接触器卡死	立即断开 3Q、4Q 或主电源 1Q，修复或更换 KM8、KM9
通风机工作正常，但制暖系统不工作	1. 转换开关 SA1 的 5－6、7－8、9－10 接触不良； 2. 自动状态下温控仪 ATC 不工作； 3. 继电器 KA3、KA4 损坏，或插座接触不良； 4. 转换继电器 KL 损坏； 5. 时间继电器 KTL、KT2 损坏； 6. KM8、KM9 损坏； 7. 热保护元件 FT3、FT4，跳开； 8. 熔断器 FUT1、FUT2 熔断	更换 SA1； 找原因更换； 更换 KA3、KA4 或更换插座； 更换； 更换； 更换或查明原因修复后复位； 查明原因后更换
通风机工作正常，制冷系统不工作	1. SA1 的 7－8、9－10、11－12 接触不良； 2. SA3 的 1－2、7－8 接触不良； 3. 自动状态下温控仪 ATC 损坏； 4. KA3、KA4 损坏； 5. KM4 损坏或接触不良； 6. 热继电器 FR4、FR5 跳开； 7. KM6、KM7 损坏； 8. 压力继电器 FP1、FP2 动作； 9. 低温保护器 FT1、FT2 断开； 10. 过流继电器 FA6、FA7 动作； 11. 主接触器 KM6、KM7 损坏	更换； 更换； 更换； 更换； 更换或修复； 查明原因修复后复位； 更换； 查明原因修复后复位； 温度升高后再开机； 查明原因后复位； 更换

七、检查与维修

1. 控制柜检查（按表 5-2 方法检查）

表 5-2 控制柜检查步骤

检查部位	检查项目	检查方法	检查周期			判定标准
			日常	1 年	3 年	
外表	外观检查	目视		√		应无锈蚀、变色、脱漆
内部各螺丝	螺丝松动，特别注意接线螺丝	目视、触觉及用螺丝刀检查拧紧	√	√		应无异常，保证接触可靠、牢固
柜内	柜内一般检查	目视		√		应无锈蚀、变色、污染，无灰尘及其他异物
柜内电器件及配线	配线及电器零部件	目视、触觉		√		接线端子处、配线应无过热变色痕迹或损伤，配线符号标记等不得脱落，电器件应牢固

2. 空气开关

（1）在使用初始每月检查一次，以后可根据环境情况定期检查（表 5-3）。

表 5-3 空气开关检查

检查项目	检查时间
清洁而干燥的环境	1—2 年 1 次
有少量灰尘，含有少量腐蚀性气体、蒸汽、盐分	1 年 1 次
除上述两项以外的地方	6 个月 1 次

（2）检查方法：

① 检查接线端子紧固螺钉、电线安装螺钉以及导线连接螺钉是否松动，应及时拧紧。

② 经常接通的空气开关，在定期检查时要进行反复开、关操作，以便清洁触点，防止异常发热。

③ 触点烧损时，用细锉或砂纸轻轻打磨后，再用含有中性洗涤剂或汽油的布清洁触点。

④ 在分断电流后，要把空气开关拆下来进行下列检查：测量绝缘电阻不应小于规定值 5 MΩ；进行耐压试验应符合要求。如达不到规定要求，应予以更换。

3. 接触器检查

（1）检查周期：维修时必须检查；正常使用时，每 2 个月检查 1 次。平日经常观察工作状态。

（2）检查方法：

① 触点的损耗状态：采用银触点时，如触点突起得很厉害，在烧损部分可以用油光锉把触点面锉平，然后用浸有四氯化碳的布擦拭干净。

② 触点的接触状态：接触不良的触点，按上述方法①处理，以保证接触良好。两触点烧结在一起，应立即更换。

③ 灭弧罩：用软布轻轻擦去灰尘或炭粉等。

④ 电线连接部分：检查接线螺钉的紧固情况，用螺丝刀拧紧。如有氧化现象，应用细砂纸打磨掉氧化层，以保证接触良好。

4. 中间继电器、时间继电器等的检查

柜内的各中间继电器、时间继电器等，应定期检查其动作是否准确、可靠，接插是否牢固，接线螺钉是否拧紧等。

5. 过、欠电压继电器及其他保护器件的检查

过、欠电压继电器应定期检查动作值是否正确（可在车下专用检测台上检查）。

各保护器件应定期检查其保护作用的可靠性。如有动作不良者应及时更换。

八、元件明细表

表 5-4　元件明细

代号	名称	规格型号	数量
1Q	自动空气开关	C45N2/2P，6 A	1
2Q	自动空气开关	C45N－4/3P，40 A	1
3Q、4Q	自动空气开关	C45N－4/3P，10 A	2
FR1	热继电器	3U59－63F，4～6 A，AC220 V	1
FR4、FR5	热继电器	3U59F－63F，3.2～5 A，ACZ20 V	2
FOV、FLV	过、欠电压保护器	SRF－K2－NA，AC220 V	1
SA1、SA2、SA3	转换开关	LW12（按接通表定货）	各 1
KT1、KT2	时间继电器	ST3PA－A，15～180 s，AC220 V	2
KT3	时间继电器	ST3PF（T1），0. 1～1s，AC220 V	1
KA1、KA2、KA5、KA8	中间继电器	HH54P，AC220 V	4
KA3、KA4、KA7	中间继电器	155－93U2－00，AC220 V	3
KM1、KM2、KM3	交流接触器	3TB4217，AC220 V	3
KM4	交流接触器	3TB4317，AC220 V	1
KM8、KM9	交流接触器	3TB4417，AC220 V	2
KM6、KM7	交流接触器	42BE35A，AC220 V	2
H1、H2	计时器	JSQ－4A，AC220 V	2
KL	转换继电器	G4Q212S，AC220 V	1
KL1－KL10	指示灯	AD11-25/220 V -40	10

续表

代号	名称	规格型号	数量
ATC	温控仪	E5AX-DAA，（OMRON 公司）	1
ST	温度传感器	PT100（OMRON 公司）	1
FT1、FT2	低温保护器	18 °C ± 1 °C 动作	2
FT3、FT4	温度继电器	JUCF/C，70 °C 动作	2
FUT1、FUT2	温度保护器	139 °C 熔断	2
FP1、FP2	压力继电器	（压缩机附带）	2
FA6、FA7	过流继电器	（压缩机附带）	2
1M	通风机电机	三相 380 V，1.3/1.8 kW	1
4M、5M	冷凝风机电机	三相 380 V，1.5 kW	2
6M、7M	压缩机电机	二相 380 V，5.5 kW	2
XS1	航空插头	P48j20ZY-G	1
XS2	航空插头	P48j26ZY-G	1

任务 4 25T 型客车空调电气控制系统

【活动情景】

新型 25T 型系列客车是为铁路的第五次大提速而设计制造的，列车性能有了全面的提升。其主要车型有：YW25T 新型硬卧车、RW25T 新型软卧车、RW19T 新型高级软卧车及 CA25T 新型餐车等。

【任务要求】

（1）掌握 TKDT 型兼容供电客车电气综合控制柜的结构及工作原理。

（2）掌握空调系统参数的设定方法。

（3）掌握 TKDT 型兼容供电客车电气综合控制柜的空调操作方法。

视频资源

【基本活动】

一、设备概述

TKDG 型铁路客车电气综合控制柜（以下简称综合控制柜）用于 DC600 V 供电的客车，是集电源转换控制、空调机组控制、蓄电池欠压保护、照明控制等功能单元于一体的智能型综合控制柜。综合控制柜的控制核心采用可编程控制器（以下简称 PLC），PLC 通过微型可编程终端 PT（以下简称显示触摸屏）接受各种指令并自动执行相应的操作步骤，对电气系统运行中出现的各种故障及时进行诊断、指示并保护。综合控制柜具有检测、控制、诊断保护、信息提示、联网通信功能，实现电气控制系统的综合控制，可进行车对车通信，并逐步实现车对地、地对车的计算机联网通信。产品型号主要有：TKDG-1T1-40（D）、TKDG-1T1-35（D）、TKDG-1T2-29（D）。

二、主要特点

（1）综合控制柜实现了客车电气控制系统的小型化、智能化、集成化和系统化。

（2）综合控制柜根据预设参数实现自动控制，减轻了操作人员的工作强度，避免由于人为误操作引起的事故，便于操作和维护。

（3）综合控制柜对整车电气系统参数进行实时监测，出现故障时及时进行保护动作，避免了由于保护不及时而引起的严重后果。

（4）综合控制柜可对轴温报警器、防滑器、烟火报警器、车门的状态进行监视和显示。

（5）综合控制柜充分考虑了整车各个电气功能部件的协调工作，使整个电气系统工作更加安全可靠。

（6）根据电气系统布线的有关规范和实际存在的问题，不同系统、不同电压等级、不同电流类别的导线尽量相互隔离，在结构设计上尽量减少相互间的电磁干扰。

（7）综合控制柜的控制方案以自动为主，同时考虑控制系统故障的应急措施，包括极端情况下的手动应急措施。

（8）综合控制柜主要具备六大部分功能：①电源转换控制功能；②空调机组控制功能；③蓄电池欠压保护功能；④照明供电功能；⑤轴温报警器、防滑器、烟火报警器、车门及车下电源箱状态监视功能；⑥联网通信功能。

三、技术规格

（一）结构参数

控制柜外形尺寸：2 000 mm × 1 300 mm × 350 mm（高 × 宽 × 厚）

上柜外形尺寸：850 mm × 1 300 mm × 350 mm（高 × 宽 × 厚）

下柜外形尺寸：1 150 mm × 1 300 mm × 350 mm（高 × 宽 × 厚）

（二）主要技术参数及功能

1. 综合控制柜控制单元组成

其由 PLC 主机单元（CPM2A-CPU61）、12/8 点的 I/O 扩展模块（CPM1A-20EDR1）、信息显示触摸屏（NT31-ST122-EV2）组成。

1）PLC 功能

PLC 是可编程逻辑控制器的缩写，对整个电气系统进行自动控制，实时监测电气系统运行过程中的参数并进行分析，对出现故障自动处理，通过显示触摸屏实现人机对话，响应显示触摸屏输入的命令、参数，将故障信息、运行记录通过显示触摸屏显示等。

模拟量输入点：17 点（0 ~ 10 V）

温度输入点：1 点（PT100）

开关量输入点：24 点（直流 24 V，8 mA）

开关量输出点：24 点（继电器输出）

输出端最大开关能力：2 A，AC250 V（$\cos\phi = 1$）；2 A，DC24 V

输出端最小开关能力：10 mA，DC5 V

2）显示触摸屏功能

显示触摸屏是一种微型可编程终端，采用全中文液晶显示触摸屏（带背光），具有字符类型和图像类型显示，由通信接口和 PLC 的外设接口进行通信。其主要功能是现场参数设定，电源转换、空调机组等功能单元运行工况的人为控制，运行工况参数的显示，各功能单元的运行状态实时显示及故障现象实时报告。

字符、图像类型显示：20 × 15 个汉字

液晶显示器规格：320 × 240 点

有效显示面积：122 × 92 mm^2

2. 交、直流电源规格

1）主电路电源

主电路由两路电源母线其中一路提供电源，向逆变器、充电器、客室电热等供电，并由逆变器Ⅰ、逆变器Ⅱ变换成 AC380 V/50 Hz，向车内空调、伴热等交流负载供电。

直流主电源：DC600 V

额定工作电压：DC600 V

电压波动范围：DC500 ~ DC660 V

交流主电源：AC380 V

额定工作电压：三相交流 380 V

电压波动范围：三相交流 323 ~ 437 V

额定工作频率：50 Hz ± 1 Hz

2）蓄电池

DC110 V 电源全列贯通，各车厢蓄电池及充电器通过逆流二极管与 DC110 V 干线并联。

蓄电池在充电机停止或故障时，向本车照明、水位显示、车下电源箱控制、温水箱开水炉控制等负载供电。

电池欠压保护动作值：DC91 V ± 1 V；恢复值：DC97 V ± 1 V

3）直流控制电源

应急灯、轴温报警器、防滑器、PLC 等重要负载由列车 DC110 V 母线供电；照明、车下电源箱、温水箱、开水炉、水位显示等负载的控制电源由本车 DC110 V 电源提供；控制柜内的 DC110 V/DC24 V 电源模块将 DC110 V 电源转换成 DC24 V 电源向 PLC、显示触摸屏、网关、安全用电记录仪供电；转换成 DC12 V 向传感器供电；DC110 V/DC48 V 电源将 DC110 V 转换成 DC48 V 电源向尾灯、电话插座供电。

4）直流电器控制电路

额定工作电压：DC110 V

电压波动范围：DC88 ~ 121 V

5）PLC、触摸屏电路

额定工作电压：DC24 V

电压波动范围：DC20.4 ~ 26.4 V

信号采集电路（传感器）

额定工作电压：DC12 V

电压波动范围：DC11.4 ~ 12.6 V

输出电压范围：DC0 ~ 10 V；0 ~ 5 V

6）PLC、触摸屏及传感器供电电源

额定输入电压：DC110 V

输入电压波动范围：DC77 ~ 135 V

额定输出电压：DC24 V ×（ ± 5%）

DC12 V（ ± 5%）

额定输出电流：DC24 V 不小于 3 A；DC12 V 不小于 1 A

电压调整率：不大于 1%

电流调整率：不大于 1%

输出电压纹波峰-谷值（*VP-P*）：不大于 1.0 V

变换效率：大于 80%

7）尾灯、电话插座供电电源

额定输入电压：DC110 V

输入电压波动范围：DC77 ~ 135 V

额定输出电压：DC48 V（ ± 5%）；

额定输出电流：不小于 1 A

电压调整率：不大于 1%

电流调整率：不大于 1%

输出电压纹波峰-谷值（*VP-P*）：不大于 1.0 V

变换效率：大于 80%

3. WG 型网关规格

WG 型网关用于铁路客车 TKDT 或 TKDG 型配电柜。其中包括 PLC 网关、轴温报警器网关、防滑器网关、烟火报警器网关等。这些网关一方面通过各种通信接口实现 PLC 到安全记录仪之间、轴温报警器到 PLC 之间、防滑器到 PLC 之间、烟火报警器到 PLC 之间的数据传递，另一方面通过 Lonworks 接口及列车总线实现车辆间的信息和命令传递。

额定输入电压：DC24 V

输入电压波动范围：DC20 ~ 27 V

外形尺寸：160 mm × 90 mm × 42 mm

安装尺寸：145 mm × 63 mm

安装螺丝：M4

4. DL-Ⅱ代理节点

代理节点是连接列车网和车辆网的桥梁，有两个独立的 Lonworks 通信接口。上行

Lonworks 通信接口负责列车级网络通信，接收列车主机的信息，并将信息转发给下行 Lonworks 通信模块。下行 Lonworks 通信接口负责车辆级网络通信，转发集中控制命令，接收车辆级各应用节点传输的参数、工作状态等信息。

额定输入电压：DC24 V

输入电压波动范围：DC20 ~ 27 V

外形尺寸：160 mm × 90 mm × 56 mm

安装尺寸：145 mm × 63 mm

安装螺丝：M4

（三）环境条件

（1）工作环境温度：0 ~ +50 °C。

（2）存储温度：−25 ~ +75 °C。

（3）相对湿度：最湿月月平均最大相对湿度不大于 90%（该月月平均最低温度为 25 °C）。

（4）海拔高度：≤2 500 m。

（5）振动：相对于客车的垂向、横向和纵向存在着频率 f 为 1 ~ 50 Hz 的正弦振动，其振动加速度在频率 f 为 1 ~ 10 Hz 时等于 0.1 g（g 为重力加速度，可以简化为 10 m/s^2 计算），当频率 f 为 10 ~ 50 Hz 时等于 1g。因机车连挂时的冲击，沿机车纵向激起的加速度不大于 3 g。

四、空调系统控制功能

空调机组控制功能通过转换开关 SA2 分为“自动”“试验暖”“试验冷”位。

（1）正常情况下，转换开关 SA2 置于“自动”位。

① 电源供电开始后，PLC 控制空调机组自动进入“自动”运行，PLC 根据当前逆变器状态以及车厢里温度传感器检出值与预先在管理界面（图 5-30）设定的“制冷”“制暖”温度设定值进行比较后，进行空调机组的“自动”运转，空调机组有六种工况“弱风”“强风”“半冷”“半暖”“全冷”“全暖”。“制冷”温度设定值为空调机组根据车内温度从“半冷”工况转入“强风”工况时的临界温度（预设为 24 °C）；“制暖”温度设定值为空调机组根据车内温度从“弱风”工况转入“制暖”工况时的临界温度（预设为 18 °C）。

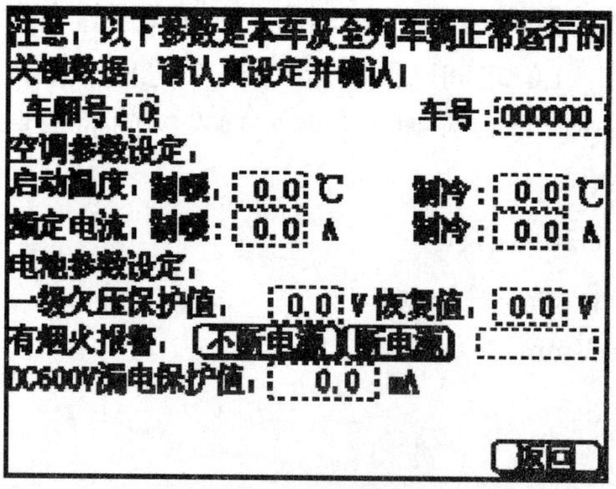

图 5-30　管理界面

② 可以根据显示触摸屏上的菜单和提示，选择“强风”“半冷”“全冷”“弱风”“半暖”

“全暖”等运行方式，此时空调机组不受温度控制，（空调机组长时间运行于此控制方式下，会发生机组内部保护故障，故建议在实际使用时谨慎使用此控制方式，若使用，则必须在有操作人员监视的情况下使用。）按下“全自动”触摸开关可以返回受温度控制“自动”状态，按下“停止”触摸开关，空调停止运行。

③ 制冷时，强风机发生故障，对应冷凝风机、压缩机停止工作；冷凝风机发生故障时，对应压缩机停止工作；制暖时，弱风机发生故障，对应空气预热器停止工作。

④ 在“半冷”工况下，压缩机运行时发生故障，有故障的压缩机将停止运行，并自动切换到另一组压缩机启动运行；在“全冷”工况下，运行发生故障，有故障的压缩机停止运行，保持无故障压缩机继续运行。在“半暖”工况下，预热器运行时发生故障，有故障的预热器将停止运行，并自动切换到另一组预热器启动运行；在“全暖”工况下，PLC 根据电流检测判断预热器运行发生故障，有故障的预热器停止运行，保持无故障预热器继续运行。

⑤ 空调机组有故障时，通过按下显示触摸屏上的“停空调”停止空调运行，故障排除后，再按下“启空调”空调机组重新运行后，通过 PLC 检测后可以重新启动空调机组。

⑥ 故障排除后也可以通过转换开关由“停止”位转换到“自动”位，空调机组自动转换到“自动”运行状态，通过 PLC 检测后，空调机组恢复运行。

（2）当空调在“自动”位运行时，PLC 根据逆变器输出电压和逆变器自身给出的信号判断其工作状态。如果 PLC 根据输出电压判断逆变器发生故障，相应风机、压缩机或预热器停止工作，相应故障指示灯亮，触摸屏显示相应信息。（建议用户将供电和空调转换开关拨到“自动”位运行。）两台逆变器相互热备，当其中一台逆变器自身检测出有故障时（此时逆变器给 PLC 一个故障信号），另一台逆变器负责本车供电，这时逆变器给出减载信号，硬座及餐车控制柜减载信号传给 PLC，PLC 检测到逆变器给出半载信号时，空调自动减载运行，触摸屏显示相应信息。当逆变器故障恢复减载信号消失后空调自动恢复原工况运行。硬卧和软卧车控制柜不将逆变器减载信号送给 PLC。

（3）试验时，可将转换开关置于“试验冷”或“试验暖”，人为选择制冷工况，启动强风、冷凝风机或制暖工况启动弱风。此时 PLC 只能对空调机组进行监测，不进行保护动作。

（4）机组主回路中接有电流传感器，显示触摸屏上可以显示空调机组的运行工况、压缩机或空气预热器运行状况、累计运行时间及电流值，可以显示“制冷”“制暖”设定温度值。当机组出现过载、过流故障时，显示触摸屏显示故障提示状态，空调故障灯亮，可以按下“回主画面”触摸开关返回主画面。

（5）空调机组的压缩机及空气预热器按照累计时间运行，半冷或半暖时累计时间少的机组启动运行，运行 2 h 后自动转换到另一机组交替运行。累计运行时间多的机组达到 9 997 h 后，同一空调两台机组运行时间同时减去一定时间，保证两台机组累计时间差不变。

五、空调人工转换、操作

在“画面选择”画面，按下“空调信息”触摸开关，进入“空调系统信息”画面，如图 5-31 所示。

人工强制选择空调工况，可以按下“空调控制”触摸开关，调出“空调控制”，如图 5-32 所示。“空调控制”设有十个触摸键：强风、弱风、半冷、半暖、全冷、全暖、全自动、电热

1、电热 2、停空调、停电热。这些触摸开关的含义如下：

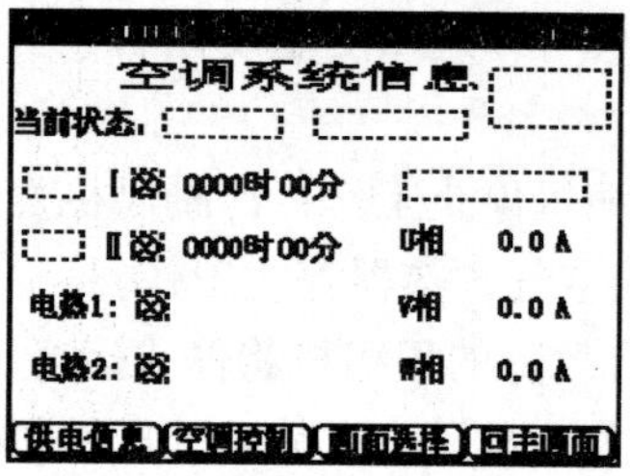

图 5-31　IT1（卧车）电气综合控制柜空调系统信息画面

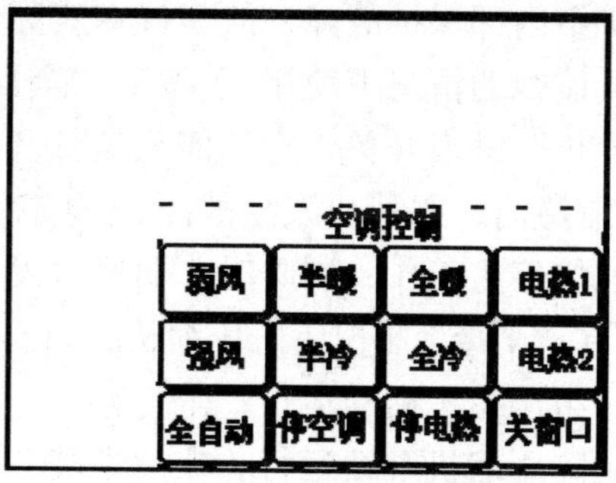

图 5-32　空调控制画面

“强风”“弱风”“半冷”“半暖”“全冷”“全暖”是人工强制空调机组转换到所选择的工况运行，直到选择其他工况、停空调或全自动，此时空调机组处于不受温度控制的状态。（空调机组长时间运行于此控制方式下，会发生机组内部保护故障，故建议在实际使用时谨慎使用此控制方式，若使用，则必须在有操作人员监视的情况下使用。）

“停空调”是停止空调运行。

“全自动”是控制空调机组由不受温度控制的状态转换到受温度控制的自动运行状态。此时客室电热与空气预热器联动。

“电热 1”“电热 2”是启动客室电热器，“停电热”是关闭客室电热器。

当通过触摸屏“空调控制”控制空调的状态时，空调状态字符串显示“空调手动”

为保证空调动作的安全、准确，在通过触摸屏启动制冷或制暖时，请先点击“停空调”“停电热”，待空调电热完全停止后，再选择所要求的空调工况。若无特殊原因建议空调在“全自动”状态下运行。

项目小结

本项目旨在使学员了解常见的低压电器及其使用方法，理解常见电气控制线路的工作原理，为后续学习 25G 型与 25T 型空调控制系统打下基础。本项目要求学员重点掌握 25G 型空调客车的控制柜的组成及工作原理，能够正确使用和维护空调控制柜。对于 25T 型空调客车，由于其与客车电气相关课程有所重复则重点讲解了综合控制柜的参数及综合控制柜空调部分的使用，要求学员学会使用 25T 型综合控制柜对空调进行控制。

思考练习

1. 接触器与继电器的使用场合有什么不同？交流接触器与直流接触器的区别是什么？
2. 简述双金属片式热继电器的工作原理，并说明热继电器的作用。
3. KCL40 型空调机组有哪些电气负载？各负载由哪些开关电器控制？
4. 简述 KLC40 型空调机组全冷手动控制位的开机操作及电气动作过程。
5. KLC40 型空调机组的电气控制柜有哪些主要功能？
6. 如何设定 25T 型客车空调机组工作参数？

项目6　动车组空调系统整体认知

项目描述

随着我国高速铁路的发展,高速动车组已成为我国21世纪人们出行和旅游选择乘坐的首要交通工具。同时，随着铁路高速客运网的建成，动车组将成为经济发达地区与人口稠密地区的主要交通运输工具。为了满足广大旅客的需要，动车组把车辆客室内的空气调节作为改善乘车环境的主要手段。从技术角度来看，动车组空调技术是动车组引进的十大配套技术之一，是现代轨道交通车辆先进技术的重要体现。

学习目标

1. 了解动车组空调系统的功能与组成。
2. 了解动车组空调系统的类型与特点。
3. 了解动车组对车内空气参数的要求及参数的标准。
4. 理解空调与制冷的概念。
5. 理解空气调节的基本原理。

能力目标

1. 能在现场对动车组空调进行认识和操作（以CRH2型动车组为主）。
2. 能在现场对CRH2型动车组空调机组进行检测与清洁操作。
3. 了解不同类型动车组的空调安装布局及结构特点。
4. 能在现场观察动车组空调系统的工作情况。

任务1　动车组空调系统基本概念

【基本活动】

一、高速动车组对空气参数的要求

视频资源

动车组空调系统（也称动车组环境控制系统）的主要作用是在任何气

候和行驶条件下，通过强迫通风、人工制冷和采暖等方法，调节车内的温度、湿度、气流速度等，从而为旅客提供舒适的车内环境。

（一）影响车内旅客舒适度的空气参数

对于空调客车，要求车内条件既卫生又舒适，以保证旅客的身体健康，减少其在旅途中的疲劳。

在正常的气象条件下，健康的人只要能够使身体内所产生的热量与散发到外界的热量保持平衡，就会感到舒适。

一般情况下，人体产生的热量主要靠皮肤和呼吸器官散发到周围空气中去，这种散发热量的方式有辐射、蒸发、对流和传导。而周围空气的温度、相对湿度、流动速度则是影响这几种散热效果的主要因素。

空气中的氧气是人们生存所必需的。在客车内，由于人的呼吸，$C0_2$ 含量将增加，当其增加到一定浓度后会影响人的健康。此外，车内还可能产生其他有害气体，使车内空气变得污浊。相对于车内空气而言，车外空气是新鲜的。因此，必须不断更换车内的空气，使车内空气保持一定的新鲜程度。当然，外界空气中也有灰尘和其他有害气体，这就要求对吸入的外界空气进行净化。

同时，对列车运行及空气调节系统工作所产生的噪声也应尽可能地降低或消除。

根据人们的生活实践和人体卫生的要求以及车内的特点，可以得出影响车内人体卫生和舒适度的主要因素有：车内空气的温度、相对湿度、流动速度、洁净度和车内壁面的表面温度。

（二）我国空调客车车内空气参数标准

本书以夏季为例对我国空调客车车内空气参数标准进行介绍。

1. 温度

卫生学家进行的试验表明，我国人民对高温的适应性一般以 28 ~ 29 °C 为感觉舒适与感觉不舒适的分界点，这也是人体生理活动由正常到开始恶化的分界点。因此，可以把 28 ~ 29 °C 作为我国夏季空调客车车内空气参数调节的基础。

在夏季，调节车内空气温度时，对车内外温差也有一定的限制。尤其在我国南方的许多地区，车外气温经常很高，这时，过大的车内外温差将使人很不适应。因此，车内空气的温度建议按下述关系进行调节：设 t_H 为车外空气温度，t_B 为车内空气温度，则

$$t_B = 20+0.5\ (t_H - 20)\ (°C)$$

在夏季调节车内温度时，还要考虑到车型、用途和定员。如对一般的座车，因定员多，对车内温度标准就不能要求过高，否则会给制冷、供电设备的选择带来困难。然而对某些专用车、公务车、卧车，适当提高车内温度标准是允许的，也是必要的。

2. 相对湿度

在夏季，人体周围的相对湿度较大，将影响人体的蒸发散热，使人们感到闷热。卫生学的观点认为：当人体周围空气温度在 26.7 °C 以下时，湿度对人体的影响不甚明显；但是，当温度在 28 °C 以上时，空气的相对湿度对人的影响就较为明显了。一般来说，使人感到不舒适的相对湿度的极限值近似为 70%。考虑到以上因素，车内相对湿度最大允许值可取 70%，

一般应在 45% ~ 65%。

3. 空气流速

车内空气流速的增大可以加速人体表面的对流散热，尤其是在人体周围空气的温度和相对湿度都较高的情况下，增大空气流速会促进人体表面汗液的蒸发，从而增强散热效果，给旅客造成一种舒适的感觉。通过试验，夏季人体对空气流速感觉的极限速度为 0.15 ~ 0.25 m/s。

4. CO_2 含量

客车车内按照 CO_2 含量不超过一定限度的要求，每人必须有 20 ~ 25 m^3/h 的新鲜空气量。

5. 含尘量

车内空气的含尘量应不大于 1 mg/m^3。

我国空调客车车内空气参数参考值如表 6-1 所示，其中涉及空气品质的指标为含尘量、CO_2 含量及新鲜空气量。

表 6-1 我国空调客车车内空气参数参考值

空气参数	参考值	
	夏季	冬季
温度范围/°C	24 ~ 28	18 ~ 20
相对湿度/%	≤70	≥30
空气流速/(m/s)	≤0.25	≤0.20
新鲜空气量/[m^3/(h · 人)]	20 ~ 25	15 ~ 20
客室空气中含尘量/（mg/m^3）	≤1	≤1
客室空气中 CO_2 容积浓度/%	≤0.15	≤0.15

世界上不少国家根据各自的气候特点及生活习惯对车内空气参数都有自己的规定。表 6-2 列出了一些国家规定的车内空气参数。

表 6-2 部分国家的车内空气参数

参数	美国		俄罗斯	日本	瑞士	德国	英国	法国
外气温度/°C	正常外气	特殊情况	27 ~ 35	33	30	—	—	−10 ~ +30
车内温度/°C	22 ~ 24	21.1 ~ 26.7	24 ~ 28	28	26	20 ~ 23	21 ~ 24.5	—
车内相对湿度	30% ~ 70%		35% ~ 65%	—	—	—	—	—
车内空气流速/(m/s)	0.127 ~ 0.38		≤0.25	—	—	—	—	—

（三）车内空气品质控制

车内空气中存在大量的低浓度污染物，除含尘量及CO_2外，比较常见的严重影响空气品质的因素如下：

1. 一氧化碳（CO）

CO为燃烧产物，车内CO主要来源于吸烟、餐车内燃料燃烧及车外污染物。

2. 空气微生物

列车中空气中细菌来源于乘客人体、卫生间等。此外，在空调机组蒸发器周围形成的高湿度条件下容易繁殖大量的细菌。

3. 甲醛

甲醛为挥发性有机物，对人体有害。它来源于列车内各种建筑装饰材料，如胶合板、保温填料、海绵、各种塑料贴面、织物等。

4. 臭气

臭气包括体臭、烟臭、食品腐坏时产生的臭气、卫生间以及空调机组蒸发器处高温环境繁殖细菌时产生的臭气等。

5. 负氧离子

负氧离子是空气中一种带负电荷的空气微粒，对人体的生命活动有重要影响。负氧离子浓度越高，空气越好，负氧离子浓度达到一定程度可起到保健、治疗疾病、抑制空气中细菌产生的功效。

解决空调客车车内空气品质方面的问题是一个十分复杂而长期的任务，我国主要从以下几个方面对其加强控制，取得了一定的效果。

1）制定车内空气标准

空气参数标准的制定取决于对空气品质问题的认识程度，认识程度越深，控制的空气参数就越多，标准就越高。

2）应用负氧离子发生器

国内外广泛的研究已证实：负氧离子对人体的生命活动有重要影响，对人体有保健和辅助治疗作用。海滨、瀑布、森林或雷电后的空气特别清新，就是由于这些环境中拥有相当丰富的负氧离子。此外，负氧离子对空气中的灰尘、各种气体污染物及臭气等有很好的吸附作用，有一定的杀菌作用，负氧离子达到一定的浓度可抑制细菌的生长。大量的负氧离子可由负氧离子发生器产生，一般是利用电晕发电法使空气离子化。通过在空调机组送风口或客室内设置负氧离子发生器可提高车厢内空气品质。

3）加强新风效应

新鲜空气对人类总是有利的，对空气品质要求越高，新风量就越大。但新风量越大，消耗的能量就越多。受空调机组制冷能力的限制，增加新风量会使客室温度提高，造成热舒适方面的问题。目前，主要是突破新风“量”的约束而考虑新风的“质”，从单独设置新风入口、选择适当的送风口位置以及减少新风污染等方面来加强新风效应。

二、动车组空调系统的组成

动车组空调系统的任务是将一定量的车外新鲜空气和车内再循环空气混合后，经过过滤、冷却（或加热）、减湿（或加湿）等处理，以一定的流速送入车内，并将车内一定量的污浊空气排出车外，以实现对车厢内空气环境的控制。

为完成上述任务，动车组空调系统通常由通风系统、空气冷却系统、空气加热系统、气加湿系统以及自动控卸系统五大部分组成。

通风系统的作用是将车外新鲜空气吸入并与车内再循环空气混合，在滤清尘和杂质后，再压送分配到车内，同时排出车内多余的污浊空气，以保证车内空气的洁净度以及合理的流动速度和气流组织。通风系统通常由通风机组、空气过滤器、新风口、送风道、回风口、回风道以及排废气口等组成。

空气冷却系统（也称制冷系统）的作用是在夏季对进入车内的空气进行降温、减湿处理，使夏季车内空气的温度与相对湿度维持在规定的范围内。为保证制冷系统安全、有效地工作，制冷系统除了有压缩机、蒸发器、冷凝器、节流装置等四大件外，还配有储液器、干燥过滤器、气液分离器等辅助设备。

夏季，通风机将吸入的车内外的混合空气经蒸发器冷却后送入车内，以达到降温的目的。由于蒸发器表面的温度通常低于空气的露点温度，空气中的部分水蒸气就凝结成水滴。因此，空气在通过蒸发器冷却的同时也得到了减湿处理。

空气加热系统的作用是在冬季对进入车内的空气进行预热和对车内的空气进行加热，以保证冬季车内空气的温度在规定的范围内。空气加热系统通常由空气预热器和地面空气加热器组成。

冬季，通风机将吸入的车内外的混合空气经过空气预热器的预热后送入车内，同时，车内地面式加热器对车内空气加热，以补偿车体和门窗的热损失。

空气加湿系统的作用是在冬季车内空气相对湿度较低时对空气加湿，以保证冬季车内空气的相对湿度在规定的范围内。目前，我国在一般车辆的空调装置中不设加湿系统，仅在某些有特殊要求的车辆上才设此系统。最简单的加湿方法是采用电极加湿器。

自动控制系统的作用是控制各系统按给定的方案协调地工作，以使室内的空气参数保持在规定的范围内，同时对空调装置起自动保护作用。电气控制系统一般由各用电设备的控制电器、保护元件以及仪表等组成。

三、动车组空调系统的类型

（一）按空调装置的供电方式分

客车空调按空调装置的供电方式可分为本车供电式和集中供电式。

本车供电是指空调装置由本车车轴发电机组或单车柴油机组供电。

集中供电是指全列车空调装置由列车中编挂的发电车集中供电或由地面电站通过接触电网或第三轨集中供电。由地面电站供电的通常是电气化铁路运行区段的列车或电动车组。集中供电式更符合铁路发展的要求，我国 4 种型式动车组空调装置都是集中供电式。

（二）按空调装置的安装方式分

1. 分装式

分装式空调装置是每节客车上只安装一套空调装置，且将制冷压缩机、冷凝器、冷凝风扇、储液器集中装在一个箱中，并悬挂在车底架下，而将蒸发器、通风机、膨胀阀、空气预热器等安装在车顶内部，用铜管将制冷系统的各设备连接起来，组成封闭的循环系统。送风道布置在车内顶棚中央，其上均匀地设置送风口。电气控制柜安装在乘务员室内。分装式空调装置多采用开启式压缩机或半封闭式压缩机。从德国进口的 MABⅡ型空调装置和我国过去生产的 25.5 m 的空调硬座车的空调装置均属于此种形式，动车组空调也采用分装式空调。图 6-1 所示为分装式空调系统原理图。

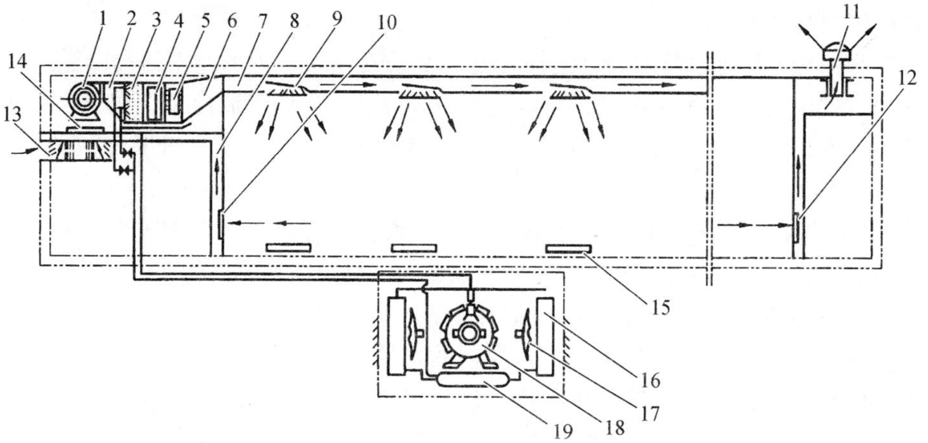

图 6-1　分装式客车空调系统原理图

1—通风机；2—渐扩风道；3—蒸发器；4—水分离器；5—电预热器；6—渐缩风道；7—主风道；8—回风道；9—送风口；10—回风口；11—排风扇；12—排风口；13—进风口；14—滤尘器；15—补偿电热器；16—冷凝器；17—冷凝风扇；18—压缩机；19—储液器

这种形式使车辆重心降低，但因体积大，拆装困难和检修不方便，而且制冷管路长，接头多，容易产生泄漏。

2. 单元式

单元式空调机组是将压缩机、冷凝器、节流装置、蒸发器、通风机、冷凝风机以及空气预热器等安装在一个箱内，组成一个完整的单元后安装在车顶。根据车型不同，每辆车上可安装一台或两台单元式空调机组。送风道布置在车内顶棚的中央或两侧，电气控制柜也安装在乘务员室内。单元式空调机组多采用全封闭式压缩机。由于这种形式结构紧凑，制冷量大，质量轻，管路短而不易泄漏，不占用车下空间，我国 1981 年后生产的空调客车均采用此种形式，但这种形式提高了车辆重心。

目前 25 型客车所用单元式空调机组主要有两种形式：KLD29 型和 KLD40 型，其制冷量在设计条件下分别为 29.07 kW 和 40.7 kW。另外，还有专门为发电车、行李车等配备的制冷量为 4.7 kW 和 3.5 kW 的单元式机组。CRH5 型动车组空调为单元式空调机组。

单元式空调机组的底边有圆弧底的和平底的，进风方向有前出风和下出风两种形式。图 6-2 和图 6-3 所示分别为 40.7 kW 平底前出风和 29.07 kW 圆弧底下出风的单元式空调机组的结构图。

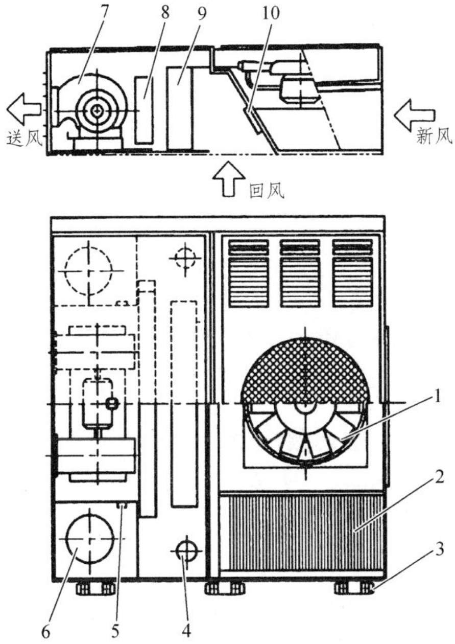

图 6-2　40.7 kW 平底前出风单元式机组结构图

1—冷凝风扇；2—冷凝器；3—安装座；4—气液分离器；5—压力控制器；6—压缩机；7—通风机；8—蒸发器；9—电预热器；10—新风过滤器

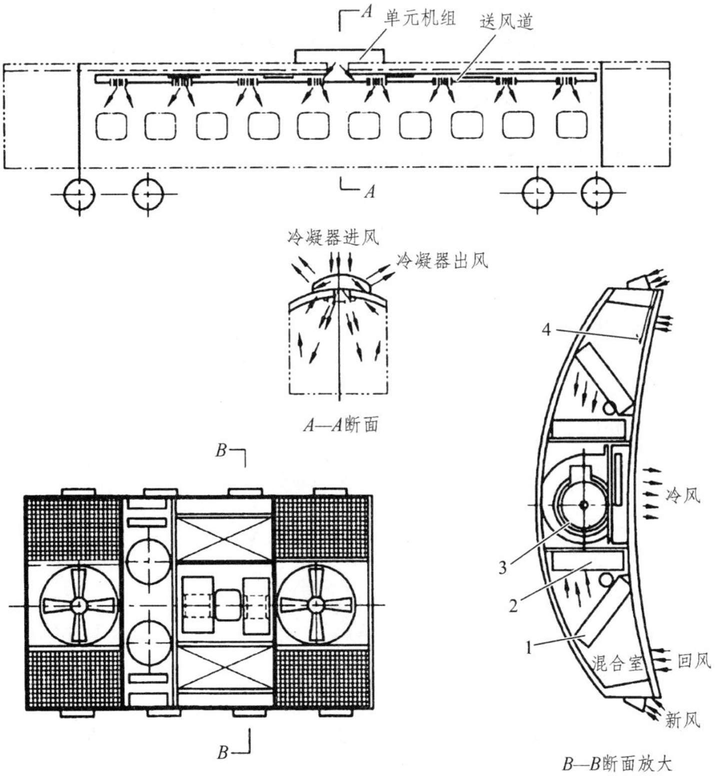

图 6-3　29.07 kW 圆弧底下出风单元式空调机组结构图

1—蒸发器；2—电预热器；3—通风机；4—温度传感器

四、动车组空调系统的特点

（一）高可靠性

高速动车组空调系统必须具有高可靠性，除选用可连续工作的机组或零部件外，还要考虑机组出现故障时，有备用机组可以代替其工作。

（二）高舒适性

高速动车组的车内空气参数应符合卫生、舒适的标准。车内空间应有良好的气流组织，其温度场、速度场与压力场分布合理。车厢内应设有温度控制旋钮。空调自动控制系统应能根据外气温度条件的变化自动控制空调制冷量，使车内温度保持在规定范围内。

（三）适应车内外压力波的变化

行车速度超过 200 km/h 时，车辆表面压力会依各种运行条件发生剧烈的变化。特别是当列车错车或通过隧道时，车体外表面压力变化可达 2.600 ~ 5.320 kPa。这种压力变化会给旅客造成很不舒适的感觉。

为了适应车内外压力波变化，高速动车组空调装置的进、排气口应在低压或涡流区之外，并加装间歇或连续作用式的进、排气控制阀，以便在车内外压力变化时调节进、排气口工作状态，以防止车内空气压力变化过大，保持不小于 30 Pa 的正压。同时，还可以保证新风机、排风机、冷凝风机的电机均正常工作。

（四）适应高速车辆小型轻量化要求

高速动车组为减少对线路的作用力，减少加、减速度所需的动力，应尽可能减轻自重。在选择空调机组时，应将重量作为重要指标。

（五）低噪声与振动

空调机组是客车噪声源之一，产生噪声与振动的部件主要是离心式和轴流式风机。减少叶轮直径和降低转速都可以达到降低噪声的效果。

夏季，适当提高蒸发器前后的焓降，可以减少通风量，减小风机型号。提高换热器的换热效率，减少风道长度与风道内的涡流能量损失，增大各进、出风口（或风道）面积，都可以降低噪声。

因此，在选择空调机组形式时，应考虑噪声尽可能小，有些国家的空调机组噪声值已低于 60 dB。在考虑机组安装时，应使通风阻力尽可能小。

此外，随着变压变频调速技术的出现，性能先进的涡旋式制冷压缩机已得到采用，其运动部件少，噪声小，使用寿命长。

任务 2　CRH2 型动车组空调系统概述

【基本活动】

一、总体构成

视频资源

（一）空调装置及换气装置的布置

车底安装的空调装置为每一节车厢两台，换气装置为每一节车厢一台，与设置在车体内部的风道相连接，在车厢、通路部设出风口及返回口。车内的排气则通过在车厢、通过台及驾驶室的排气口导入到车底排气风道。

3、6 号车厢内设有空气净化机。驾驶室设单独的空调装置及车内压释放阀。动车设有牵引电动机冷却用电动送风机及风道。卫生间内设置直排车外的废排通道。供热采用装入空调系统的电加热装置。

空调装置及换气装置在车底的布置及位置如图 6-4 及图 6-5 所示。

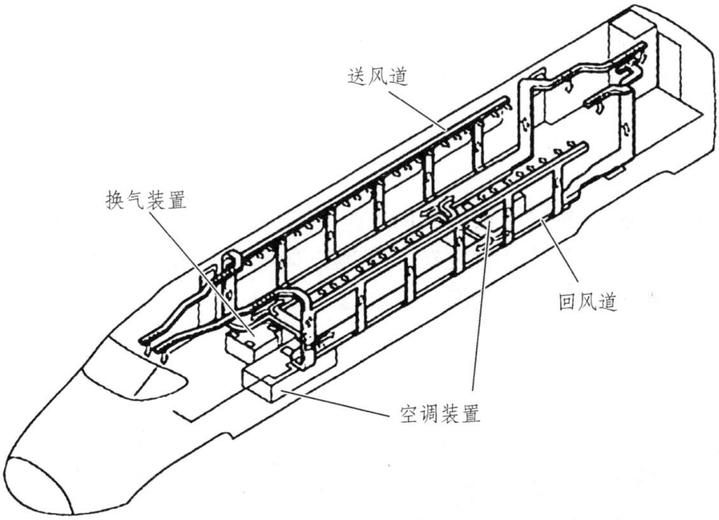

图 6-4　空调及换气装置的布置

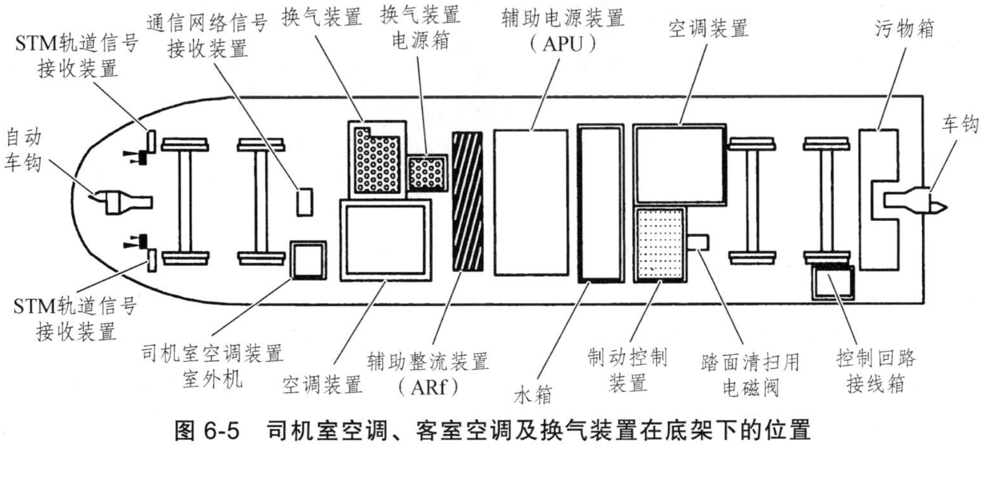

图 6-5　司机室空调、客室空调及换气装置在底架下的位置

（二）换气

为改善夏季室内空调环境，降低新鲜空气吸入温度，采用从连续换气装置的前位一侧吸入新鲜空气的方式。为避免奇数号车卫生间臭气混入新鲜空气，废除了新鲜空气进气口的下面，在新鲜空气进气口上部侧面开口并设金属网。奇数号车和偶数号车的开口面积大致相同。

车底盖板内的外部空气作为新鲜空气被吸入。为降低新鲜空气温度，新鲜空气吸入口横侧的侧裙板上设置有整流板。

对于地板中间的新鲜空气风道，为防止车厢地板下方的风道内流体激振引起的振动传递，应尽量扩大风道面积、降低风道内的流速。

另外，针对带卫生间的车厢，结构上把卫生间排气风道和新鲜空气风道一体化，通过风道内的隔板将新鲜空气和卫生间排气分开，通过分别扩大各风道的面积、降低管道阻力损失，使安装作业更为简化。

车厢排气是从坐席置脚台部分的排气口导向地板中间的返回风道。通过台的排气是通过设置在配电盘横侧等的排气口导入地板下的返回风道。地板下返回风道回风的一部分被导向车底的连续换气装置排出车外。

为确保返回风量，尽可能扩大配电盘横侧等的排气口的面积。

二、客室空调设置

（一）总体布置

客室空调系统是设置在客室地板下部的两台小型、轻量化的空调装置。空调装置的外观，如图 6-6 所示。空调装置的送风口与设在客室地板下部的送风道连通，并与顶板位置处的送风口连通；回风口与吸入车内空气的回风道连接。

图 6-6　客室空调装置外观

输送冷气时，从回风道吸入的客室内空气与从供气装置通过送风道送入的新鲜外气混合，通过设置在空调装置回风口的车厢过滤器，与室内热交换器进行热交换，冷却为冷气。

该冷气从车体两侧风道出风口吹入客室，向乘客提供冷风。输送暖气时，从回风道吸入空气时同样与新鲜外气混合，通过设置在空调装置回风口的过滤器，由电热器加热，通过与冷气相同的路径，向乘客提供暖风。

为提高可维护性和简化室内热交换器，以方便排水盘、排水泵的清洁工作，扩大了空调下部检查孔，并将检查孔盖和排水盘一体化设计，使得室内热交换器、排水盘、排水泵的清洁更加容易。另外，安装了室外过滤器以防止热交换器污损。室内外过滤器均采用无纺布材料的过滤器。其运行及功率的控制，由空调设备自备逆变器进行。

（二）基本技术规格

（1）型号：EU651（结构见图 6-7）。

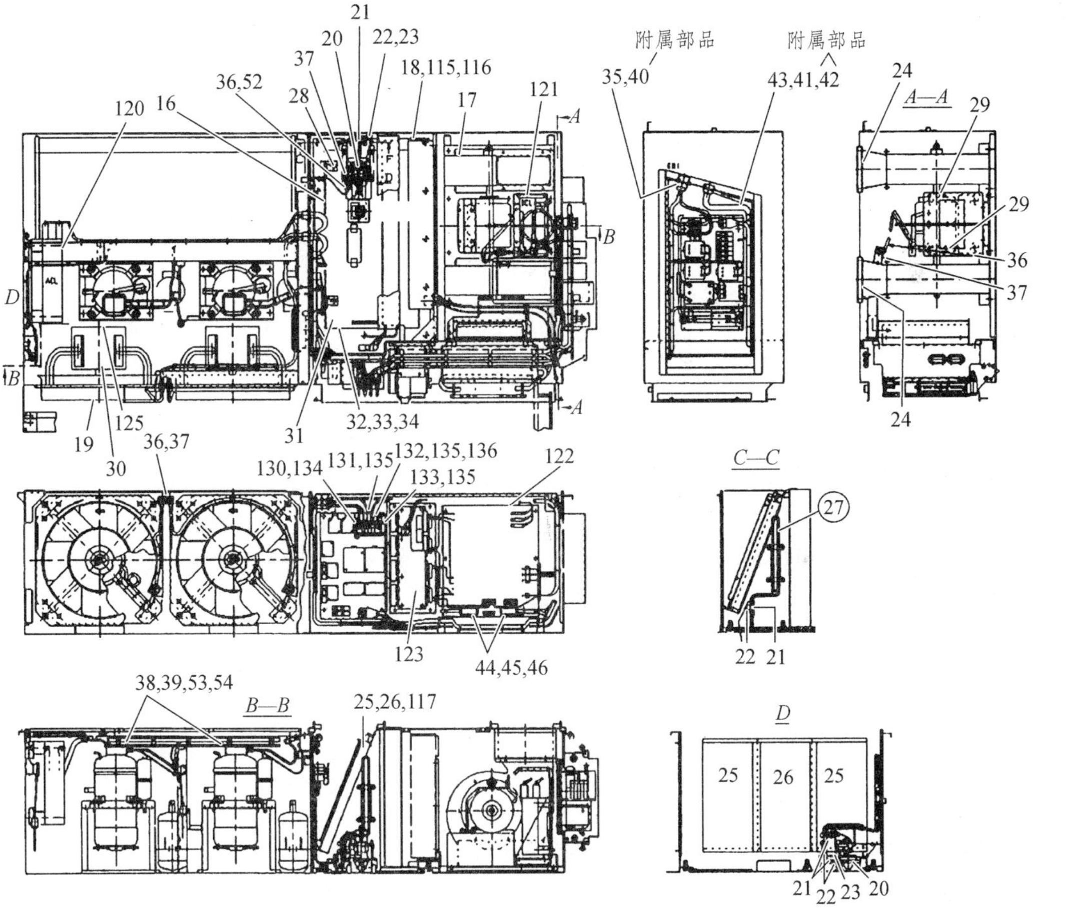

图 6-7　EU651 型空调装置结构

16—橡胶盖；17—室内送风机；18—加热器；19—室外送风机；20—排水泵；21—硅软管；22、23—软管皮带；24—密封垫；25—室内过滤器；26—室内中央过滤器；27—排水管；28—漂浮开关；29、30—轴承；31—密封垫圈；32、33、34—密封垫；35、40—配线用连接器栓托座（4 芯）；36—插头；37—插座；38—橡胶衬套；39—软管夹钳；41—配线用连接器栓托座（27 芯）；42—密封插头；43—配线用连接器栓托座；44—连接器；45—插孔触头；46—防止误插入销；52—密封插头；53—橡胶衬套；54—软管夹钳；115—室内热交换器；116—排水泵；117—回风过滤网；120—交流电抗器；121—直流电抗器；122—逆变器单元；125—轴承；130、131、132、133—连接器；134、135、136—触头

（2）安装方式：准集中式、底架下安装。

（3）电源：

主电路：单相交流，50 Hz，400 ×（1 – 37%）~ 400 ×（1+24%）V（变频器输入，电加热器输入）；

变频器 1（VVVF）输出：3 相，40 Hz/125 V ~ 70 Hz/200 V（压缩机用）；

变频器 2（CVCF）输出：3 相，60 Hz/200 V，65 Hz/215 V（送风机用）；

控制电路：单相交流，50 Hz，100 V；DC100 V。

（4）冷气控制方式：逆变器频率控制及压缩机运行台数控制。

（5）暖气控制方式：电热器多级控制。

（6）冷气能力：

① 当标准条件为以下条件时为 37.21 kW/台以上。

客室热交换器吸入空气干球温度：（28±1.0）°C；

客室热交换器吸入空气湿球温度：（23±1.0）°C；

客室外热交换器吸入空气干球温度：（33±1.5 °C。

② 当超负荷条件为以下条件时为 29.07 kW/台以上。

客室热交换器吸入空气干球温度：（35±1.0）°C；

客室热交换器吸入空气湿球温度：（28±1.0）°C；

客室外热交换器吸入空气干球温度：55 °C；

无需因冷媒压力过大的保护动作。

（7）暖气能力：24 kW/台以上。

（8）循环风量：

65 m^3/min（以 65 Hz 运行时为例）；

60 m^3/min（机外静压 490 Pa，以 60 Hz 运行时为例）。

（9）输入功率：制冷时，约 20.0 kW；制热时，约 22.0 kW。

（10）制冷剂：R22。

（11）质量：约 730 kg。

（12）喷漆颜色：

主框架、外罩：不锈钢制，无喷漆；

室内送风机：蒙赛尔色（Munsell）7 巧 BG·6/1.5；

室外送风机：黑色；

压缩机：黑色；

变频器、冷凝器：无喷漆；

接触器盘 1、2：无喷漆。

（13）其他：

① 夏季，在气温为 33 °C、湿度为 80%及 M2 车 150%乘车时（150 人乘车时），客室温度可保持在 26 °C 以下；在气温为 40 °C、湿度为 55%及 M2 车 100%乘车时（100 人乘车时），客室温度可保持在 28 °C 以下。

② 冬季，在气温为 – 15 °C 时，客室温度可保持在 20 °C 以上。

③ 对客室外热交换器设置防污损用过滤器。

④ 采用便于进行客室外热交换器的清扫和便于拆卸排水泵的结构。
⑤ 对故障的保护动作，以采用无须手动复位操作的自动复位方式为原则。

（三）空调装置本体构成

（1）电动压缩机（2台）。
形式：全封闭型涡旋压缩机（2极）；
额定功率为 3.7 kW，线圈电阻为 0.38（1±5%）Ω（20 °C）。
（2）室外电动送风机（2台）。
形式：电动机直接连接轴流型，FP5IG-01；
风量：约 150 m^3/min；
静止压力：176 Pa；
额定功率：1.5 kW；
电流：约 6.1 A；
转速：约 1 720 r/min（4极）。
（3）室内电动送风机（1台）。
形式：电动机直接连接离心型，BFD-28GTA06；
风量：约 65 m^3/min；
静止压力：784 Pa；
额定功率：1.5 kW；
电流：约 6.5 A；
转速：约 1 885 r/min（4极）。
（4）室外热交换器（1个）。
形式：交错排列，翅片管；
散热片：铝制；
冷却管：内面带沟槽的铜管。
（5）室内热交换器（1个）。
形式：交错排列，翅片管；
散热片：铝制；
冷却管：内面带沟槽的铜管；
（6）电加热器（1个）。
额定功率：24.0 kW（8/8/8 kW 3挡）；
元件：带散热片的护套型加热器。
（7）高压压力开关（2个）。
型号名称：FNS-C135Q001（自动恢复型）；
动作压力：OFF（3.04±0.05）MPa；
开闭压力差：$0.06^{+0.06}_{-0.05}$ MPa。
（8）低压压力开关（2个）。
型号名称：LCB-JB24（自动恢复型）；
接通电路：（0.03±0.03）MPa；

断开电路：（0.10±0.03） MPa。
（9）制冷剂干燥器（2个）。干燥材：分子筛。
（10）止回阀（2个）。型号名称：NRV-16S。
（11）电磁阀（2个）。型号名称：NEV-603DXF。
（12）电磁接触器（3个，即HKI、HK2、HK3）。
型号名称：SD-N35；
线圈：直流，100 V，119 Ω（20 °C）；
辅助接点构成：2a2b。
（13）电磁接触器（2个，即CFKI、CFK2）。
型号名称：SD-N12；
线圈：直流，100 V，1 359 Ω（20 °C）；
辅助接点构成：2a2b。
（14）电涌吸收器（5个，SD-N12，SN35用）。型号名称：UN-SA25。
（15）电磁接触器（3个，即CHK、CPKI、CPK2）。
型号名称：SD-N50；
线圈：直流，100 V，547 Ω（20 °C）；
辅助接点构成：2a2b。
（16）电涌吸收器（2个，SD-N50用）。型号名称：UN-SA725MH。
（17）电磁接触器（1个，即IVK）。
型号名称：SD-N95；
线圈：直流，100 V，408 Ω（20 °C）；
辅助接点构成：2a2b。
（18）电涌吸收器（1个，SD-N95用）。型号名称：UN-SA725MH。
（19）过电流继电器（2个，即CPOCRI、CPOCR2）。
型号名称：TH-N60KF；
加热器公称：42A。
（20）过电流继电器（3个，即EFTH、CFTHI、CFTH2）。
型号名称：TH-N12TP；
加热器公称：9A。
（21）空气过滤器（3个，回风用）。过滤网材料：VILEDONFS-1710（带褶加工品）。
（22）空气过滤器（3 个，室外热交换器用）。过滤网材料：VILEDONFS-1705（带褶加工品）。
（23）排水泵（1个）。
型号名称：CJV-0935A；
额定电压：AC100（1±10%）V。
（24）漂浮开关（2个，排水高度检测用）。型号名称：FSA-0801-CS3-A。
（25）配线用连接器插座（和车体侧面装配线连接用），具体参数如表6-3所示。

表 6-3　配线用连接器插座参数

型号名称	个数	用途	接点大小
GTC2A-32-M9PC	1	主电路用	#4×4 芯
JL06-2A28-M1PC	1	控制电路用	#16×27 芯

三、司机室空调装置

（一）总体布置

司机室设置了专用的空调装置，如图 6-8 所示。图 6-9 所示为其系统图。该制冷装置采用逆变器方式，作为输入电源接受 400 V 交流电，和主回路控制回路一起在装置内进行直流变换驱动。空调装置由室外机、2 台室内机、电源箱、变压器、控制面板等五个部件构成。

电源是由主变压器辅助（3 次）绕组供给的单相电（400 V/50 Hz），通过司机室的空调主断路器（CabUCN）输入用于司机室空调的变压器。用于司机室空调的变压器将输入的电压降压至单相交流 288 V、12 V，分别输出到各个逆变器，变换为直流电。具体电源种类及负荷，如表 6-4 所示。

通过控制面板的风量切换开关，可以进行三级的风量切换（High、Medium、Low），并可使用温度调节钮设定温度。对司机室空调的控制在电源箱内的控制装置中进行，是在对由热敏电阻（THFI、THF2）得到的室内机吹风口的空气温度和由控制面板提供的设定温度进行比较后实施控制。

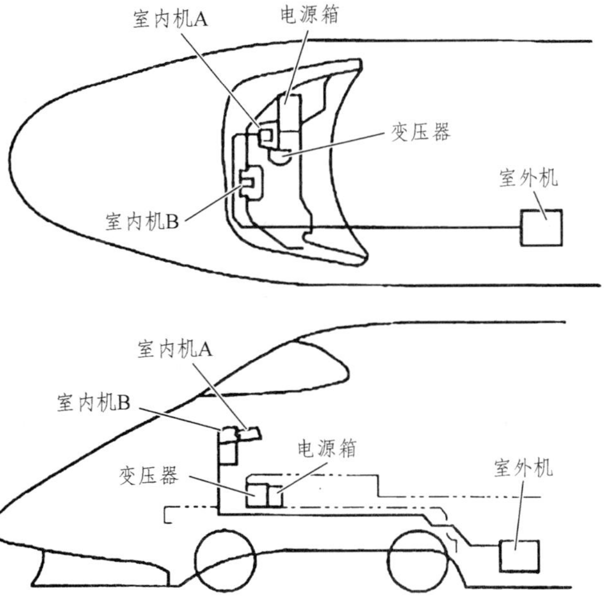

图 6-8　司机室空调装置布置

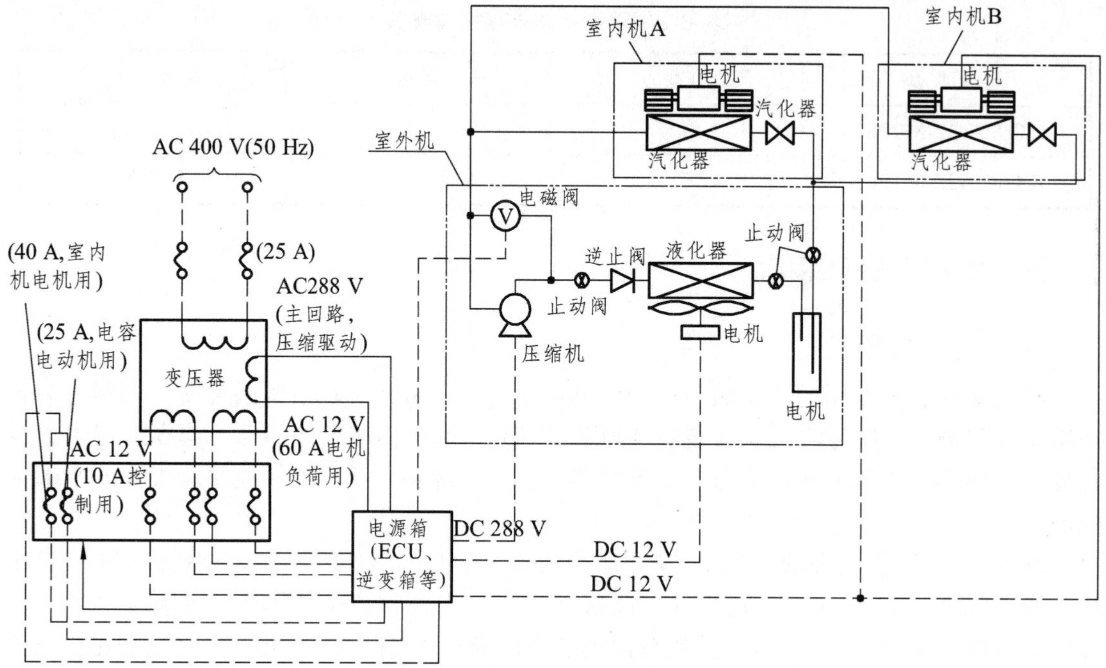

图 6-9　司机室空调装置系统图

（二）司机室空调装置规格

司机室空调装置额定规格及性能，如表 6-4 所示。

表 6-4　司机室空调装置额定规格及性能

项　目		性　能	备　注
主回路		单相 AC400V、50/60 Hz→DC288 V	压缩机驱动用
控制回路		单相 AC400 V、50/60 Hz→DC12 V	送风机、继电器驱动用
制冷	容　量	3.54 kW×2=7.08 kW	室外热交换器 吸入温度 33 °C； 室内热交换器 吸入温度 28 °C； 相对湿度 65%
	输入（逆变器部）	约 2 kW×2=约 4 kW	
尺寸	空气调节单元	长度	2 506 mm
		宽度	1 658 mm
		高度	639.5 mm
		质量	最大 480 kg
	压缩机冷凝器单元	长度	2 262 mm
		宽度	1 800 mm
		高度	620 mm
		质量	最大 610 kg

司机室空调制冷能力为 7.08 kW/台以上，制暖能力为约 2 kW/台。制冷剂为 HFC134a

（R134a），制冷时循环风量为 5.5 m^3/min 以上，暖气时循环风量为 2.0 m^3/min 以上。

夏季在气温为 33 °C、湿度为 80%时，司机室温度可保持在 26 °C 以下；冬季在气温为 – 15 °C 时，司机室温度可保持在 20 °C 以上。

（三）车内压力释放阀

为了保持车内的气密性，提高了换气装置的静压，但有时会发生车内外压差的情况，所以在驾驶室罩内气密壁上设置有车内压力释放阀，其结构如图 6-10 所示。车内压力释放阀是用圆盘状的阀来开闭的。其构造速度截止于 30km/h，在此以下就会开放车内压。该动作由汽缸驱动来完成。

四、CRH2 型动车组空调机组的特点

（1）制热量大，24 kW 的机组国内从未有过，国内现有机组最大为 9 kW。

（2）机外静压大（666 Pa），国内机组一般为 180 ~ 280 Pa，原因主要在于时速 200 km/h 动车组通风系统复杂，风道内阻力大。

（3）总风量相对较小，机组制冷量为 37.21 kW，风量为 3 600 m^3/h，而国内机组为 29 kW 时，风量最少也有 4 500 m^3/h。

（4）在列车空调上第一次使用变频控制技术。

（5）机组内空调冷水采用排水泵排出。

（6）主电路输入：单相交流，50 Hz，400 ×（1 – 37%）V ~ 400 ×（1+24%）V。国内车为三相交流 380 V。

项目实施

【实施条件】

实施地点与要求：拥有 CRH2 型动车组的实训场地或动车组运用所，设备完好。

实施时间：最好在气温合适的季节或动车运用所库内进行二级检修的时段。

教学组织：学生分成学习小组，5、6 人一组，每小组一节车厢；由指导老师进行讲解与现场示范，学生分组进行操作。

安全要求：学生佩戴安全帽、手套等防护用品，确认接触网断电、受电弓已降、止轮器已设并设置安全完好时才能作业。

【实施步骤】

一、空调机组检测与清洁

1. 作业准备

维修周期：4 月—10 月，30 000 km/30 天；11 月—次年 3 月，30 天。

修程：二级修。

车号：1、2、3、4、5、6、7、0。

作业人员：机械师两名。
作业时间：30 min/辆。
供电条件：无电，外接电源。
作业工具：基本工具、棘轮扳手、扭矩扳手、毛刷、高压清洗装置。

2. 注意事项

禁止触摸发热部件。

3. 参考资料

《时速200公里动车组使用维护说明书》。

4. 作业程序

（1）拆卸下空调装置对应部位的裙板和底板（图 6-10），并对裙板和底板进行清理；确认进、出风口格栅无松动、损坏。

图 6-10　裙板与底板

（2）确认空调装置箱体外观及安装状态良好，悬挂件状态良好，固定螺栓防松标记清晰、无松动，各柜门安装状态良好。

（3）拆卸下空调装置冷凝器和蒸发器过滤网（图 6-11），并进行清理，如有破损或变形时进行更换。

图 6-11　冷凝器和蒸发器过滤网

（4）打开蒸发器托水板排水，再打开托水板，并清理下底板。

（5）检查空调装置冷凝器和蒸发器有无脏堵，有积污时进行清理。确认管路无泄漏。

（6）静态检查空调装置冷凝器风机（图 6-12）状态，是否转动平稳、无异音；表面如有积尘时进行清理；确认各固定螺栓防松标记清晰、无松动。

（7）打开接触器盒，检查各部连接线外观状态是否良好，接触器箱内各配件安装是否牢固，接线端子有无变色。

图 6-12　冷凝器风机

（8）安装各部滤网、空调托水板、接触器盒柜门，并确认状态良好，螺栓扭力符合要求。

（9）安装对应位置处裙板和底板，并确认其安装状态。

（10）做好外接电源供电准备，连接外接电源线。

（11）在本车服务配电盘合上空调装置空气开关。

（12）在车体两侧对空调装置进行状态试验，确认设备工作正常，转动部件无异常振动，送风量符合要求。

（13）检查车上空调出风口处的温度传感器，打开外罩清理灰尘，确认探头安装牢固。

（14）工作 10 min 后，通过空调控制器检查压缩机工作电流是否与工况图吻合。

二、司机室空调装置检查

1. 作业准备

维修周期：4 月—10 月，30 000 km/30 天；11 月—次年 3 月，30 天。

修程：二级修。

车号：1、0。

作业人员：机械师两名。

作业时间：30 min/辆。

供电条件：无电，升弓供电。

作业工具：基本工具、棘轮扳手、扭矩扳手、毛刷、高压清洗装置。

2. 注意事项

禁止触摸发热部件。

3. 参考资料

《时速 200 公里动车组使用维护说明书》第 8 章。

4. 作业程序

（1）打开驾驶室空调装置室外底板，并对其灰尘进行清理。

（2）检查空调装置室外机外观及安装状态是否良好，确认固定螺栓防松标记清晰、无松动。

（3）检查管路有无泄漏，配线有无破损。

（4）检查冷凝器有无脏堵，如有，则对其进行清理或用中性洗涤剂清洗。

（5）手动转动冷凝风扇，确认转动平稳、无异音。

（6）检查室内机外观及安装状态是否良好，排水管路是否畅通。

（7）确认配线管路无松动、碰磨，端子无变色。

（8）通电后，确认设备工作正常，风机转动无异音，送风状态良好。

三、空调系统整体结构认知

1. 司机室空调布局

（1）观察司机室专用的空调装置的布置。

（2）观察司机室空调装置室内布局（图 6-13）。

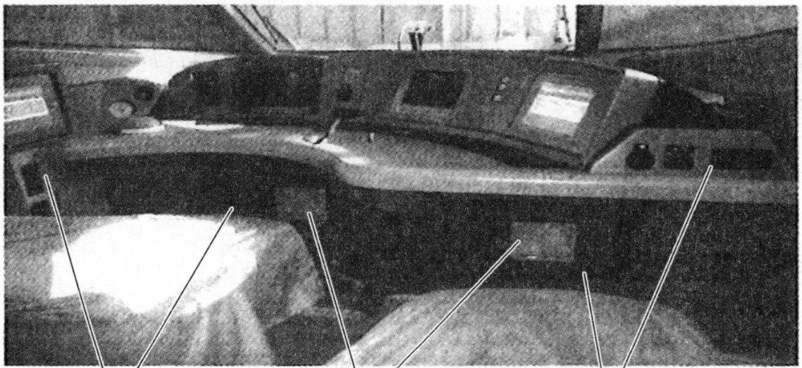

图 6-13　司机室空调装置室内布局

（3）观察司机室空调控制面板布局（见图 6-14）。

风量转换开关可以在强（压缩机转速 6 000 r/min，功率 7.1 kW，风量 10 m^3/min）、中（压缩机转速 4 000 r/min，功率 6 kW，风量 8.8 m^3/min）、弱（压缩机转速 2 500 r/min、功率 5 kW，风量 7.4 m^3/min）之间转换。

要求：能在现场指出司机室空调的组成部件安装位置，室内冷、暖出风口位置，说明部件名称、风量转换及冷暖调节方法。

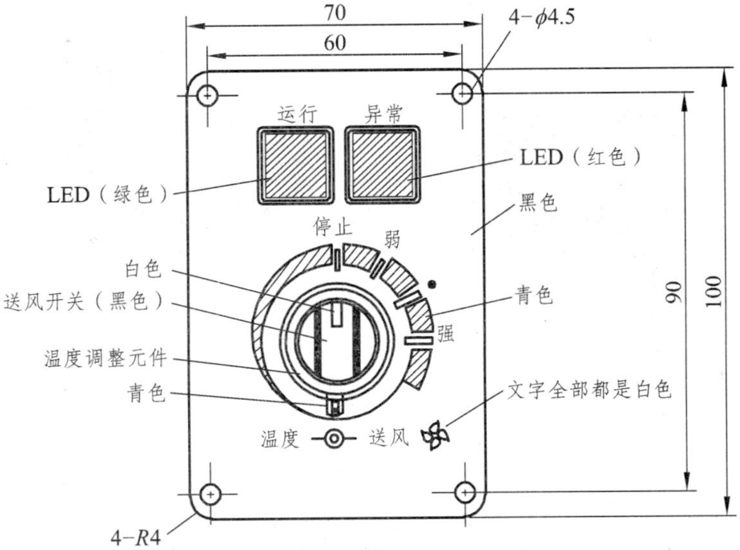

图 6-14　司机室空调控制面板布局

2. 客室空调布局

（1）观察客室空调装置及换气装置在车底的布置（图 6-4、图 6-5 及图 6-15）。

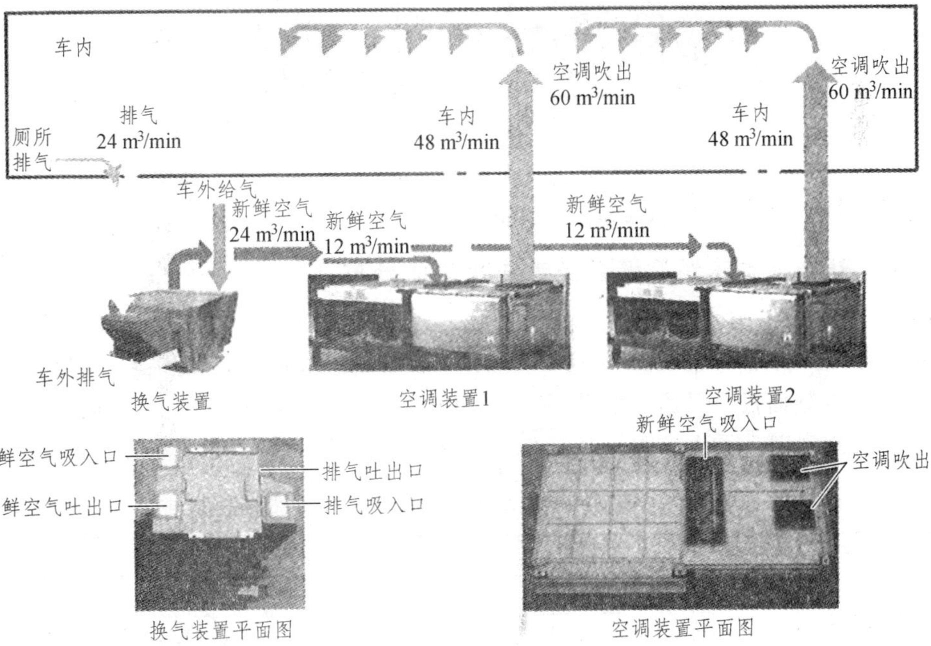

图 6-15　客室空调装置及换气装置在车底布置

（2）观察空调装置外形及结构（图 6-16 及图 6-17）。

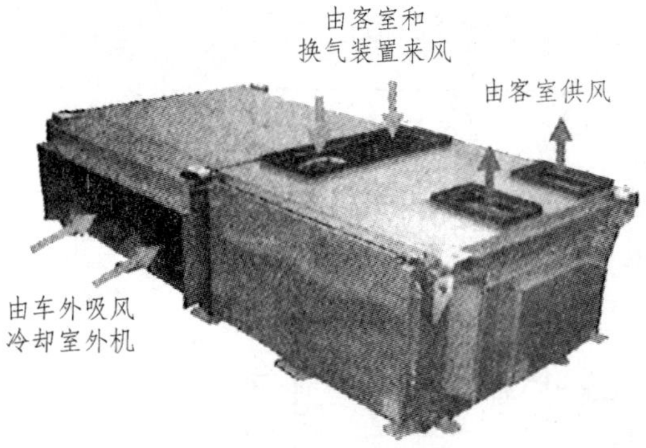

图 6-16　空调装置外形图

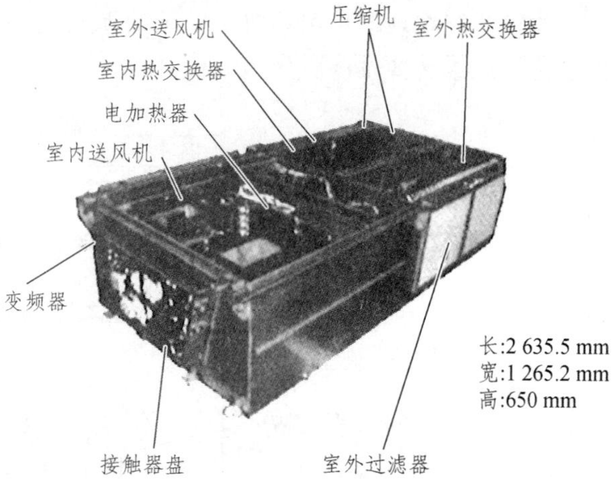

图 6-17　空调装置结构图

（3）观察换气装置结构（图 6-18）。

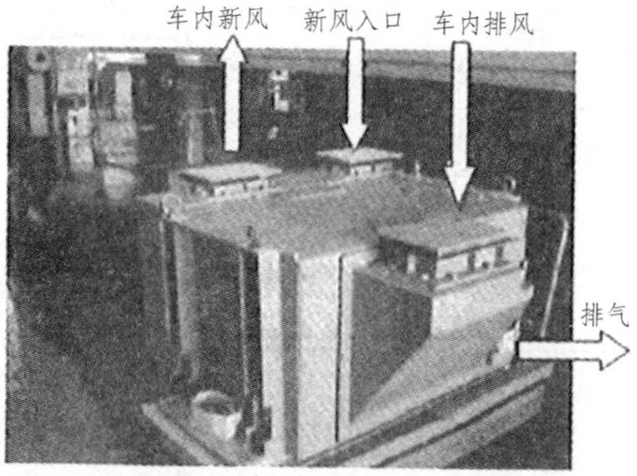

图 6-18　换气装置结构

四、CRH3 型动车组空调系统概述

（一）CRH3 型动车组空调系统组成及部件分布

CRH3 型动车组客室空调系统采用的是车顶单元式空调机组，其主要由 HVAC（HeatingVentilationandAirConditioning）单元包、混合箱、门廊风扇加热器、温度传感器、压力波传感器、控制面板、风道、电动阀门的变压器、压力波保护新鲜空气格栅等组成，各组成部件及单元在每节车厢上的数量及分布，如表 6-5 所示。司机室空调系统采用的是分体式。

表 6-5　CRH3 型动车组空调系统组成及部件分布

零　件	CRH3 车厢类型							
	头车	中　间						尾车
	EC 01	TC 02	IC 03	BC 04	FC 05	IC 06	TC 07	EC 08
HVAC 单元包	1	1	1	1	1	1	1	1
混合箱	2	2	2	2	2	2	2	2
排气单位	1	1	1	1	1	1	1	1

续表

零　件	CRH3 车厢类型							
	头车	中　间						尾车
	EC 01	TC 02	IC 03	BC 04	FC 05	IC 06	TC 07	EC 08
紧急反用换流器	1	1	1	1	1	1	1	1
门廊风扇加热器	4	4	4	4	4	4	4	4
控制面板	1	1	1	1	1	1	1	1
温度传感器	8	8	8	8	8	8	8	8
压力波传感器	2	—	—	—	—	—	—	2
压力波保护新鲜空气格栅	2	2	2	2	2	2	2	2
供风道组成	1	1	1	1	1	1	1	1
回风道组成	1	1	1	1	1	1	1	1
电动阀门的变压器	1	1	1	1	1	1	1	1

CRH3 型动车组包括 5 种不同的车，即端车（头车和尾车）、变压器车、中间变流器车、便餐车和一等车，其定义如表 6-6 所示。

表 6-6　CRH3 型动车组 5 种不同车型的定义

代号	定义
EC01/08	端车 01/08
TC02/07	变压器车 02/07
IC03/06	中间变流器车 03/06
BC04	便餐车 04
PC05	一等车 05

CRH3 型动车组空调系统各部件在车上分布，如图 6-19 所示。

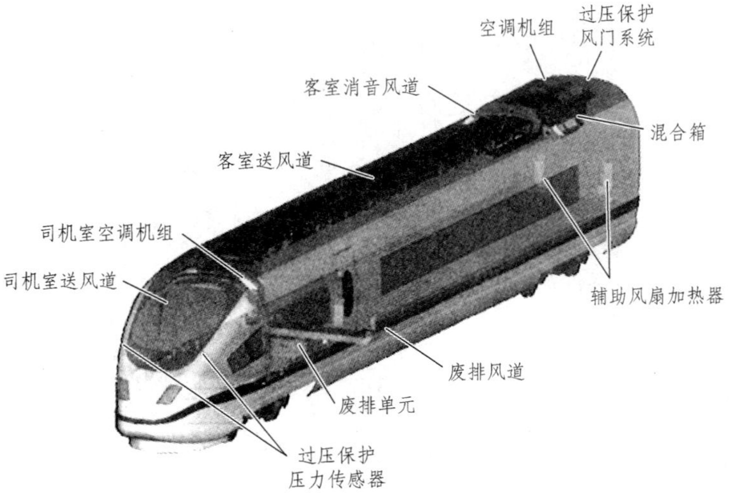

图 6-19　CRH3 型动车组空调系统各部件分布

（二）客室空调系统

1. 功能

CRH3 型动车组客室空调系统采用的是车顶单元式空调机组，在车体两侧各有一个新鲜空气格栅，在新鲜空气格栅和 HVAC 单元侧面之间有两个空气混合箱。新鲜空气经过外部两个新鲜空气格栅进入空气混合箱，回风主要通过位于空调机组后部的走廊天花板的空气格栅进入空气混合箱，回风和新鲜空气在两个混合箱中混合。混合空气由两边进入 HVAC 单元，在内部通过蒸发器盘管和电加热器处理，制冷剂气体膨胀制冷或经过电阻式加热器加热。处理后的空气再经过供气管系统进入旅客车厢，通过底框的排气装置排出和通过排风管系统连接到旅客车厢，使车厢内降温或升温。为保持温度，在车厢的门廊还设有风扇加热器，为这些区域供暖。

系统调节由位于门廊电柜的电子控制器执行。控制器读取新鲜空气、回风、补给空气和旅客车厢的温度传感器值，决定不同部件的运行。

此外，系统装备有两个压力波传感器，安置在尾车的车身壁两边，每一列车共安置 4 个传感器。传感器激活关闭/打开排气装置和新鲜空气格栅的阻尼器的信号，目的是进入隧道时保护旅客，防止压力波动。

客室单元式空调机组安装位置如图 6-20 所示。空调机组外形如图 6-21 所示，在车顶上安装位置如图 6-22 所示。

图 6-20　客室单元式空调机组安装位置

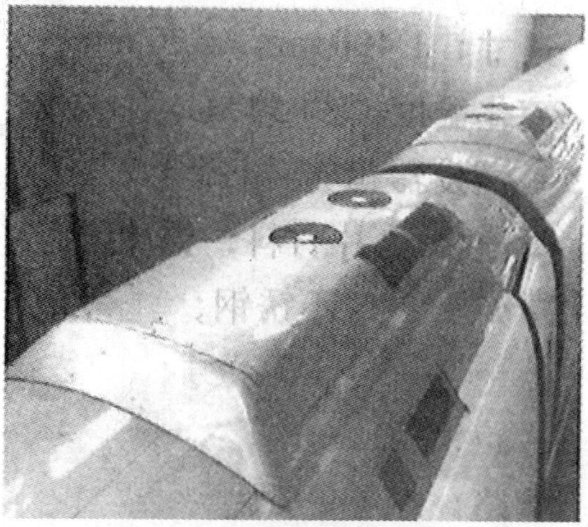

图 6-21　单元式空调机组外形

图 6-22　单元式空调机组在车顶安装位置

2. 空调机组主要组成部件

（1）电动压缩机（2 台）。

形式：全封闭型涡旋压缩机；

型号：ZR16M3E-TWD（Copeland）；

额定功率：22 kW。

（2）冷凝风机/电机（2 台）。

风机形式：多叶片型轴流风机；

型号：IZL-35°（Multiwing）；

转速：1 140 r/min；

流量：7 500 m^3/h；

电机形式：密封型；

供电电压：440 V，60 Hz。

（3）蒸发器风机/电机（2 台）。

风机形式：单进风离心风机；

叶片形式：前倾弯曲叶片式；

转速：1 680 r/min；

风量：2 250 m/h；

电机形式：密封型；

功率：1.3/0.65 kW；

电压：440 V，三相；

频率：60 Hz；

绝缘级别：F 级；

保护等级：IP54。

（4）冷凝器（2 个）。

管道/换热片材料：铜铝涂层；

管/肋片材料：铜/镀铝；

框架：不锈钢；

肋片（间隔）：2.8 mm；
管：直径 3/8 英寸（1 英寸 = 2.54 cm）；
尺寸：1400 mm × 600 mm；
液化温度：约 54 °C。
（5）蒸发器盘管（1 个）。
管道/换热片材料：铜/铝涂层；
机架材料：不锈钢；
管道：直径 1/2 英寸；
片距：2.3 mm；
管路：2 路交叉式；
蒸发温度：2.5 °C。
（6）电加热器（2 组）。
形式：不锈钢外壳。
机架材料：不锈钢。
电压：440 V/60 Hz，三相。
容量：35 kW。
保护等级：
一级 ——1 个温度控制器 90 °C 动作，自动复位；
二级 ——2 个温度控制器 165 °C 动作，手动复位。
（7）高压压力开关（2 个）。
（8）低压压力开关（2 个）。
（9）干燥过滤器（2 个）。
框架类型：实心焊接；
材料：硅胶/活性氧化铝；
适应能力：32.5 kW；
液体温度： – 40 ~ +70 °C。
（10）热力膨胀阀（2 个）。
类型：外部补偿焊接合；
连接：5/8″-7/8″焊接；
制冷剂：R134a；
容量：25 kW；
最高温度：100 °C。
3.主要技术参数
（1）制冷能力：44 kW。
（2）加热能力：35 kW。
（3）总空气流量：制冷时 4 500 m^3/h；
加热时 2 500 m^3/h。
（4）新鲜空气流量（冷却）：1 600 m^3/h。
（5）回风空气流量（冷却）：2 880 m^3/h。

（6）制冷剂：R-134a，充注量 5.5 kg/制冷系统。

（7）交流电源：440 V，60 Hz，三相。

（8）直流电源：DC110 V（DC77 ~ 135 V）。

（三）司机室空调系统

CRH3 型动车组司机室空调系统采用的是分体式空调机组。为降低重心、节省顶部空间及降低车内噪声，空调机组的空气处理单元安装在车内顶部，而压缩冷凝单元安装在车底，之间用管路连接，如图 6-23 所示。司机室空调采用全封闭活塞式制冷压缩机。

司机室空调采用不锈钢蒸发器机架和碳钢冷凝器机架，空调机组的控制开关板装在压缩冷凝箱上，其中还包括断路器继电器和接触器。蒸发器箱如图 6-24 所示，压缩冷凝器箱如图 6-25 所示。

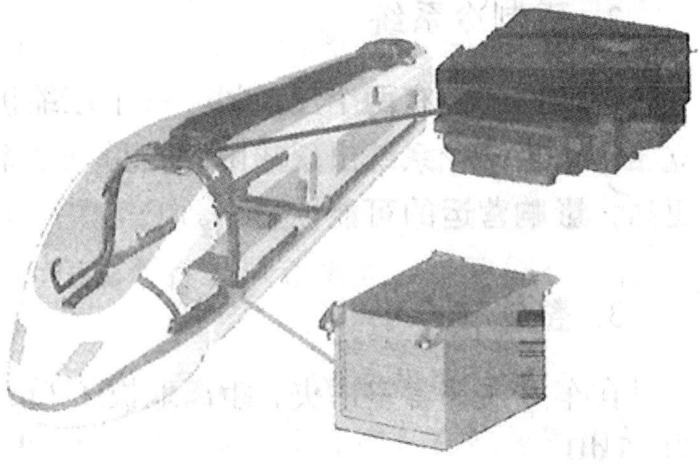

图 6-23　司机室空调系统

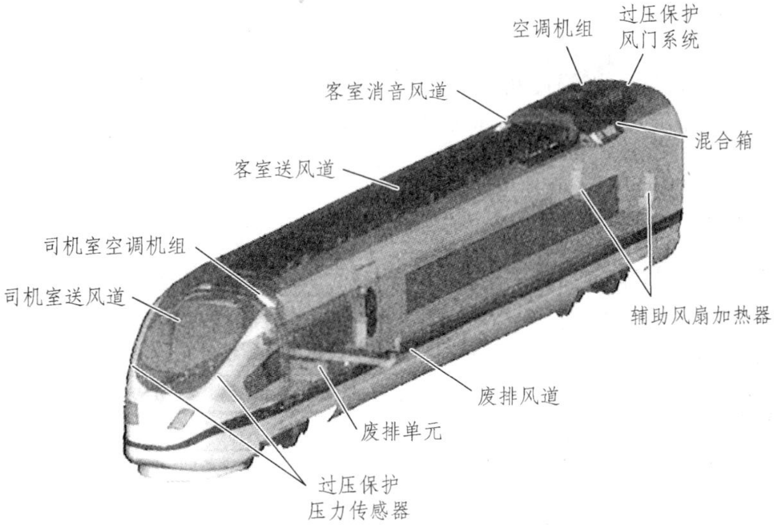

图 6-24　蒸发器箱

图 6-25　压缩冷凝器箱

五、CRH5 型动车组空调系统概述

CRH5 型动车组空调系统为单元式空调系统，包含客室单元、司机室单元、废排风箱、温度传感器、压力保护系统、紧急逆变器等。

CRH5 型动车组空调系统具有制冷、制热、通风、预冷、预热和应急通风的功能。CRH5 型动车组空调系统在额定工况下的制冷量为 40 kW（外界为 40 °C 时，车内达到 27 °C，相对湿度 50%）；制热量为 29 kW（外界为 – 25 °C 时，车内达到 24 °C。制冷剂为 R134a。在 CRH5 型动车组中，客室和司机室的供暖均采用电热空气预热加侧墙电加热辅助供热的形式。

（一）CRH5 型动车组空调系统特点

1. 新风量可调

空调机组新风量根据外界温度可以动态调整。一般情况下，当外界温度为 – 5 ~ 26 °C 时，每人的新风量为 20 m^3/h，其他状态下的动态调整是通过软件自动实现的，它可以在保证乘客舒适性的前提下，最大限度地降低能耗，降低空调的负荷。

2. 双制冷系统

空调内部装有两个压缩机，每个压缩机都由必要的元器件和铜管构成一个回路并可以独立工作。当一个系统出现故障时，另一个系统还可以继续工作。双制冷系统使得空调可靠性更高，影响营运的可能性更小。

3. 整体噪声小

在车厢内部客室中央，距离地板 1.2 m 处噪声为 55 dB；在通过台距离地板 1.6 m 处噪声为 65 dB。

在车厢外部，距离车辆中心轴 7.5 m，轨道上方 1.2 ~ 3.5 m 处噪声等级为：所有辅助设备运行时为 65 dB；空调机组全冷运行时为 64 dB，车内条件稳定且空调机组处于运行状态时为 60 dB。

4. 具有防止车内压力波动的功能

当通过隧道或两车交会时，强烈的压力变化会使乘客感到非常不适。为避免这种现象，空调机组设有全自动压力波动保护装置。

5. 更多的安全保护

为了保障冬季电加热的正常运行，除了电加热本身带有两级保护外，在通风机的出风口还设有压力传感器和出风温度传感器，用于监控通风机和电加热器的运行状态。

另外，制冷回路内设有压力传感器，时刻监视压缩机的运行状态，任何压缩机的异常都会得到反映，以防止压缩机的损坏。

6. 先进的控制系统和网络通信功能

采用 MVBClass2 与车辆网络进行通信，可进行大批量的上行和下行数据交换，使司机能够及时了解所有空调机组的运行状态，或直接控制空调机组的运行。

此外，通过网络控制，车厢与车厢之间的空调系统会定时交换运作信息以互相调节运行状态，使各车厢的温度均衡。同时，在一个车厢内的空调部件出现故障的情况下，该空调系统可自动接收邻近车厢的运行状态和负载等信息来作为依据继续运行，使空调机组不至于停机，从而最大限度地保障了车辆的正常运行。

7. 采用先进的涡旋压缩机和环保型制冷剂

涡旋压缩机具有更高的可靠性，因其运动部件少，在抗振动和噪声方面尤为突出。此外，空调机组采用环保型制冷剂。

（二）司机室空调系统

1. 总体布置

司机室空调系统受客车空调系统的控制器控制。该系统通过进气格栅吸入外部的空气并通过安装在司机室天花板上的格栅使空气进行再循环。空气在系统内经过过滤、加热或冷却后，通过风道被吹入司机室。空气通过两个喷口吹入两侧窗户和风挡下面。部分气流可以送向地板。地板每个喷口的气流可单独进行控制。为保证各种情况下新鲜空气的量，送风道安装了鼓风机。司机室内增加的空气量通过后墙上的电子柜流向通过台。司机室有轻微的过压，通过控制开关，司机可以选择空调风扇的四种风速。在第五挡上风速最大，也可能只进行通风冷却。

司机室空调预热器安装在空调机组内部，两侧墙上安装有 1 500 W 电热器，并且，在司机室台内侧装有两个 370 W 的小型电热器。电热器的供电是 230 V 交流电，在电热器内部安装了一个+70 °C 的恒温器。电热器罩的表面温度不会超过+60 °C。驾驶台下的踏脚处有表面温度较低的（大约+30 °C）电热器，一个安装在侧板的后面，一个在踏脚板下面。

通过空气分配可保证司机室内的温度平均分配。当列车时速为 200 km/h 或环境温度为 36 °C 时，内墙板的温度不会比司机室的温度低 5 °C 以上。

2. 主要技术参数

制冷能力：4 kW；

供电电压：AC380 V，50 Hz；

制冷介质：R134a；

总风量：（480±90）m^3/h；

最大新风量：（180±15）m^3/h。

（三）客室空调系统

客室空调系统采用车顶单元式空调机组，其制冷剂为 R134a。客室、通过台和卫生间的空调系统有两个独立单元，包括安装在各车厢内的空气处理单元和各车厢车顶的两个压缩机组件。送风风道和回风风道也布置在车顶，处理的空气通过装在行李架后面的纵向风道传遍车体，并通过行李架下部设置的部件分散至客车分隔间。排气口位于车辆最后端，废气由卫生间和电器柜排出。

客室空调设备是互为备份的，由两套独立的冷却回路构成，以确保设备发生第一次故障时还能保持 50%正常运转。

空调出现故障时，可实现自然通风，使客车分隔间内的空气质量得以改善。该系统还配有一个压力自动保护系统，当外界压力波动超过允许值时，自动关闭出入的气体滑片，使乘客在列车通过隧道或两车交会时免受压力冲击。系统还可通过关闭空调系统的新风口和排风口，保证动车组外部压力波不在车内传播。司机可手动操作司机台上的按钮控制风口。

客室供暖采用电热空气预热与侧墙电加热辅助供热相结合的形式。客室电热空气预热器安装在空调机组内部，每车两组，制热能力分别为 9.7 kW 和 19.3 kW，总制热能力为 29 kW。

两组辅助加热器在车体内侧的两侧侧墙下，每组辅助加热器的制热能力为 6 kW。此外，在通过台两侧装有两组辅助加热器，功率分别为 800 W 和 400 W，每个卫生间安装有 400 W 辅助加热器一台。空气预热器产生的暖气通过与冷却输送相同的通道送入室内，电加热器产生的热量通过热对流的方式散发到室内空气中。

CRH5 型动车组客室空调系统技术参数，如表 6-7 所示。

表 6-7 客室空调机组技术参数

制冷量		42 kW
供电电压		AC380 V，50 Hz
总风量		4 400 m^3/h
新风量		900 ~ 1 800 m^3/h
耗电量		5 kV · A
制冷剂		R134a
车内参数	温度	夏季 27 °C，冬季 24 °C
	相对湿度	车外 50%
	空气含尘量	0.5 mg/m^3
	应急时新风量	10 m^3/ (h · 人)

六、CRH1 型动车组空调系统

（一）系统概述

CRH1 型动车组每辆车都设置有一个单独的空气调节系统，包括一个安装在车顶上的空气调节单元和一个安装在车体底架上的压缩机冷凝器单元。空气调节单元为双向气流型，通过法兰盘上的螺栓固定在车体顶中央位置，如图 6-26 所示。其结构如图 6-27 所示。压缩机冷凝器单元位于车体底架的中央位置，如图 6-28 所示，其结构如图 6-29 所示。空气调节单元下方、底架和车顶组成之间的制冷管（三管路系统）位于车体侧墙内，管路通过法兰盘和垫片进行连接和密封。

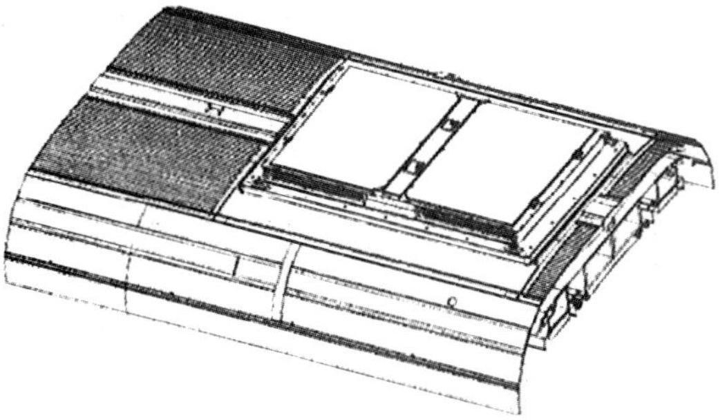

图 6-26　空气调节单元的布置

图 6-27　空气调节单元结构

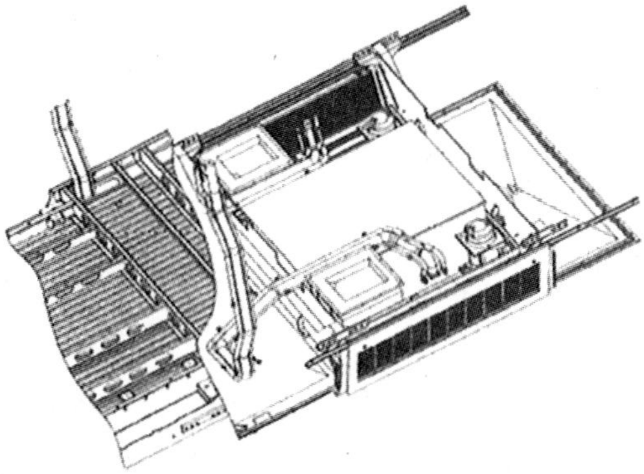

图 6-28　压缩机冷凝器单元的布置

图 6-29　压缩机冷凝器单元结构

压缩机冷凝器单元包括压缩机、冷凝器等。空气调节单元包括电加热器、蒸发器等。空调系统中有两条独立的制冷剂循环路径，使用 R407c 制冷剂。空气调节单元在进风口和回风口处通过密封垫圈连接到车体管路系统上。

空气调节系统向位于车顶和顶板（顶板带有散流板）之间的风道系统提供经过处理的空气，向客室提供适宜的温度和湿度。在司机室车顶上装有一个单独的紧凑型空气调节单元。

每辆车有两个废排单元，分别位于每辆车的两个端部的车顶和顶板之间，如图 6-30 所示。

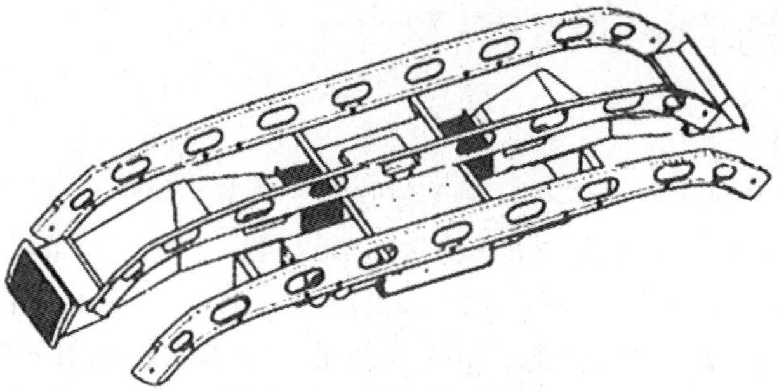

图 6-30　废排单元布置

客室空气调节装置由数字控制器 FPC24 和 DIO8 模块控制。DIO8 模块和其他的电气件如接触器、继电器、断路器等一同安装在控制面板上。控制面板位于车内，通过 WAGO 端子板与列车电缆连接。数字控制器 FPC24 用于控制客室空气调节单元，如图 6-31 所示。

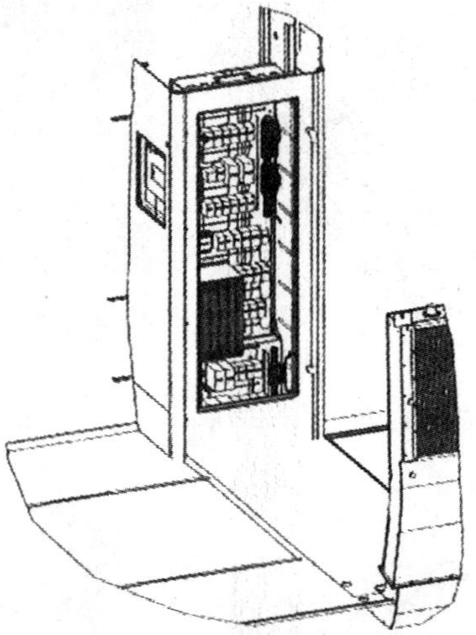

图 6-31　控制面板的位置

（二）客室空调系统

1. 总体布置

客室空气调节系统是分体式空调系统，空气调节单元安装在车顶板中央位置，而压缩机冷凝器单元安装在车体底架中部的设备仓内，如图 6-32 所示。客室空气调节系统运行所需的电气和电子部件，例如，接触器、继电器、紧急逆变器和控制模块安装在车内通过台的一个配电柜中。

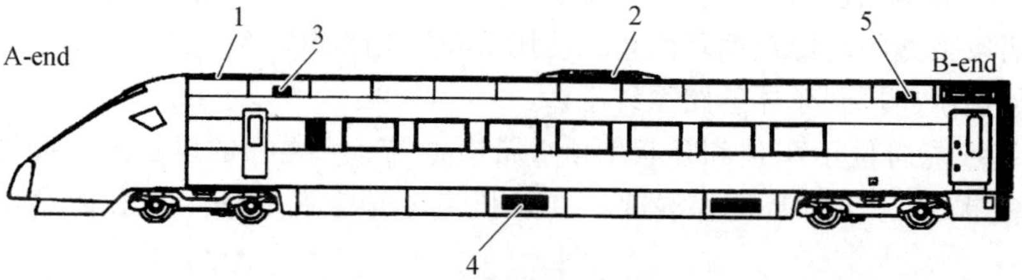

图 6-32　部件在车内的安装

1—司机室单元式机组；2—客室空气处理单元；3、5—废排格栅；4—压缩机冷凝器单元

安装在车端部的两个废排单元用于提供新风和排出废气，以及用于新风的紧急通风。通过废排单元中废排气流的调整以及空气调节单元中新风气流的调整，可确保车内空气压力在正常范围内。

空气调节单元将空调空气（包括新风和回风）吹到单元的两端。送风通过风道系统送到整个车辆的各个部分。风道系统包括一个三角形主风道和一个二级风道，分别如图 6-33 和图 6-34 所示。

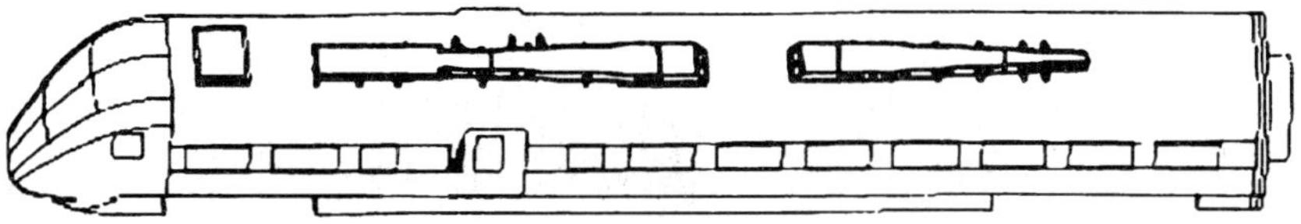

图 6-33　主风道系统

1—送风风道；2—消音器；3—送风通过台加热器；4—送风入口；5—到送风装置的出口

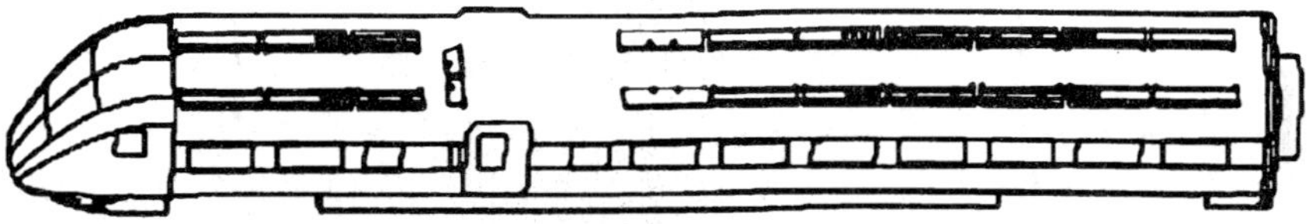

图 6-34　二级风道系统

二级风道通过软管连接到主风道上。二级风道底部罩有顶板孔板。

送风将依据外部温度环境进行调整，进行加热或者冷却，确保冬季车内温度最低为 20 °C，而在夏季室外气温达到+40 °C 的时候，车内温度保持在 27 °C。

在加热模式下，来自空气调节单元的送风将只加热到约 20 °C，以补偿来自新风部分的热负荷。车辆传导造成的热量损失通过安装在车窗下侧墙上的静态对流加热器（通过再循环空气发挥作用）进行补偿，并通过空调系统控制器进行控制。侧墙加热器布置在车体纵向侧墙内侧，窗口上面安装有散热格栅，制热能力为 30 kW。不同位置的电热器由其附近的室内温度传感器进行控制，每一个电加热器由一个超温保护器进行温度控制。

回风和废排空气通过行李架上方的侧顶板孔板进入顶板上方的车顶区域。来自小客室的回风将经过一个风道系统从小客室的车顶部分被导入空气调节单元内。大客室回风部分也将进入一个风道内，这个风道被连接到空气调节单元回风入口上。

废排空气将从大小客室上方车顶部分被吸入对应的废排单元内。小客室的废排单元也将吸收来自司机室、卫生间、热水器以及电气柜的废气。废气通过一个与送风风道安装在一起的风道系统被导入废排单元内。空气调节单元新风通过水分离格栅直接被吸入空气调节单元内。司机室新风从 Mc 车外门旁的牵引电机冷却水分离格栅吸入。空气调节系统连接到 MVB 上。MVB 用来管理电源，传送温度信息，并接收每辆车的空气调节系统以及子部件的状态信息和诊断信息；通过测量每个空气调节单元的外部温度，对客室温度进行控制。平均温度将通过列车微机进行计算，并作为外部温度的参考值。每个乘客间的室内温度都将得到测量（客室、卫生间、通过台）。

2. 客室空调系统的主要部件

客室空调系统空气调节单元主要部件如图 6-35 所示，压缩机冷凝器单元主要部件如图 6-36 所示。

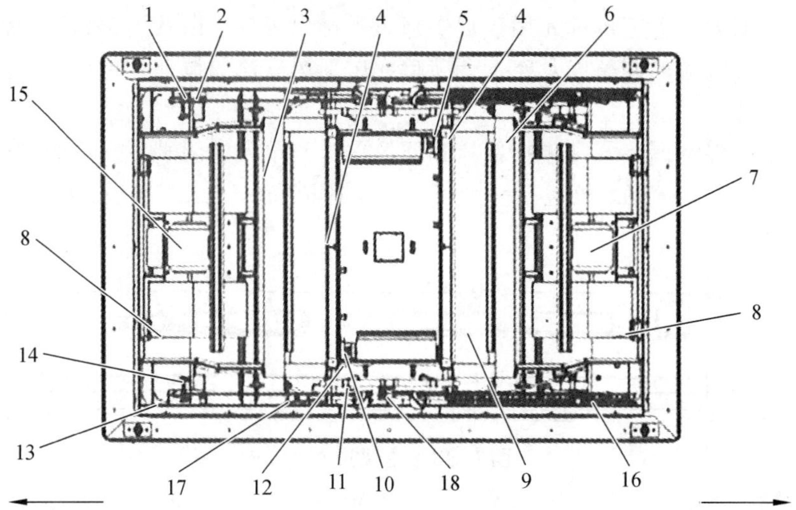

图 6-35 空气调节单元主要部件

1—雅迪电力连接器 X02（1 个）；2—终端盒 X02（1 个）；3—电加热器 2-1，2-2（1 个）；4—混合空气过滤器（2 个）；5—回风和新风气门 1（3 个）；6—电加热器 1-1，1-2（1 个）；7—进气风扇（1 个）；8—进气温度传感器（2 个）；9—蒸发器（2 个）；10—回风和新风气门 2（1 个）；11—回风温度传感器 0 个）；12—新风温度传感器（1 个）；13—终端盒 X04（1 个）；14—雅迪电力连接器 X04（1 个）；15—进气风扇 2（1 个）；16—新风格栅（4 个）；17—膨胀阀（4 个）；18—冷量调节阀（2 个）

图 6-36 压缩机冷凝器单元主要部件

1—压缩机（2 个）；2—曲轴箱加热器（2 个）；3—冷凝器（2 个）；4—冷凝风机（2 个）；5—终端盒 X01（1 个）；6—高/低压力开关（2 个）；7—雅迪电力连接器 X01（1 个）；8—吸气管路球阀（2 个）；9—热气旁通球阀（2 个）；10—液态管路电磁阀（2 个）；11—检查阀（2 个）；12—热气旁通电磁阀（2 个）；13—过滤干燥器（2 个）；14—冷凝风机压力开关（2 个）；15—液态管路球阀（2 个）；16—充液阀（2 个）；17—储液器（2 个）；18—检查阀/湿度显示器（2 个）；19—雅迪电力连接器 X03（1 个）；20—终端盒 X03（1 个）

3. 主要技术参数

CRH1 型动车组客室空调机组技术参数，如表 6-8 所示。

表 6-8　客室空调机组技术参数

项　目			数　据
制冷量			54 kW (400C/50%)
供热量			4×7.5 kW
送风量			2×3 100 TI13/h
新风量			1 590 m^3/h
冷凝器风量			2×12 000 rri^3/h
总电源			AC 400（1±S%）V，50(1±l%) Hz，三相
控制电源			DC 110 V
耗电量	总耗电量		35.49 kV·A
耗电量	压缩机电机		16.35 kW
耗电量	冷凝风机电机		2.2/1.1 kW
耗电量	蒸发风机电机		1.1/0.55 kW
制冷剂			R407e
充液量			2×18 kg
尺寸	空气调节单元	长度	2 506 mm
尺寸	空气调节单元	宽度	1 658 mm
尺寸	空气调节单元	高度	639.5 mm
尺寸	空气调节单元	质量	最大 480 kg
尺寸	压缩机冷凝器单元	长度	2 262 mm
尺寸	压缩机冷凝器单元	宽度	1 800 mm
尺寸	压缩机冷凝器单元	高度	620 mm
尺寸	压缩机冷凝器单元	质量	最大 610 kg

（三）司机室空调系统

1. 总体布置

司机室空调系统采用单元式空调机组。司机室区域内的空调系统具有回风功能，并在通过过滤器进入蒸发器之前将其与新鲜空气混合。进入司机室区域的供风气流通过消音器和置于车顶与天花板之间的风道进行分配。

空调单元安装在车顶凹进处，通过螺栓和单元的法兰安装在车顶。废气通过安装在乘客区的排风扇排出司机室。为控制司机室的空气环境，在司机室天花板上安装有可调节的送风器，可根据需要改变送风气流和方向。热风或冷气均由空气传播，通过天花板和地板内的风道系统进行分配。司机室还安装有地板加热器。

2. 主要技术参数

司机室空调机组技术参数，如表 6-9 所示。

表 6-9　司机室空调机组技术参数

项　目		数　据
制冷量		5 kW
供热量		4 kW
送风量		800 m^3/h
新风量		60 m^3/h
耗电量		5 kV · A
制冷剂		R407c
质量		175 kg
外形尺寸	长　度	1 000 mm
	宽　度	1 450 mm
	高　度	350 mm
车内参数	温　度	夏季 28 °C，冬季 20 °C
	相对湿度	夏季 40% ~ 50%，冬季≥30%
	最大灰尘含量	1 mg/m^3
	正压力范围	10 - 30 Pa

项目小结

本项目的主要任务是了解动车组空调系统的组成，知道各组成部件的外形结构、在车上的安装位置、基本功能和技术特点，熟悉 CRH2 型动车组空调系统的整体构成，知道如何进行空调机组的检测与清洁作业及司机室控制面板的操作。同时，理解动车组空气调节的基本原理及主要方式。

本项目以 CRH2 型动车组空调系统整体认知为载体，通过现场实际动手操作和观察以及对其他动车组空调系统的简要认识，使学生提高学习兴趣，明确本课程的学习任务，加深对动车组空调系统基本原理的理解，也让学生在小组学习、动手实践中养成良好的习惯，为后面学习打下基础。

问题与思考

1. 简述 CRH2 型动车组空调系统的基本组成及特点。
2. 说明动车组空调系统的功能与特点。
3. 简述 CRH2 型动车组空调系统在车体上的布置位置。
4. 简述 CRH2 型动车组空调机组检测与清洁的作业流程。
5. 说明动车组对车内空气环境的要求。

6. 解释空调、湿空气、饱和空气、未饱和空气、相对湿度、含湿量、焓、露点温度、减湿冷却、干式冷却等名词含义。

7. 理解空气调节的基本原理和常用方法。

8. 简述 CRH1、CRH3 及 CRH5 型动车组空调系统的基本组成与特点。

项目 7　车辆空调检修技术

项目描述

车辆空调系统检修是铁路检修的重要组成部分，主要有随车检修、入库检修、临修、A1检修（又称辅修）、A2 检修、A3 检修、A4 检修、A5 检修。随车检修由车辆乘务人员处置车辆在运行途中出现的各种故障，保证车辆空调系统的正常使用；入库检修、临修、A1 检修（又称辅修）在库检车间进行，主要是车辆空调系统的日常保养和维护；A2 检修、A3 检修属于段修内容，在车辆段空调检修基地进行；A4 检修、A5 检修属于厂修内容，在车辆生产厂家进行。图 7-1 为车辆空调检修场景。

图 7-1　车辆空调检修场景

学习目标

1. 掌握车辆空调系统常检故障的分析及检修方法。
2. 了解车辆空调系统 A1、A2、A3 检修的流程。

能力目标

1. 掌握车辆空调系统的检修工具的使用方法。
2. 掌握车辆空调系统检漏的操作技能。
3. 掌握车辆空调系统加注制冷剂的操作技能。

任务 1　车辆空调检修工具和设备

【活动情景】

检修工具的正确使用是车辆空调系统检修的基本技能，熟悉常用工具的作用和使用方法及工具的选用、量程、校验、使用、保管等。

【任务要求】

（1）掌握车辆空调系统检修常用工具的使用方法。

（2）掌握车辆空调系统检修常用工具的校验方法。

（3）了解车辆空调系统检修的工艺流程。

视频资源

【基本活动】

一、常用工具

1. 气焊工具

（1）外观，如图 7-2 所示。

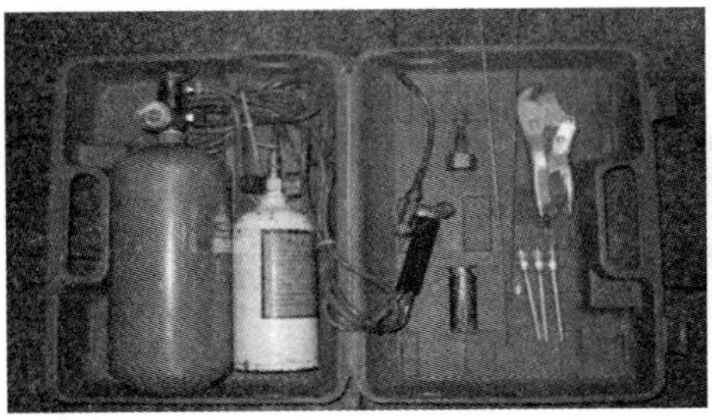

图 7-2　气焊工具

（2）用途。

气焊工具的用途包括制冷系统管路连接，工艺管焊接，制冷系统管路泄漏补焊等。

2. 电工工具

（1）外观，如图 7-3 所示。

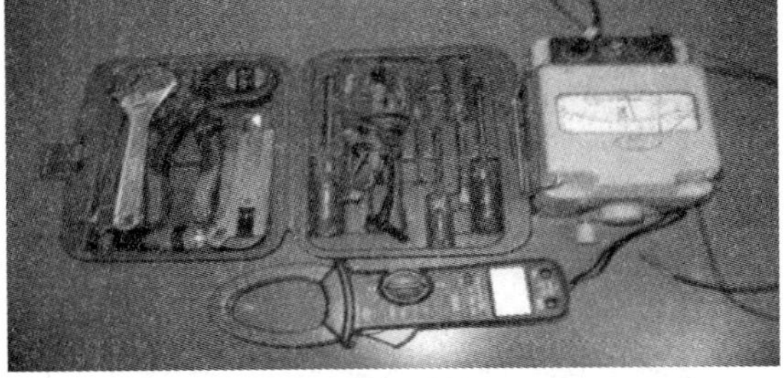

图 7-3　车辆空调检修电工工具

（2）用途。

电工工具的用途包括各种电气部件的检测、拆装及运行监测等。

3. 空气压缩机

（1）外观，如图 7-4 所示。

图 7-4　空气压缩机

（2）用途。

空气压缩机的用途包括吹洗冷凝器、蒸发器、制冷管路、空调机组各电气部件等。

4. 作业指导书和工具箱

（1）外形，如图 7-5 所示。

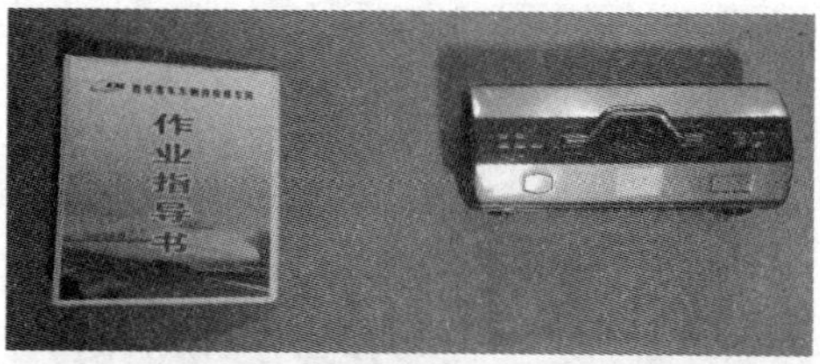

图 7-5　作业指导书和工具箱

（2）用途。

作业指导书规定了空调检修的项目、作业流程和作业标准，每个作业人员必须按照作业指导书的要求进行作业；工具箱用于放置维修工具，便于携带和整理，工具用完后，必须清理工具箱，不得将工具损坏和丢失。

5. 兆欧表

（1）外形，如图 7-6 所示。

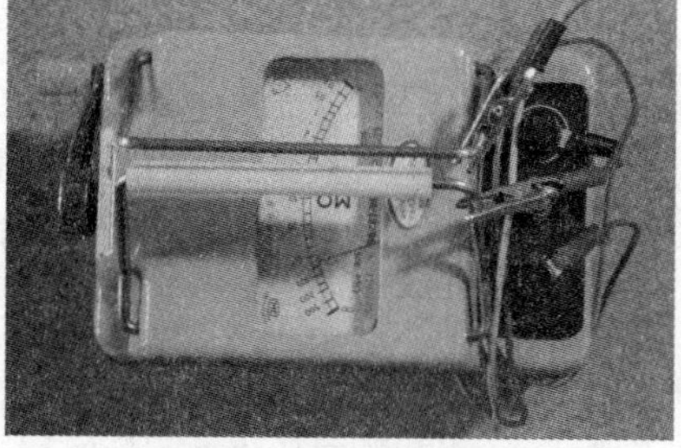

图 7-6　兆欧表

（2）用途。

兆欧表用于测试大线座绝缘、空调电气系统对地绝缘和线间绝缘等，使用时必须检查校验是否过期，必须进行开路试验和短路实验，量级必须符合要求。即测试工作电压在 100 V 以下的电路用 100 V 兆欧表；测试工作电压在 100 V 以上，500 V 以下的电路用 500 V 兆欧表；测试工作电压在 500 V 以上，1 000 V 以下的电路用 1 000 V 兆欧表。

6. 真空泵

（1）外观，如图 7-7 所示。

图 7-7　真空泵

（2）用途。

真空泵用于抽出制冷系统中的空气，提高制冷系统工作效率，降低制冷系统工作噪声，消除制冷系统冰堵，减少对制冷管路的腐蚀。

7. 钳型表

（1）外观，如图 7-8 所示。

图 7-8　钳形表

（2）用途。

钳形表主要用于测试三机（制冷压缩机、冷凝风机、通风机）启动电流和工作电流，测试三机静态直流电阻；测试电预热器和客室电加热器启动电流和工作电流；测试电预热器和客室电加热器静态直流电阻；判断电路通断等。

8. 红外线测温仪

（1）外观，如图 7-9 所示。

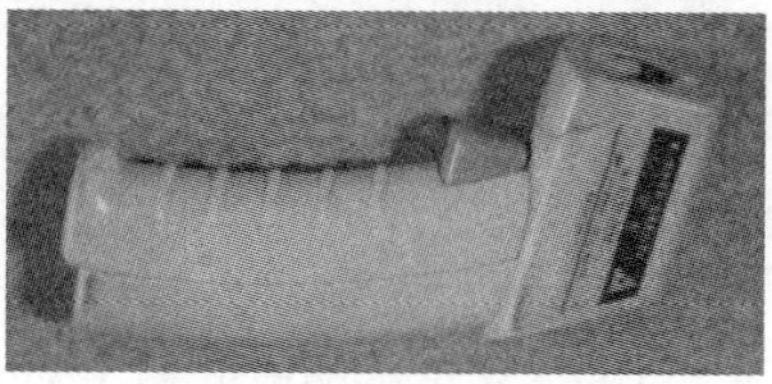

图 7-9　红外线测温仪

（2）用途。

红外线测温仪主要用于测试电预热器和客室电加热器表面温度、三机表面温度、制冷管路表面温度等。

9. 翅片梳

（1）外形，如图 7-10 所示。

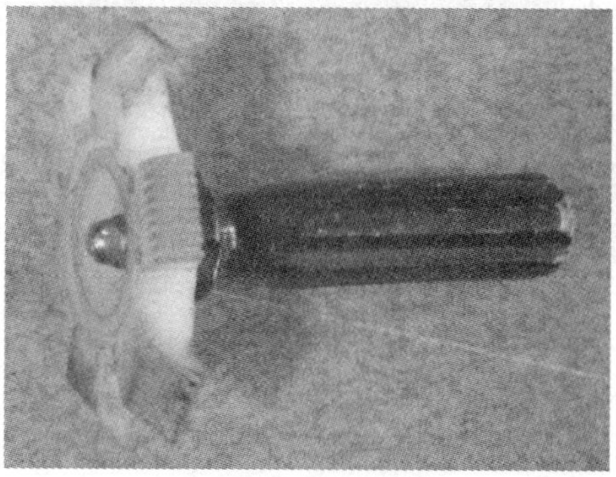

图 7-10　翅片梳

（2）用途。

翅片梳主要用于整理蒸发器、冷凝器翅片，将变形的翅片梳理扶正。

10. 套筒扳手

（1）外形，如图 7-11 所示。

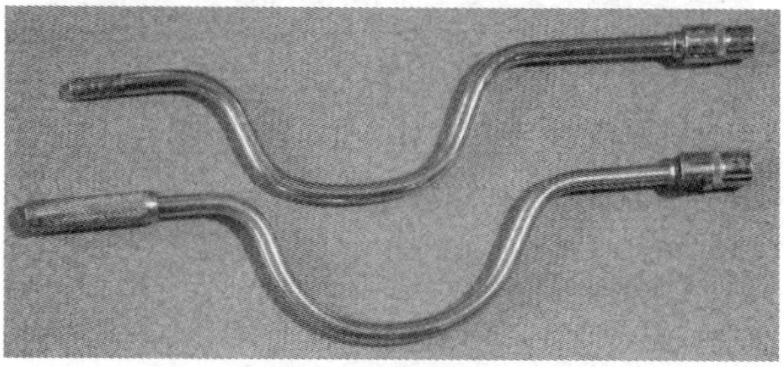

图 7-11　套筒扳手

（2）用途。

套筒扳手主要用于拆装空调机组，通风机、冷凝风、机组顶盖、侧盖等。

11. 封口钳

（1）外形，如图 7-12 所示。

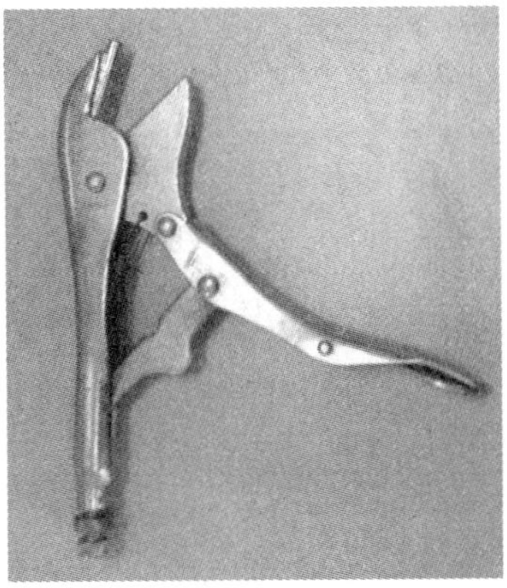

图 7-12　封口钳

（2）用途

封口钳主要用于空调机组制冷管路封口，使得制冷管路封焊时没有制冷剂泄漏。

12. 割管器

（1）外形，如图 7-13 所示。

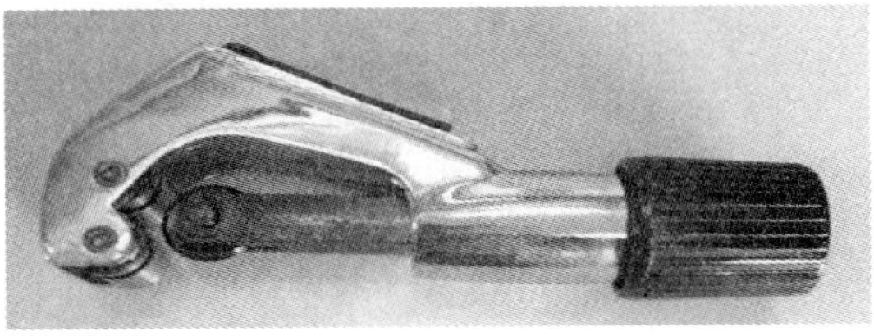

图 7-13　割管器

（2）用途。

割管器主要用于制冷管路和毛细管，使用时刀片要与制冷管垂直，一边旋转，一边进刀，用力适度，避免损坏刀片，避免制冷管变形。

13. 冲胀管器

（1）外形，如图 7-14 所示。

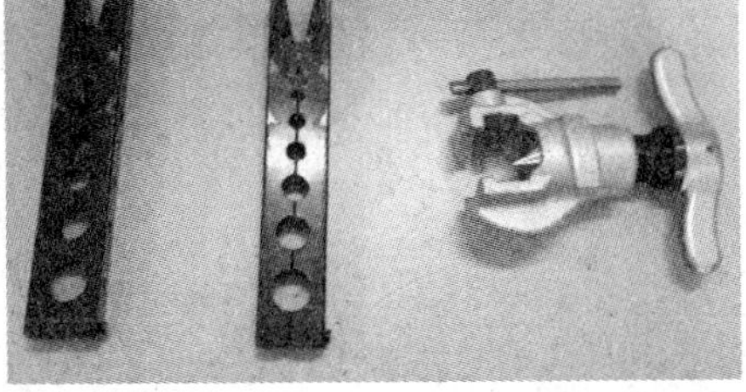

图 7-14　冲胀管器

（2）用途。

冲胀管器主要用于制冷管扩喇叭口和胀杯形口，以适应管路连接。

14. 加液管

（1）外形，如图 7-15 所示。

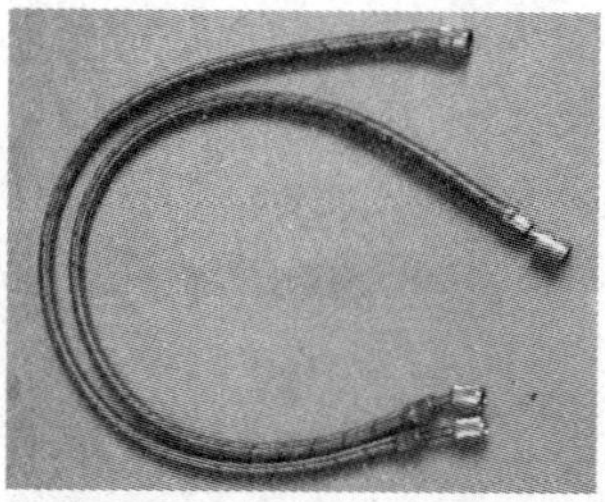

图 7-15　加液管

（2）用途。

加液管主要用于制冷系统抽真空和加注制冷剂时制冷系统与真空泵、制冷系统与制冷剂罐的连接。

15. 电子检漏仪

（1）外观，如图 7-16 所示。

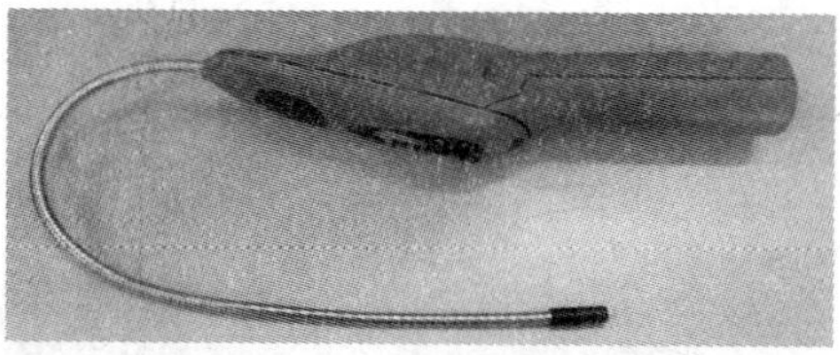

图 7-16　电子检漏仪

（2）用途。

电子检漏仪主要用于制冷系统中制冷剂泄漏的检测。

二、常用设备

1. 通风机性能试验台

（1）外观，如图 7-17 所示。

图 7-17　通风机性能试验管道

（2）用途。

通风机性能试验台用于对通风机的送风能力进行模拟实验，测试送风风速是否能达到要求，如图 7-18 所示。

图 7-18　通风机性能试验

2. 冷凝通风机性能试验

（1）外观，如图 7-19 所示。

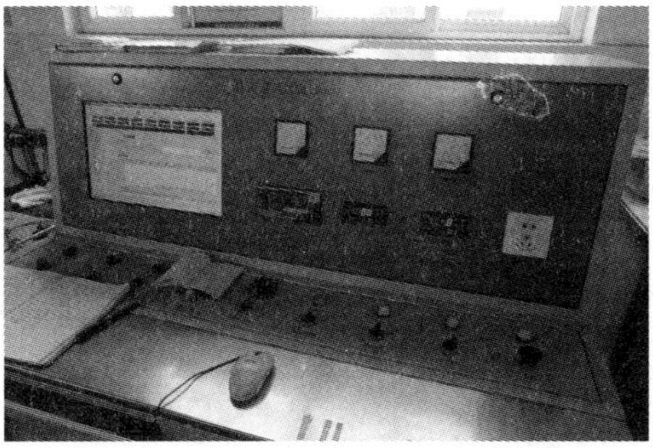

图 7-19　冷凝通风机性能试验

（2）用途。

冷凝通风机性能试验用于测试通风机、冷凝风机的各项电参数，启动电流、运行电流、启动电压、运行电压等。

3. 制冷机组烘干设备

（1）外观，如图 7-20 所示。

图 7-20　制冷机组烘干设备

（2）用途。

制冷机组烘干设备用于对清洗后的制冷机组进行烘干处理。

4. 制冷机组性能试验设备

（1）外观，如图 7-21、图 7-22 所示。

图 7-21　制冷机组性能测试设备

图 7-22　制冷机组性能测试操作台

（2）用途。

制冷机组性能测试用于模拟实际工作环境，对空调机组各项性能指标进行测定，各项性能指标均合格后才能装车。

任务 2　车辆空调检修的基本技能

【活动情景】

本任务主要介绍制冷系统维修中常用检漏方法和制冷剂充注（见图 7-23）的方法。

图 7-23　加注制冷剂

【任务要求】

掌握空调系统在不同的维修周期的作业内容。

【基本活动】

视频资源

一、制冷系统检漏

检漏方法一般有三种：压力检漏、真空检漏和电子检漏。重点是压力检漏。

1. 压力检漏

压力检漏是向制冷系统充注压缩气体试漏。一般是用氮气充入制冷系统中，因为氮气较为干燥价格便宜，是一种安全气体。用钢瓶装的压缩氮气其压力为 $1.5X10^7$ Pa，充气时为确保安全，钢瓶上应装有带压力表的减压阀，以便于控制充气压力。

（1）将氮气瓶与制冷系统连接。同时转动减压阀，将氮气充入制冷系统，直到压力满足要求时将阀门关闭。

（2）将肥皂溶液用毛笔或者小刷涂于接头的缝隙中，仔细观察其动静，如果冒气泡就是该处有渗漏。若是接头处有渗漏，则紧固后再次检查。每个渗漏点要做好标记。等全部检漏完毕再进行不漏。补漏时，应将系统内的压缩氮气全部放空，经过补焊、接头更换垫片以及重新扩喇叭口后，再次进行充气检漏，直到整个系统不漏为止。

为了弥补可能没有查出的微小渗漏，当检漏完毕，不要将系统内的氮气放空，仍保持原压力并记下压力值，经过 24 h 后观察压力下降值是否在允许范围内，这就是保压试验。若压力下降值超出范围，则需要重复检漏。

2. 真空检漏

充气检漏结束后，需要将系统内的氮气放空。当系统内的压力降低至周围大气压时，剩余在系统内的氮气无法自行排出，需要用本系统内的压缩机或者真空泵强制抽真空。系统必须抽真空的目的有两个：第一是属于不凝结的氮气或者空气在常温下或者一般的低温下是不会凝结为液体的，这部分气体存于冷凝器中占用了部分容积，影响冷凝器的散热能力。第二是抽真空可以用来检验系统有无渗漏。全封闭式压缩机组成的制冷系统，需要接真空泵来完成。

其操作方法是：（1）将带压力真空表的修理阀分别于真空泵、压缩机的灌气管连接起来。（2）打开修理阀，开启真空泵，注意观察压力真空表读数是否往 0 刻度以下方向移动。（3）当真空压力到达 -10^5 时，关闭修理阀，停止真空泵运转。

制冷系统第一次抽真空所需时间较长，尤其只有低压充注口时，因毛细管节流作用，高压侧真空度很难达到。若采用两次抽真空可以在短时间内获得较高的真空度。即在第一次抽真空后，注入少量制冷剂，使压力表恢复为 0，然后再一次抽真空。这样，剩余气体中的空气比例减少。

3. 电子检漏

微量的制冷剂渗漏，可以用电子检漏仪，利用气体电离现象，经过电子放大器放大后检查制冷剂泄漏。其基本结构是一个电离管，在电离管内部有一个白金套筒，内白金套筒接阳极，外白金套筒接阴极，中间有加热丝。其基本原理是：加热丝对内白金筒加热到 800 °C 左右，在两极上通直流高电压，管子内有风扇，不断抽吸气体，当有制冷剂泄漏时，被电离管吸口吸进，在高压电场内，被电离成离子流，使串联在高压线路内的电流表的指示数值发生变化，即可判断泄漏位置。

补焊的注意事项：气钎焊：即氧气-乙炔焊，其焊料为银铜焊料，牌号为 Lag45，含银量 45%，其余为铜，助焊剂为 XH4210，另一种焊料为磷铜合金，无须焊剂，但是这种焊料有冷脆性的缺点。管路焊接时应注意：不可在管路系统里有压力存在的情况下进行补漏，否则操作不安全，质量得不到保证。焊接前要清除表面的油漆绣层，并用纱布擦干净。

二、充注制冷剂

制冷系统经过抽真空并确认无渗漏以后，就可以开始充注制冷剂。充注方法有两种：一种方法是从压缩机排气截止阀的“多用通道”充注，称为高压段充注，优点是充注速度快，适用于系统内无制冷剂并且是抽过真空的情况；另外一种方法是从压缩机吸气截止阀的“多用通道”充注，称为低压段充注，用这种方法切不可以液态注入，以防发生液击，适用于系统制冷剂不够需要填充的情况。

1. 高压段充注制冷剂法

（1）将制冷剂钢瓶倾斜倒置于磅秤架子上，用铜管把压缩机排气管截止阀的“多用通道”与钢瓶连接起来。

（2）稍微旋开以下钢瓶的阀杆，并随即旋紧，将排气截止阀的接头松一下并随即旋紧将钢管内的空气赶出。

（3）记下磅秤所指的重量，再将砝码减去所需加注制冷剂的重量，让砝码上翘；开启制冷剂钢瓶的阀门，再开启排气截止阀门的阀杆，此时可以听到制冷剂喷入系统的流动声。注意总磅秤的动静，当发现磅秤砝码下落，标识所加制冷剂已经达到规定值，应立即关闭钢瓶阀门。

（4）关闭截止阀的阀杆，关闭“多用通道”孔，将接管拆卸，充注工作完成。

2. 低压段充注制冷剂法

（1）将制冷剂钢瓶竖放在磅秤上，用钢管将吸气截止阀的“多用通道”接头和制冷剂钢瓶连接起来。

（2）稍微旋开以下钢瓶的阀杆，并随即旋紧，将排气截止阀的接头松一下并随即旋紧将钢管内的空气赶出。

（3）记下磅秤所指钢瓶的重量，随即开启制冷剂钢瓶；开动冷凝器的排风扇，开启排气截止阀，启动压缩机。

（4）旋开吸气截止阀的阀杆，接通截止阀的“多用通道”，制冷剂蒸汽缓慢吸入压缩机。这时用手摸铜接管会感到发凉，钢瓶表面也逐渐先结露然后结白霜。

（5）随时注意查看磅秤读数，当数量够时，立即关闭钢瓶阀门，关闭“多用通道”阀门，拆下接管，充注工作完毕。

3. 充注制冷剂时注意事项

要防止大量制冷剂液体一次进入，损坏机器，一定要使制冷剂气体缓慢地多次进入，控制的方法是通过压缩机的时开、时停调节修理阀。

在充注时，如果发现系统内混入空气，应及时将系统内的制冷剂全部放掉，重新进行充注。

任务 3 制冷系统日常运转中的保养与维护

【活动情景】

本节主要介绍制冷系统在日常的维护方面的内容，包括日常性维护和年检以上维护保养。

视频资源

【任务要求】

掌握空调系统在不同的维修周期的作业内容。

【基本活动】

一、日常运用中的保养（表 7-1）

表 7-1 制冷系统日常保养作业内容

序号	作业项目	检修规程			
		双周检	月检	三月检	年检
1	清洗新风过滤网和混合空气过滤网	√	√	√	√
2	用水清洗冷凝器和新风格栅，保证各翼片干净，无损坏			√	√
3	观察液体管路窥视镜里的湿度显示（正常：紫色；不正常：粉红色）	√	√	√	√
4	检查空调机组盖板螺栓紧固情况，检查压缩机、风机有无异常响	√	√	√	√
5	更换混合空气过滤网		√	√	√
6	清扫蒸发器室内部及新气挡板传动件等相关部件的清洁，保证冷凝风扇叶片和送风机叶片正常转动			√	√
7	检查排水管路、保证无异物堵塞，用压缩空气吹扫冷凝器和蒸发器				√

二、一年以上的保养与维护周期（表 7-2）

表 7-2　制冷系统一年以上的保养与维护周期

检查项目	1年	2年	3年	4年	5年	6年	7年	8年	9年	10年	11年	12年	13年	14年	15年
室内外热交换器清洗	○	○	○	○	○	○	○	○	○	○	○	○	○	○	○
室内外热交换器								△	△	△	△	△	△	△	◎
排水口清扫及排水管疏通	○	○	○	○	○	○	○	○	○	○	○	○	○	○	◎
检查管路泄漏	△	△	△	△	△	△	△	△	△	△	△	△	△	△	◎
前盖板门锁检查	△	△	△	△	△	△	△	△	△	△	△	△	△	△	△
室内外送风机清扫	○	○	○	○	○	○	○	○	○	○	○	○	○	○	○
隔热材的维护	△	△	△	△	△	△	△	△	△	△	△	△	△	△	◎
压缩机用防震橡胶	△	△	△	△	△	△	△	△	△	△	△	△	△	△	◎
检查各紧固件是否松动		△		△		△		△		△		△			◎
检查保护装置的动作				△				△				△			◎
检查电机及整机绝缘电阻	△	△	△	△	△	△	△	△	△	△	△	△	△	△	◎
检查电气端子的接触	△	△	△	△	△	△	△	△	△	△	△	△	△	△	◎
清扫外罩表面				○				○				○			◎
风机	△	△	△	△	△	△	△	◎	△	△	△	△	△	△	◎
压缩机								△							◎
机组内部密封胶条	△	△	△	△	◎	△	△	△	△	◎	△	△	△	△	◎
○：不论状况如何都进行维护；△：经检查后如有异常进行修理或更换；◎：更换。 注：在第八年运行前要进行机组的全面检修															

三、保养维护方法

1. 冷凝器

冷凝器的散热片上落上灰尘异物时会影响其换热效率，使高压侧的压力升高，所以需进行定期检查、清扫或清洗。

清扫时，把压缩空气按运转时的反方向吹入肋片间隙或从脏物附着多的一侧用吸尘器进行吸尘。特别脏时，应使用专用洗涤剂进行清洗。

2. 蒸发器

蒸发器被弄脏，会使室内通风机风量减小，冷量不足，甚至会导致蒸发器表面的凝结水被通风机吹入风道内，并通过出风口滴入车内，所以视灰尘的附着情况应定期清扫或清洗。

清扫时，从脏物附着多的一侧用吸尘器进行吸尘。特别脏时或存在油污时，应使用专用洗涤剂进行清洗。

注意：用洗涤剂进行清洗时，需对接线盒和电动回风阀执行器进行有效的防护或拆下电动回风阀，避免风阀执行器线路进水损坏。

3. 排水系统

请定期检查、清洗排水口，并疏通排水管，使之不被垃圾或异物等堵塞。

4. 前盖板门锁检查

请定期检查前盖板门锁，当锁舌出现细小裂纹时必须进行更换。

请定期检查前盖板，前盖板原则上不允许踩踏，当前盖板出现变形，或者当前盖板门锁锁紧后前盖板出现松动时，请查明原因，及时进行维修或者更换门锁。

5. 冷凝风机

运转时，发现其有异常声音、振动时，需更换轴承或电机。

6. 通风机

可用软毛刷刷洗附着在叶片内侧的灰尘（请注意不要使叶片变形）。运转时，发现其有异常声音、振动时，请更换球轴承。

7. 隔热材料检查

目测蒸发器室中隔热材料是否老化，如发现隔热材料表面有明显裂痕、明显损伤与箱体粘接处有开胶现象，须除去老化或损坏的部分，换粘新的相应隔热材料。

8. 减振器检查

减振器不需特殊维护，如损坏或失效，应予以更换。当目测减振器表面有明显的裂纹，空调机组或压缩机有异常的振动和噪声，

9. 紧固件检查

通过查看螺栓防松标记或以锤轻击来检查各元件（如压缩机、风机、电加热器、电气元件终端等）的安装螺栓是否松动。

10. 绝缘电阻检查

用 500 V 电阻表测量绝缘电阻并确认带电部分与无电部分之间的阻值大于 2 MΩ。

如果不大于 2 MΩ，请检查各部分是否有绝缘老化并做适当的修补。

11. 电气连接检查

请确认电线端头连接及其紧固螺栓连接牢固、可靠。

12. 新风滤尘网

新风滤尘网落上灰尘使新鲜空气量减少，需定时清洗。清洗方法如下：

（1）拆下新风滤尘网。
（2）用肥皂水清洗。
（3）用清水洗净。
（4）晾干。
（5）重新安装于机组上。
注意：新风滤尘网采用无纺布滤料，一般清洗 1 ~ 2 次后需更换新滤料。清洁、更换新风滤尘网的时间间隔取决于其变脏程度，无论如何，不得少于 1 次/2 周。尤其对于新线路，应至少一周清洗一次。

13. 回风滤尘网的清洗

蒸发器前滤尘网上灰尘过多，会使室内侧通风量减少，制冷量降低，应定期清洗。清洗方法如下：
（1）拆下回风滤尘网。
（2）用肥皂水冲洗。
（3）用清水冲洗。
（4）晾干。
（5）重新安装于机组上。
注意：清洁回风滤尘网的时间间隔取决于其变污程度，任何情况下，不得少于 1 次/2 周。尤其对于新线路，应至少一周清洗一次。

四、功能试验

1. 运转前的检查

在运转空调机组之前，必须对下列项目进行检查，在确认没有问题之后，方可开始运转。
（1）配线是否确实接好。
（2）电气回路是否正常。
（3）主回路及控制回路的绝缘电阻是否均正常。
（4）通风机的叶轮是否碰风筒的内壁。

2. 运转确认

1）室内通风机的运转
室内通风机运转时，请确认一下车内是否有风吹出，风量极小时，可认为是风机反转，请将电源相序调整正确，即将三相中的任意两相对调（注意：空调机组出厂时各电机的相序已调好，请不要随意调换），请确认一下是否有异常振动和异常噪声。
2）室外轴流风机的运转
请确认空调系统室外轴流风机的运转是否正常，旋转方向是否正确。
3）制冷运转
全制冷状态时，吸入和吹出的空气温差为 8 ~ 10 °C 时为正常。请确认一下是否有异常振动、异常噪声，同时注意电流读数。

3. 空调机组的安全运行

地铁车辆空调的安全运行极为重要，安全运行的含义，一方面指空调机组的安全运转，另一方面指对行车安全的影响。

1）空调机组的安全操作。

空调机组的操作和管理工作，必须由懂得制冷技术和电气技术的工人来担任。开机之前，必须认真检查电气系统的安全性，严格按照电工操作规则进行操作。在进行电气控制柜的检修时，必须切断电源，严禁带电作业。

2）空调系统的保护措施

为了确保空调机组可靠、安全地工作，空调机组在制冷系统和电气系统方面具有以下保护措施：

（1）电源有过电压和欠电压保护。

（2）压缩机内部设压力保护、过热保护，运行设延时启动保护。

（3）各电机设短路、缺相、过载保护。

（4）电加热器有温度继电器及温度熔断器保护。

当空调机组出现故障时，必须查明原因，排除故障后才允许重新启动，严禁带故障强行启动。

3）低温运转

当蒸发器吸入的空气温度在 19 °C 以下时，即为低温运转。此时，由于可能在蒸发器上引起结霜现象从而导致对压缩机造成损伤。

4）再次启动

在短时间内，请不要使室外风机或压缩机反复启动、停止。由于启动电流将加快电机的绝缘老化和电磁接触器等配电盘电器元件的接点消耗。所以再次启动时，一定要间隔 3 min 以上（正常线路上运行过断电区的情况除外）。

任务 4　车辆空调系统的故障分析和检修

【活动情景】

本节主要介绍车辆空调系统常见故障的分析和检修方法。

【任务要求】

（1）掌握车辆空调系统常见故障的分析方法。

（2）掌握车辆空调系统常见故障的检修方法。

视频资源

【基本活动】

制冷系统是由四大件和许多附件组成的相互联系而又相互影响的复杂系统，因此排查故障时，除需要掌握制冷系统的结构和工作原理外还需要进行全面检查，综合分析，从中积累掌握故障发生的规律和识别故障的经验。

常见故障是压缩机停机、制冷量不足或者不制冷等，常用的检查方法是一看、二听、三摸。一看是看压缩机的吸排气压力值是否在正常范围内，看客室内的温度情况，看风机的运行情况。二听是听压缩机运转时的噪声，若有“通、通”是压缩机液击声，“哒、哒”等声音是内部金属撞击声，三摸是摸过滤器的表面温度应该比环境温度稍高些，如果显著低于环境温度说明滤网大部分网孔已经堵塞使制冷剂流动不畅通导致节流降温。摸制冷装置吸排气管的冷热程度，正常运转的吸气管应该是较冷，排气管应是较热，否则是不正常。

一、送风口不出风

表 7-3　制冷系统不出风故障分析及处理

故障内容	故障的原因	故障的判断方法	处理
不出风	（1）离心风机的配线方面	查看电路接通情况	修理
	① 连接器处断线		
	② 配线处螺丝松弛	查看电路接通情况	拧紧
	（2）电动机烧损或断线	测线圈电阻，各线间约 11 Ω	更换电机
	（3）控制线路及电器故障	检查电路及电器元件	修理或更换
风量小	（1）风机电机反转	检查风机转向	调换相线
	（2）空气过滤网堵塞	检查过滤网	清除筛眼堵塞物
	（3）蒸发器结霜或冰	检查（目视）	送风运转化冰、霜
	（4）蒸发器散热片脏堵	检查（目视）	清洗
	（5）风道等处泄漏	检查	修理
	（6）风机叶片积垢	检查	修理

二、运转过程中不制冷

（1）制冷系统正常运转过程中出现不制冷现象，除了电气故障外，可能是由于吸气压力过低、排气压力过高等原因导致保护动作，使压缩机停机。针对该类故障首先是检查高压、低压开关本身，确认器件本身无误。低压原因一般是系统内某一部分阻塞不畅或者制冷量不足。

（2）排气压力过高原因是冷凝器排风扇反转、不转、环境温度过高（高于 40 °C）都会引起排气压力显著上升。对冷凝风机叶片进行检查，如果发现转动方向与其他车不同，或者叶片上灰尘较多，就应该进行测试并判断。因风机反转时风量小于正转时的风量，只需将三相电源中的两相对换一下，即可判断是正转和反转。

表 7-4　制冷系统不制冷故障分析及处理

故障内容	故障的原因	故障的判断方法	处理
不制冷	（1）压缩机电机不转 ① 电机断线、烧损 ② 高压压力开关动作 ③ 低压压力开关动作 ④ 配线端子安装螺丝松弛 ⑤ 空调控制箱器件动作不良 ⑥ 过、欠压继电器动作 ⑦ 接触器、中间继电器线圈烧毁或触头故障 ⑧ 压缩机故障 ⑨ 轴流风机电机的热继电器动作	测定线圈电阻（20 °C），各线间约 1.54 Ω 见第 6 项 检查 查看接通情况 检查电气件 电源电压过高或过低 检查压缩机 检查电机电流	更换压缩机 拧紧 更换部件 修理或更换 调整供电电压 修理或更换 修理或更换 修理或更换
	（2）压缩机反转	压缩机电流小于额定值 压缩机反转时噪声较高	调整压缩机相序
	（3）压缩机运转 ① 制冷剂泄漏 ② 电磁阀误动作或损坏	室内吸入和排出空气温度相同 蒸发器回气管温度过高 压缩机电流小 检查电磁阀线圈	修理制冷循环系统

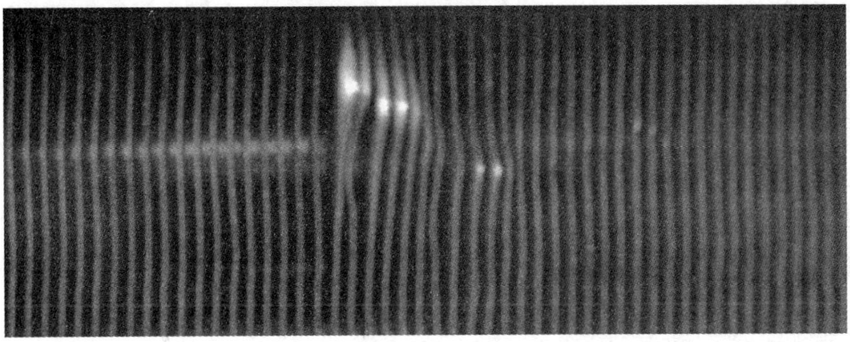

图 7-24　翅片变形

（3）冷凝器结污垢：如果冷凝器散热片表面积灰尘太厚，会影响传热进而影响散热效率。可以用手电筒查看冷凝器散热片间结灰情况，如果很多片间空隙不能让光线通过，说明灰尘较多，可以用钢刷或者专用梳子将肋片里面伸出的灰尘刷干净。

（4）正常不制冷：当客室内温度降低到设定值以后，温度传感器就会动作，切断机组电源而导致机组不工作，这是正常的，不要认为其是故障现象。

故障实例：本月空调机组不制冷故障主要集中在 114、117、118、119、120 车上发生 9 次。

故障处理过程：对空调控制板的控制电源开关 06F13 重新分合后，工作正常。

故障原因：空调机组管路中的冷凝器散热量不足，导致压缩机高压出口压力过高，当出口压力高于 1 bar=10^5 Pa 超过高压阀的设定值时，将高压信号传输至 FPC 控制器。如果，在 1 h 之内一个管路系统发生 5 次以上高压故障时，空调控制软件将自动封锁压缩机继电器工作的控制电源。

三、运转过程中制冷量不足

表 7-5　制冷系统制冷不足故障分析及处理

故障内容	故障的原因	故障的判断方法	处理
冷量不足	（1）过滤器堵塞	检查过滤器	除去筛孔堵塞物
	（2）蒸发器、冷凝器脏	检查	清扫
	（3）蒸发器结冰	检查（目视）	送风化冰
	（4）温度调节器设定温度过高或动作不良	检查	调整或修理
	（5）少量制冷剂泄漏	测量运转电流，电流比正常值明显偏小	修理制冷剂循环系统
	（6）制冷剂充注过多	电流过大	将制冷剂少量放出
	（7）风量不足	见第 2 项	
	（8）压缩机处于卸载状态	检查容量控制电磁阀	

机组能运转制冷，但是在规定的工作条件下，其降温速度太慢，或者达不到原定的温度，就属于冷量不足。一般有以下几个方面的原因：

压缩机效率低：主要是由于运动件磨损严重，配合间隙增大或者气阀密封性能下降，引起漏气量增大。可检查电机接线，用万用表对每一相的通断情况进行测试，确认无断线的情况。下一步要进行绕组接地检查，用兆欧表测定绕组对地绝缘。

制冷剂不足主要原因是系统内有渗漏点，造成制冷剂向外泄漏。对此故障不能急于添加制冷剂，先找出渗漏部位，修复后再加制冷剂。容易产生泄漏的部位主要是接头和焊接处。

四、空调制冷剂泄漏故障

空调泄漏主要分为以下五个方面：毛细管断裂、磨损，高压充注阀连接管根部焊缝处泄漏，高压连接阀处泄漏，三通阀与铜管连接焊接部位泄漏，压缩机锈蚀泄漏。

1. 低压端毛细管根部焊缝处断裂泄漏

低压端毛细管根部焊缝处断裂泄漏原因有：

（1）应力集中：经过长时间的运行振动，管路焊接部位出现应力集中。

（2）振动原因：列车运行产生振动，压缩机运行也产生振动。出现断裂的低压端毛细管位置在压缩机低压连接阀出口附近，靠近压缩机，压缩机的振动对此处影响较大。高压端毛细管没有断裂，高压毛细管焊接的位置在编织管之后，编织管起了减震作用，所以影响不大。

（3）外力原因：检修时外力影响。

2. 高压连接阀处泄漏原因

高压连接阀处泄露原因是：密封件老化，高压连接阀内部密封件老化而密封不良。处理措施是注意检漏更换密封件。

（1）应力集中：经过长时间的运行振动，管路焊接部位应力集中产生裂纹。

（2）振动原因：列车的运行和空调运行振动加剧焊接部位裂纹的产生。

（3）外力原因：检修时外力影响。

3. 毛细管与编织软管摩擦磨损泄漏、毛细管与不锈钢板摩擦磨损泄漏

毛细管在连接到高低压开关盒时要经过一块不锈钢立板，架修检查时发现通过该处的毛细管与不锈钢立板摩擦破损的情况。

处理措施：毛细管经过不锈钢立板的部位以前没有包裹处理，后使用保温材料包裹后通过该处。

4. 毛细管与编织软管摩擦磨损

毛细管是用保温材料包裹后用绑扎带绑在编织管上固定的，运行一段时间保温材料磨破，毛细管直接与编织管接触摩擦，导致破损泄漏。处理措施是：毛细管用保温材料包裹后再用橡胶垫片二次包裹，最后用绑扎带绑在编织管上固定。

5. 压缩机锈蚀泄漏

压缩机泄漏原因是

压缩机底部锈蚀：压缩机底部是低压区，温度较低，运行过程中容易吸收空气中的水分，使该部位长期结水锈蚀，特别是焊接部位锈蚀泄漏。架修发现有部分压缩机底部锈蚀严重。处理措施是：在偶次年检以上修程检查压缩机锈蚀情况，机组架修时注意对压缩机锈蚀部位检漏，除锈喷漆处理。

6. 三通阀焊接部位泄漏

焊接原因：该位置焊接过程中存在沙眼或气孔，属于产品质量问题，注意检漏。

五、压力开关动作（表 7-6）

表 7-6　制冷系统压力开关动作故障分析及处理

故障内容	故障的原因	故障的判断方法	处理
高压压力开关动作	（1）室外热交换器脏	检查室外热交换器	清扫
	（2）制冷剂充注过多	电流过大	将制冷剂少量放
	（3）冷凝风机反转	检查	将相序调整正确
	（4）排气管段堵塞	检查	修理
	（5）室外通风机不转		

续表

故障内容	故障的原因	故障的判断方法	处理
高压压力开关动作	① 电机烧损 ② 电机的球轴承损伤	测线圈电阻（20 °C），各线间约 24.4 Ω； 检查	更换电机 更换球轴承
	（6）空气或不凝性气体混入系统中		重新对系统抽真空然后加入制冷剂
低压压力开关动作	（1）制冷剂泄漏	压缩机电流小	修理制冷剂循环
	（2）吸入空气温度太低	蒸发器结霜	系统充入制冷剂
	（3）风量不足	见第二项	
	（4）低压管路堵塞	检查	处理
	（5）蒸发器散热片堵塞	检查	处理
	（6）液管电磁阀未打开	压缩机启动时电磁阀无动作声； 控制柜无 AC220 V 输出； 检查电磁阀线路是否断路	检查电磁阀线路并修理

六、机组振动（表 7-7）

表 7-7　制冷系统机组振动故障分析及处理

故障内容	故障的原因	故障的判断方法	处理
振动噪声大	（1）通风机电机球轴承异常	检查风机的平衡性	修理风机
	（2）通风机不平衡		
	（3）紧固部位松弛	检查各紧固部位	拧紧

七、机组漏水（表 7-8）

表 7-8　制冷系统机组漏水故障分析及处理

故障内容		故障的原因	故障的判断方法	处理
漏水	回风口漏水	（1）排水口或排水槽堵塞，造成水盘积水外溢	检查	清扫
		（2）密封胶条处渗水	检查	进行正确安装
		（3）车顶密封胶条安装槽或机组底部涂密封胶处渗水	检查	涂密封胶
		（4）新风口下部排水口堵	检查	清扫
	出风口漏水	（1）蒸发器脏	检查	清扫
		（2）密封胶条处渗水	检查	进行正确安装
		（3）车内风道内凝露形成水珠，从出风口吹出	检查	涂密封胶
		（4）排水口堵，风口周围积水	检查	清扫

任务 5　空调制冷系统检测与试验

【活动情景】

本任务主要介绍冷凝风机、通风机、电磁阀、传感器等部件的性能测试方法和空调系统整体性能测试方法。

【任务要求】

（1）了解冷凝风机、通风机、电磁阀、传感器等部件的性能测试方法。

（2）了解空调系统整体性能测试方法。

视频资源

【基本活动】

空调制冷系统是若干机电设备组成的复杂系统，每个系统的性能是否良好，直接影响到整个装置的正常工作。客车空调的试验大致分为部件试验和系统试验。

一、部件检查与试验

1. 冷凝风机

1）拆卸与检查

（1）将冷凝风机接线盒盖的固定螺栓拧松并取下；检查冷凝风机接线盒内部密封情况，如有出现返潮情况需要使用抹布对接线盒内部进行清洁。

（2）取下冷凝风机接线盒盖；将冷凝风机的三根电源线固定螺母拧松并取出电源线；在拆装冷凝风机接线盒内部接线时，注意三相电源线的接线顺序。

（3）使用斜口钳剪断冷凝风机电源线固定扎带，拧松冷凝风机固定螺栓并取下。

（4）检查叶片在电机轴上的紧固情况，并查看叶片表面情况。

2）调试及试验

（1）测量电机三相阻值，如有不平衡需要更换电机。

（2）使用空调控制软件强制冷凝风机工作，观察冷凝风机转向是否正常，如不正确对冷凝风机接线盒内部接线进行调整。

2. 送风机

1）拆卸及检查

（1）拧松蒸发室盖板所有固定螺栓和接地线螺栓，并取下蒸发室盖板。

（2）拆下风压探测器与送风机连接的软管；拧松并拆下送风温度传感器固定螺栓。

（3）使用斜口钳剪断蒸发室所有送风机电源线固定扎带；拧松送风机固定螺母并取出送风机；拧松送风机接线盒盖固定螺丝；检查送风机接线盒内部密封情况，如有出现返潮情况需要使用抹布对接线盒内部进行清洁。

（4）拧松送风机电源线固定螺母；将送风机电源线卡箍拧松并取出电源线；在拆装送风机接线盒内部接线时，注意三相电源线的接线顺序。

（5）用抹布对送风机外壳盒、电机体和安装底座进行清洁。检查叶片在电机轴上的紧固情况。

2）调试及试验程序

（1）测量电机三相阻值，如有不平衡需要更换电机。

（2）使用静调电源柜对列车进行供电，使用 RS232 连接线把 PTU 串行口与空调控制器 P14 端口进行连接；使用空调控制软件强制送风机工作，检查客室是否有风送出；如发现送风机反转，需要对送风机接线盒内部接线进行调整。

3. 电磁阀拆装

1）拆卸及检查

（1）使用大号一字螺丝刀顶住电磁阀底部，将一字螺丝刀往上用力取出电磁阀；使用十字螺丝刀拧松电磁阀电源线安装座的 4 个固定螺丝并取下电磁阀。

（2）使用干净抹布对电磁阀外表进行清洁。

2）调试及试验程序

（1）使用万用表测量电磁阀线圈阻值。

（2）检查电磁阀外观是否良好。

（3）使用 RS232 线将 PTU 串行端口与空调控制器 P14 端口进行连接；使用软件进入监控界面，强制送风机、冷凝风机、压缩机工作；查看电磁阀在得电吸合时，有吸合声发出。

4. 干燥过滤器

1）拆卸及检查程序

（1）使用乙炔对干燥器、电磁阀和窥视镜的连接管与主管两端连接处的焊膏进行融化。

（2）作业人员使用钳子取出连接管，并使用乙炔对干燥器与铜管相连接的两端焊膏进行融化；另外一名作业人员使用钳子取出连接铜管。

（3）使用钢丝球对干燥器连接铜管表面的氧化层进行处理，并用干净的抹布进行清洁；干燥器连接铜管表面干净无氧化层；使用干净抹布对干燥器两端铜管连接处进行清洁。检查干燥器外观情况。

（4）将干燥器端口与连接铜管进行连接，使用乙炔焊进行焊接；干燥器其一端焊接完成后，使用湿石棉布对干燥器表面进行冷却；待干燥器冷却后，使用乙炔对干燥器另一端口与连接铜管进行焊接。

2）调试及试验程序

（1）干燥器更换完成后，使用氮气对管路进行保压（压力为 1 MPa）。

（2）保压 12 h 未发生泄漏后，才能进行抽真空充注制冷剂。

5. 温度传感器

1）拆卸程序

（1）使用 8 号内六角打开新风门盖板锁；拧松新风温度传感器连接插头固定螺丝并取下插头；拧松送风温度传感器探头并取下。

（2）使用粘酒精的抹布对温度传感器探头进行清洁；使用干抹布对温度传感器外表进行清洁。

（3）使用万用表测量温度传感器内部阻值；检查送风温度传感器插头电源线连接状态。

（4）将送风温度传感器探头固定在安装座，安装送风温度传感器连接插头并拧紧固定螺丝；使用 8 号内六角锁闭新风门盖板锁。

2）调试及试验程序

调试及试验采用集控方式开启制冷系统。

二、整体试验

测试在设计工况下制冷系统的制冷量和工作状况，包括压缩机的吸气和排气压力，蒸发器和冷凝器的出口，进口温度以及冷凝器的冷却风量。

测试设备：电源 DC110 V、电源 A 380 V，3 相，50 Hz、数字万用表 DC/AC、综合电检仪、检漏仪（R407c）、干燥氮气瓶及相应的阀门和压力表、R407c 制冷剂罐及相应的阀门和压力表、真空泵及相应的阀门和压力表、数字温度计、高压压力表、低压压力表所有的实验用设备和工具在使用前必须经过校准，并有相应的记录。

常规测试内容：制冷系统压力试验、制冷系统真空、脱水和制冷剂加注、外观检查和部件标识、绝缘电阻测试、耐压测试、各种元件动作验证诸如：冷凝电机、蒸发电机、压缩机、旁通电磁阀等、压力开关动作测试、连续运转试验、淋雨测试。

1. 制冷系统保压及检漏测试

在制冷系统完成后，必须按照程序 Q2069 的要求实施保压测试，测试压力为 28 bar。本测试中注入氮气加压至 28 bar，检查系统其他部位是否泄漏。并在加压完成后半小时，设备压力平衡后，记录压力值（保持小数点后 1 位）。保压时间必须不小于 24 h，保压后压力降经温度梯度计算后不能大于 0.3 bar。温度梯度计算公式如下：

$$P_{后} = P_{前} \times T_{后}/T_{前}\text{（}T\text{ 为开氏温度，}T = 273 + \text{摄氏温度）}$$

空调机组在正常的制冷剂充灌量下，用检漏仪进行检漏，制冷系统中制冷剂的泄漏量不超过 14 g/a。测试过程中，如果系统出现任何泄漏，应立即报告生产部以进行修补。完成系统修补后，本保压测试必须重复进行直至成功通过为止。

2. 制冷系统的真空

成功通过了制冷系统的保压测试后，系统必须根据程序 Qc8.2/3 使用真空泵实施 24 h 的真空和脱水。然后，每个系统应按照程序 Qc8.2/4 加注制冷剂 R407C。目测标识部件，在开始实施常规测试和常规测试后，应对系统实施一次外观目测检查，尤其应关注机械固定、接线的布置、电气连接（AC380 V，3 相，50 Hz；DC110 V），元件和粘贴件。在本操作中，各元件的标识和系列号必须记录在附件一的数据记录表内。

3. 绝缘电阻测试

在实施介电强度测试之前必须首先对所有的空调电路进行绝缘电阻测试。该测试用以验证不同的电路与设备机架（接地）之间的绝缘电阻是否正常。检测电路的连接性，以确保整个设备的正确连接。本测试应按照 MERAK 程序 Q0123 实施，并遵循下列修改和增加信息。

直流和交流电路的绝缘电阻测试必须分开实施。

4. 介电强度测试

只有在绝缘强度测试成功通过后，才能实施介电强度测试。本测试应按照程序 Q0123 实施，并遵循下列修改和增加的信息：本测试应在电路与设备机架之间供应下面规定的电压，并持续 1 min。泄漏电流为 100 mA。当一个电路在测试时，所有其他电路必须与机架连接。测试电压的频率应为 50 Hz，正弦波形。根据原件所属电路的名义电压，如无绝缘击穿情况发生，则测试通过。测试完成后，所有短接电路和临时电线必须除去，所有电气连接恢复正常状态。

5. 旁通电磁阀验证

一台空调机组有 1 个旁通电磁阀，阀门位置在冷凝腔处。该电磁阀的线圈必须通电，该测试主要通过听阀芯机械动作的声音来完成。

1）蒸发冷凝风机电机动作

必须按照设备标牌标注的转数，首先检查冷凝器、蒸发器风机电机是否正常运转。为观察电机运转的灵敏度，应逐个检测电机的启动与停止状态。

2）压缩机电机启动

压缩机必须装入空调机组，通过 AC380 V 电源并短暂接通、断开。在这个过程中，可检测压缩机的启动情况。

6. 压力开关运行测试

检查与所选定的部件是否匹配。

1）高压开关检测

为检验该功能，应在高压计接头上安装一个 0 ~ 40 bar 的高压表。高压开关断开：在空调处于制冷状态下时，停止冷凝器风机，同时使压缩机继续运转，直到高压开关断开电源。在断开时要记录高压表上的读数，并检查是否符合上述设定标准（30 bar ± 1 bar）。高压开关重新闭合：在高压开关断开后，立即启动冷凝器风机，使冷凝器压力回落，直到压力开关闭合并重新接通压缩机为止。在压缩机要重新接通时，要记录下高压表读数，并检查是否符合上述设定标准（25 bar ± 1.5 bar）。

2）低压开关检测

为进行这项检验，要在低压表接头上安装一个 0 ~ 16 bar 的低压表。低压开关断开：在空调机组处于制冷状态下时，停止通风机，使机组吸气端压力下降。当压力持续下降时，压缩机将停机，这时要记录下压力表的读数并核对是否符合上述设定标准（1.25 bar ± 0.5 bar）。低压开关重新闭合：在低压开关断开时，立即启动通风机，使吸入压力缓慢回升，直到压缩机重新启动。这时，要记录下低压表读数，并核对是否符合上述设定标准（3 bar ± 0.5 bar）连续运转试验。在 380 V，3 相，50 Hz 电源条件下，使设备连续运行大于 2 h，液体管路视液镜应清晰并显示干燥的系统状态（试纸为绿色）。观察空调机组是否正常工作并且无故障发生。并记录各电器的运行电流、系统压力和环境温度等信息。

3）淋雨测试

将空调机组放置于水喷淋系统中，将该系统调节到均衡流量大于≥4.2 m^3/h，压力≥

0.17 MPa，试验时间为 15 min，完成测试后，要检查空调机组内部是否渗水。绝缘电阻再次确认在淋雨测试通过后，应再次测试所有电路元件的绝缘电阻，其测试方法与要求按照 6.4 条款执行。

在测试结束后，必须将空调送去进行最终检验，主要检查以下几方面：所有空调机组部件的机械装配固定、空调机组的所有电气连接、所有机盖必须正确盖牢。

三、试运转测试

空调在装车之后还要进行运转测试，试验应该在制冷剂充注后，经过测试无泄漏，就可以开始制冷系统试运行工作了。

1. 对电气控制系统进行检查

确保接线端子无松动并进行绝缘试验。

2. 启动检查

先启动通风机，可以用手试验出风口有无风吹出。然后启动冷凝风机，查看运转是否正常。然后可以启动压缩机，注意要等通风机、冷凝风机启动后 1 min 后再启动，同时两台压缩机启动时间应错开 5 s 以上，压缩机启动运转时应注意电流表的指示，通过机组工作电流表判断机组运行是否正常，同时应注意倾听声响，若有轻微比较均匀振动属于正常现象。

3. 运转调试

制冷系统经过一些检查并试运转正常后可以进行调试，所谓调试就是调整膨胀阀的开度。有些客车的单元式空调机组采用毛细管节流而不能调整。

4. 空调制冷系统的正常工况

当空调制冷工况启动时，通风机、冷凝风机、压缩机通过电气联锁按照顺序启动，冷凝风机运转后，压缩机至少延时 1 min 再启动，并且各台压缩机的启动时间应相互错开 5 s 以上。这时，电流先增大然后很快下降并恢复到一定位置。各电机在启动时应无异常振动和摩擦声响。压缩机的启动应平稳无剧烈振动，机组工作平稳，无特别噪声。机组启动后，客室内各出风口应有冷风吹出，客室温度下降均匀。

1）通风（未经冷却，仅新鲜空气和再流通空气）

此模式运行的条件为客室内不需制冷；外界温度低于 10 °C。

2）预冷却（仅再流通空气）

当列车空调装置开始启动时，“预冷却”模式自动启动。该模式在发出操纵命令后或者空调系统内的回流空气温度与设定温度差在 1 °C 以内的 2 min 之后，停止运行。在这段时间，没有来自外界的新鲜空气经由空调装置进入乘客厅。一旦操纵命令给出，微处理机控制器根据设定温度接管冷却能力的控制。

3）正常冷却（正常新鲜空气模式）

此模式为空调机组正常情况下的工作模式。

4）减少新鲜空气冷却

若内部温度上升，超过“设定”温度值 2 °C 以上，由于空调系统热量超载，系统会自动转到“减少新鲜空气冷却”模式。该模式将减少空调装置新鲜空气的供应，尽快使乘客车厢恢复设定温度。一旦车厢内温度超出“设定”温度小于 2 °C，系统会自动恢复到它先前的模式，通常为“正常冷却”。通过空调装置部分关闭新风门，完成“减少新鲜空气冷却”模式。

5）紧急通风（仅新鲜空气）

在车辆失去 1 500 V 供电后，空调控制器根据接触到的指令，启动空调紧急逆变器工作，提供电源供送风机工作，保证客室 45 min 的全新风供风。

任务 6　车辆空调 A1 检修

【活动情景】

车辆空调 A1 检修属于状态修，25G 型客车运行 200 000 km 须进行 A1 检修，主要是清洗各个过滤网，检查电气绝缘是否符合要求，检查车辆空调系统各种功能是否正常.

【任务要求】

（1）掌握各个过滤网清洗方法和要点。
（2）掌握电气绝缘测试方法。
（3）掌握车辆空调系统运行状态测试方法。

视频资源

【基本活动】

一、作业前准备

（1）检查作业工具。
（2）检查作业指导书。
（3）悬挂停电指示牌。
（4）进入配电室，将电压测量开关打到零位，供电选择开关断开，应急开关断开。
（5）打开电源控制柜，断开空调主电源开关控制电源开关，断开制暖 1、制暖 2 开关。
（6）打开空调电器控制柜，将工况开关选择停止，运行开关调到手动位。

二、大线座绝缘测试

1. 兆欧表校验

检查兆欧表测试伏级是否符合要求，检查兆欧表检测日期是否过期，进行兆欧表短路试验、兆欧表开路试验。

用兆欧表接地测试为 0 兆欧，合格。

2. 大线座绝缘测试

参数要求：

N 对地：500 MΩ

U 对地：500 MΩ

V 对地：500 MΩ

W 对地：500 MΩ

U 对 N：500 MΩ

V 对 N：500 MΩ

W 对 N：500 MΩ

U 对 V：500 MΩ

V 对 W：500 MΩ

U 对 W：500 MΩ

各项绝缘均应符合要求。

三、空调机组绝缘测试（以 25K 型空调客车为例）

1. 压缩机绝缘测试

一号压缩机绝缘测试：测 6U 对地：500 MΩ，6V 对地：500 MΩ，6W 对地：500 MΩ，各相大于 5 MΩ为合格，一号压缩机绝缘符合要求。

二号压缩机绝缘测试：测 7U 对地：500 MΩ，7V 对地：500 MΩ，7W 对地：500 MΩ，各相大于 5 MΩ为合格，二号压缩机绝缘符合要求。

2. 预加热器绝缘测试

预加热器一路绝缘测试：测 8U 对地：500 MΩ，8 V 对地：500 MΩ，8W 对地：500 MΩ，各相大于 20 MΩ为合格，预加热器一路绝缘符合要求。

预加热器二路绝缘测试：测 8U 对地：500 MΩ，8 V 对地：500 MΩ，8W 对地：500 MΩ，各相大于 20 MΩ为合格，预加热器二路绝缘符合要求。

3. 通风机绝缘测试

通风机弱风绝缘测试：测 1U 对地：500 MΩ，1 V 对地：500 MΩ，1W 对地：500 MΩ，各相大于 5 MΩ为合格，通风机弱风绝缘符合要求。

通风机强风绝缘测试：测 2U 对地：500 MΩ，2 V 对地：500 MΩ，2W 对地：500 MΩ，各相大于 5 MΩ为合格，通风机强风绝缘符合要求。

4. 冷凝风机绝缘测试

冷凝风机一路绝缘测试：测 4U 对地：500 MΩ，4 V 对地：500 MΩ，4W 对地：500 MΩ，各相大于 5 MΩ为合格，冷凝风机一路绝缘符合要求。

冷凝风机二路绝缘测试：测 5U 对地：500 MΩ，5 V 对地：500 MΩ，5W 对地：500 MΩ，各相大于 5 MΩ为合格，冷凝风机二路绝缘符合要求。

5. 风道各滤网清洁

取下回风道内滤网，拆下回风滤网，检查过滤网是否良好，检查回风框百叶窗有无变形，清扫回风框，将空调各过滤网拿至空调清洗间进行清洗，晾干，再安装过滤网。

四、通电试验

1）悬挂供电指示牌

2）连接供电连接器

将供电连接器线取出，两头分别接在列车车端电力连接器座及供电箱，两边工作人员招手示意，再打开电源给客车供电。

3）试验

专业人员首先进入配电室，闭合主电源空气开关，闭合控制电源空气开关，检查电压是否平衡。

打开电源控制柜，打开供电选择开关（选择一路或者是二路）供电，检查电压是否平衡。

打开空调电气控制柜各开关，看电压是否均为 380 V。

用钳形表测空调机组各用电器电流值：

取出钳形表，检查仪表是否正常，再进行测试，并记录好数据。

（1）通风机测试。

将通风开关选择弱风，工况开关选择通风，运行开关选择手动。

通风机弱风测试电流：U：2.35 A　V：2.97 A　W：2.33 A

将通风开关选择强风，工况开关选择全冷，运行开关选择手动。

通风机强风测试电流：U：2.90 A　V：2.97 A　W：2.89 A

（2）压缩机测试。

压缩机一路测试电流：U：8.88 A　V：8.89 A　W：8.22 A

压缩机二路测试电流：U：8.50 A　V：8.85 A　W：8.32 A

（3）冷凝风机测试。

冷凝风机一路测试电流：U：2.29 A　V：2.88 A　W：2.26 A

冷凝风机二路测试电流：U：2.23 A　V：2.19 A　W：2.22 A

五、结束作业

1. 测试完毕

关闭控制柜各电源开关，两头工作人员招手示意，断开外接供电开关，拆卸供电连接器座。

2. 填写检修记录

按要求填写检修记录，完成本次 A1 检修任务。

任务 7　车辆空调 A2 检修

【活动情景】

使用移动梯车上到车顶，系好安全带，打开空调机组侧盖和顶盖，对空调机组进行清洁，对蒸发器、冷凝器、预热器、通风机、冷凝风机、接线槽、制冷管路等进行清洁和检查修复，再进行各项试验。

【任务要求】

（1）了解蒸发器、冷凝器检修方法和要点。
（2）了解洗蒸发器和冷凝器冲洗方法。
（3）了解航空插头检修方法和要点。
（4）了解电预加热器、客室电加热器检修方法和要点。
（5）了解三机检修方法和要点。
（6）了解车辆空调 A2 检修作业流程。

视频资源

【基本活动】

一、作业前准备

（1）检查作业工具。
（2）检查作业指导书。
（3）悬挂停电指示牌。
（4）进入配电室，将电压测量开关打到零位，供电选择开关断开，应急开关断开。
（5）打开电源控制柜，断开空调主电源开关控制电源开关，断开制暖 1、制暖 2 开关。
（6）打开空调电器控制柜，将工况开关选择停止，运行开关调到手动位。

二、大线座绝缘测试

1. 兆欧表校验

检查兆欧表测试伏级是否符合要求，检查兆欧表检测日期是否过期，进行兆欧表短路试验、兆欧表开路试验。

用兆欧表接地测试为 0 兆欧，合格。

2. 大线座绝缘测

参数要求：

N 对地：500 MΩ
U 对地：500 MΩ
V 对地：500 MΩ
W 对地：500 MΩ
U 对 N：500 MΩ

V 对 N：500 MΩ
W 对 N：500 MΩ
U 对 V：500 MΩ
V 对 W：500 MΩ
U 对 W：500 MΩ
各项绝缘指标均应符合要求。

三、空调机组绝缘测试（以 25K 型空调客车为例）

1. 压缩机绝缘测试

一号压缩机绝缘测试：测 6U 对地：500 MΩ，6 V 对地：500 MΩ，6 W 对地：500 MΩ，各相大于 5 MΩ为合格，一号压缩机绝缘符合要求。

二号压缩机绝缘测试：测 7U 对地：500 MΩ，7 V 对地：500 MΩ，7 W 对地：500 MΩ，各相大于 5 MΩ为合格，二号压缩机绝缘符合要求。

2. 预加热器绝缘测试

预加热器一路绝缘测试：测 8U 对地：500 MΩ，8 V 对地：500 MΩ，8 W 对地：500 MΩ，各相大于 20 MΩ为合格，预加热器一路绝缘符合要求。

预加热器二路绝缘测试：测 8U 对地：500 MΩ，8 V 对地：500 MΩ，8 W 对地：500 MΩ，各相大于 20 MΩ为合格，预加热器二路绝缘符合要求。

3. 通风机绝缘测试

通风机弱风绝缘测试：测 1U 对地：500 MΩ，1 V 对地：500 MΩ，1 W 对地：500 MΩ，各相大于 5 MΩ为合格，通风机弱风绝缘符合要求。

通风机强风绝缘测试：测 2U 对地：500 MΩ，2 V 对地：500 MΩ，2 W 对地：500 MΩ，各相大于 5 MΩ为合格，通风机弱风绝缘符合要求。

4.冷凝风机绝缘测试：

冷凝风机一路绝缘测试：测 4U 对地：500 MΩ，4 V 对地：500 MΩ，4 W 对地：500 MΩ，各相大于 5 MΩ为合格冷凝风机一路，绝缘符合要求。

冷凝风机二路绝缘测试：测 5U 对地：500 MΩ，5 V 对地：500 MΩ，5 W 对地：500 MΩ，各相大于 5 MΩ为合格，冷凝风机二路绝缘符合要求。

四、风道各滤网清洁

取下回风道内滤网，拆下回风滤网，检查过滤网是否良好，检查回风框百叶窗有无变形，清扫回风框，将空调各过滤网拿至空调清洗间进行清洗，晾干，再安装过滤网。

五、通电试验

1）悬挂供电指示牌
2）连接供电连接器

将供电连接器线取出，两头分别接在列车车端电力连接器座及供电箱，两边工作人员招手示意，再打开电源给客车供电。

3）试验

专业人员首先进入配电室，闭合主电源空气开关，闭合控制电源空气开关，检查电压是否平衡。

打开电源控制柜，打开供电选择开关（选择一路或者是二路）供电，检查电压是否平衡。

打开空调电气控制柜各开关，看电压是否均为 380 V。

用钳形表测空调机组各用电器电流值：

取出钳形表，检查仪表是否正常，再进行测试，并记录好数据。

（1）通风机测试。

将通风开关选择弱风，工况开关选择通风，运行开关选择手动。

通风机弱风测试电流：U：2.35 A　V：2.97 A　W：2.33 A

将通风开关选择强风，工况开关选择全冷，运行开关选择手动。

通风机强风测试电流：U：2.90 A　V：2.97 A　W：2.89 A

（2）压缩机测试。

压缩机一路测试电流：U：8.88 A　V：8.89 A　W：8.22 A

压缩机二路测试电流：U：8.50 A　V：8.85 A　W：8.32 A

（3）冷凝风机测试。

冷凝风机一路测试电流：U：2.29 A　V：2.88 A　W：2.26 A

冷凝风机二路测试电流：U：2.23 A　V：2.19 A　W：2.22 A

六、航空插头检修

（1）悬挂停电指示牌，关闭控制柜各电源开关，两头工作人员招手示意，断开外接供电开关，拆卸供电连接器座。

（2）打开天窗，检查航空插头、插座，清理灰尘并拆卸检查插座，检查接线有无松动，有无腐蚀，有无变形。

（3）检查钳形表，检验其时限是否过期，开、短路试验确认完之后再进行测试，并记录好测试数据。

① 压缩机阻值测试。

1 路：U 对 V：2 欧；U 对 W：2 欧 V 对 W2 欧；

2 路：U 对 V：2 欧；U 对 W：2 欧 V 对 W2 欧。

② 通风机阻值测试。

低速：U 对 V：12 欧；U 对 W：12 欧；V 对 W：12 欧；

高速：U 对 V：9 欧；U 对 W：9 欧；V 对 W：9 欧。

③ 冷凝风机阻值测试。

1 路：U 对 V：12 欧；U 对 W：12 欧；V 对 W：12 欧；

2 路：U 对 V：12 欧；U 对 W：12 欧；V 对 W：12 欧。

七、电加热器测试

拆卸客室电加热器，检查接线有无松动，有无锈蚀，有无断裂，有无脱落，并进行清扫。
阻值测试：U 对 N：22 欧；V 对 N：22 欧。
电暖器绝缘测试：U 对 N：500 兆欧；V 对 N：500 兆欧；N 对 W：500 兆欧。

八、空调机组外观检查

系安全带上车顶，进行外观检查，检查空调机组外壳侧板、防水罩是否正常工作，有无变形。

九、空调机组清扫

清扫空调机组。打开压缩机接线改，检查接线是否良好。

十、空调机组检查

1. 压缩机测量

1 路 U—V：1 Ω；U—W：1 Ω；V—W：1 Ω；
2 路 U—V：1 Ω；U—W：1 Ω；V—W：1 Ω。

检查通风机马达外观是否良好，地脚螺丝有无松动，有无卡尺，打开通风机接线盒，检查接线有无松动，脱落。

2. 高速通风机测量

1 路 U—V：5 Ω；U—W：5 Ω；V—W：5 Ω；
2 路 U—V：5 Ω；U—W：5 Ω；V—W：5 Ω。

3. 低速通风机测量

1 路 U—V：6 Ω；U—W：6 Ω；V—W：6 Ω；
2 路 U—V：6 Ω；U—W：6 Ω；V—W：6 Ω。

检查预热器固定螺丝，清洁预热器，检查外观有无变形，有无耗损，加热板有无破损，清洁加热器，检查冷凝风机固定螺丝有无松动，安装两个顶盖及两个侧盖，下车。

十一、加热器测试

重复第四步，检查空调机各项功能是否正常。

十二、结束作业

1. 测试完毕

关闭控制柜各电源开关，两头工作人员招手示意，断开外接供电开关，拆卸供电连接器座。

2. 填写检修记录

按要求填写检修记录，完成本次 A2 检修任务。

任务 8　车辆空调 A3 检修

【活动情景】

本任务主要介绍 A3 检修作业流程及检修方法。A3 检修属于分解检修，了解通风机、冷凝风机、预加热器、客室电加热器拆装流程及方法，空调机组吊装作业过程。

【任务要求】

（1）了解 A3 检修作业流程及检修方法。
（2）了解通风机拆装流程及方法。
（3）了解冷凝风机拆装流程及方法。
（4）了解预加热器拆装流程及方法。
（5）了解客室电加热器拆装流程及方法。
（6）了解空调机组吊装作业过程。

视频资源

【基本活动】

一、内容介绍

车辆空调系统 A3 检修属于分解换件修，要将空调机组从车顶上吊下来，将其分解，将通风机、冷凝风机、空气预热器等部件从空调机组中卸下来，蒸发器、冷凝器、空调机组等要用超声波清洗，电机轴承要进行更换，空气预热器加热管等要进行更换，外壳要进行彻底清洁，并重新刷漆。

二、作业前准备

（1）检查作业工具。
（2）检查作业指导书。

三、预检

（1）悬挂停电指示牌，打开控制柜，关掉所有开关。记录预检各项故障。（预检同 A2 修预检过程）

（2）打开综合控制柜，合上电源，合上电源选择开关。电源转换开关打到自动位，空调工况打到自动位，运行开关打到电热位，空调开关打到实验位，运行开关打到全热位。

预热器：1 路：u：14.1 A　v：13.7 A　w：13.9A
　　　　2 路：u：6.90 A　v：6.90 A　w：6.90 A

压缩机：1 路：u：11.2 A　v：11.0 A　w：10.6A

　　　2 路：u：10.2 A　v：10.2 A　w：9.80A

四、空调机组分解

（1）拆卸空调机组，拆卸顶盖和侧盖、软风道的紧固螺丝，拆卸空调机组连接控制柜的航空插头，将空调机组用天车调至机组检修间。吊起后对拆卸的所有螺丝收集集中清洗。

（2）清扫空调机组安装平台，疏通排水管道，并检查维修或更换空调机组安装减震座。

（3）空调机组调运到检修位，对空调机组进行分解，拆卸通风机、冷凝风机以及预热器后分别进行检修，并将机组内的分线盒和航空插头做防水包扎处理。

（4）回风框检修，将回风框拆卸下车清洗，对回风网有破损的进行更新。

五、清洗空调机组及烘干

使用专用清洗剂对空调机组进行清洗，冲洗完毕的空调机组送入烘干设备内进行烘干处理。

六、通风机分解、检修、试验

1. 分解检修

拆卸螺丝，取下叶轮罩，然后拆卸电动机螺丝，取下转子轴承，更换轴承，轴承加涂润滑油，安装电机，边转边推，安装电机端盖，拧上螺丝，安装通风机两端的风轮，固定两端螺丝，安装完毕后，在通风机外部涂原色漆，用红漆做通风机转动方向，用箭头做标志。

2. 通风机各项阻值测量

风机接线测量其阻值：

1u—1v：12 Ω　1v—1w：12 Ω　1u—1w：12 Ω

2u—2v：12 Ω　2v—2w：12 Ω　2u—2w：12 Ω

通风机绝缘测量其阻值：

1u：500 MΩ　1v：500 MΩ　1w：500 MΩ

2u：500 MΩ　2v：500 MΩ　2w：500 MΩ

3. 通风机组装后实验

将通风机，调至合适的高度，与试验台接口对接，并接线输入实验信息，开始试验。

通风机弱风测量值：

uv　vw　wu　u　v　w　总功率　环境温度　风机转速

390.6　378.9　398.8　2.9　2.87 0.69 0.69 6.8 °C　0.0

七、空气预加热器

1. 分解检修

拆卸螺丝，去除下面板，取螺丝上的密封胶，然后拆除螺丝，检查接线槽，检查各个接线柱，是否松动脱落，接线是否牢固。

2. 各项阻值测量

测量阻力值：U18：484 Ω　　V18：551 Ω　　W18：404 Ω

U19：448 Ω　　V19：415 Ω　　W19：448 Ω

测绝缘（对地），接地良好。

U18：500 MΩ　　V18：500 MΩ　　W18：500 MΩ

U19：500 MΩ　　V19：500 MΩ　　W19：500 MΩ

预加热器保险测量阻值为 0.00 Ω，在 139 °C 保险丝熔断。

3. 空气预热器通电实验

接线，合上空气预热器实验箱的盖子。

电源：电压 387 v　功率 6 kW　温度 25 ~ 26 °C

电流：u：7.7 A　v：8.1 A　w：8.5 A

风机延时 30 s，实际车中风机延时 10 min，关闭电源。

八、冷凝风机分解及检测

1. 分解检修

拆卸螺丝，拆卸冷凝风机，检查线路有无磨损，后盖无积水，检查轴承有无磨损，详细查看轴承型号，安装轴承，再加键，用橡胶锤轻轻拍打，安装冷凝风机扇叶，盖上防水盖，拧紧螺丝。

2. 各项阻值测量

测量冷凝风机阻值：uw：9 Ω　uv：9 Ω　uw：9 Ω

测量冷凝风机绝缘：u：500 MΩ　v：500 MΩ　w：500 MΩ

绝缘良好。

然后，喷漆做箭头标志，将冷凝风机装入空调机组中，上螺丝，拧紧螺丝，连接冷凝风机电源线，将其固定在机组上，用绑扎线作捆扎防护线，剪断多余的绑扎线。

九、通风机的安装

通风机接线盒进线口用橡胶泥密封，紧固盒盖螺丝，当电机配线紧固无松动时，将通风机装入空调机组中，底面平稳，将地脚螺栓安装牢固，出风口与空调机组出风接口密贴。

十、压缩机检修

打开接线盒盖，检查接线端子无松动锈蚀，检查安装底座固定螺栓有无腐蚀断裂，对脱漆部分用原色油漆喷涂，检查分离器，清理表面，用肥皂水检查制冷管路，使用电子测漏仪测漏。

十一、航空插头检修

分解开航空插头检查插座各接触对针，表面光洁，无变形无烧损现象接线无脱落，配线无短路，安装时航空插座紧固，接触良好，测量各通路，配线绝缘测量≥2 MΩ。

十二、制冷系统检修

用电子测漏仪和肥皂水检查漏泄点，检查各管系接头有无泄漏，有泄漏时维修焊接。检查蒸发器、冷凝器翅片有无倒状，如有则用翅片梳梳理器校正，检查背面是否存在杂物。当需要更换压缩机、干燥过滤器等其他部件时，安装焊接接头并焊接密封良好。并做好保压试验后再加注冷媒。干燥过滤器、储液罐、压缩机等表面除锈用砂纸打磨干净，干燥过滤器、储液罐、压缩机除锈彻底，表面清理干净后喷涂原色油漆。

十三、空调机组性能试验

对检修完毕的空调机组吊装至实验小车推送入试验台进行功能试验。试验台试验完毕进行淋雨试验。

十四、吊装作业

将检修、试验完毕的空调机组，推送至液压升降台，进行吊运安装，将天车吊绳与空调机组连挂，然后慢慢吊起。(天车运动时，保持匀速运动)。作业人员上车安装时，要注意安全操作防护，系好安全带，将空调机组调至车顶，解开航空插头，并与控制柜航插座连接。空调机组安装时，注意减震垫与空调机组安装座螺栓孔吻合，安装时紧固螺栓弹垫压紧不可松动。安装机组侧盖，用紧固螺栓进行紧固，安装软风道与车体进风口使用密封胶进行密封，确保密闭性良好，安装好软风道遮阳板。

十五、空调机组安装试验

(1) 检查空调机组制冷量的电流以及出风口和回风口的温度。
(2) 检查电采暖的电流及预热器、电暖气的温度。

十六、填写检修记录单

填写《空调机组检修记录表》《空调机组淋雨试验记录表》《空调客车风道检修记录表》《预热器检修试验记录表》《预热器检修记录单》《电机检修记录卡》记录单时，字迹工整不能出现涂改，由工长、质检员签字、确认、签章。

项目小结

本项目结合现场工作实际情况对车辆空调系统的检修进行了系统的介绍，包括工具设备的使用，常见故障分析和检修方法，空调系统检修的基本技能，A1 检修、A2 检修、A3 检修的具体检修流程和检修任务、作业标准。这对同学们走上工作岗位从事车辆空调检修有较大的帮助。

问题与思考

1. 车辆空调常见故障有哪些？
2. 兆欧表在使用时要注意哪些问题？
3. 作业指导书有什么用途？
4. 红外线测温仪有什么用？如何使用？
5. 空气压缩机在空调维修中有何用途？
6. 气焊工具有何用途？
7. 钳形表有哪些用途？

附录：空调机组检修流程

客车空调机组检修
实训指导书

附表 1　空调机组检修作业标准

<table>
<tr><td colspan="2"></td><td>内容</td><td>空调机组检修作业标准</td></tr>
<tr><td>一、目的</td><td colspan="3">保证发电机检修质量符合《客车空调三机检修及运用管理规程》、《空调客车空调装置出库质量标准》</td></tr>
<tr><td>二、范围</td><td colspan="3">本指导书适用于 25 型客车车顶单元式空调机组检修</td></tr>
<tr><td>三、制定依据</td><td colspan="3">西辆客函〔2005〕61 号《客车段修工艺规程》;
西辆客函〔2007〕69 号《客车段修工艺规程》;
铁道客车电气标准及规程汇编</td></tr>
<tr><td>四、人员要求</td><td colspan="3">必须经过岗位培训、考试合格，并持有相应上岗任职资格凭证的人员方可进行本岗位工作</td></tr>
<tr><td>五、工艺准备</td><td>
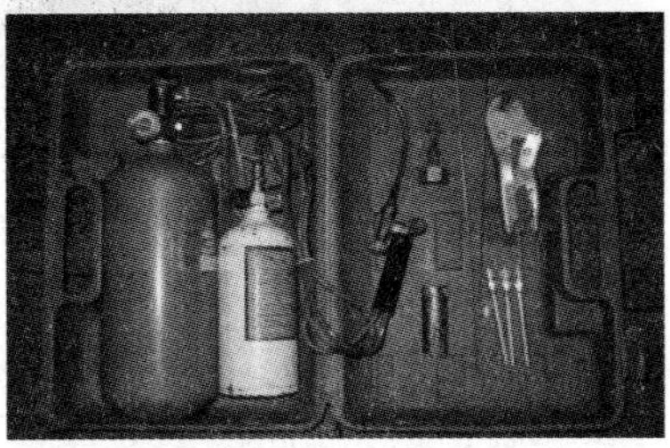</td><td colspan="2">所需工装：记号笔、电钳工具、运用小车、天车、专用套筒扳手、氩弧焊机、氧焊设备、氟利昂回收装置、加氟机、红外测温仪、砂纸、翅片梳、交（直）流钳形万用表、兆欧表、氧焊设备、高压风枪、铜丝刷、数字温度计、电吹风、数字温度计、便携式照明装置</td></tr>
<tr><td>六、作业流程</td><td colspan="3">准备工装量具→预检→检查→机组配线及附件检修→参数测量→空气预热器检修→制冷系统检修→风机检查装车→通风系统检修→废排系统检修→质量记录填写→工长质检检查签字</td></tr>
<tr><td>七、作业步骤</td><td>作业内容及要求</td><td>图示</td><td>风险等级</td></tr>
<tr><td>1. 预检</td><td>1. 静态检查空调控制柜。配件是否齐全，各部有无烧损，配线有无老化。
2. 通电试验，检查各工况运转情况。运转状况是否与所置工况位相符，运转是否良好。记录各风机、压缩机、压缩机、空气预热器、电热器运转电流值，判断其工作状态。
3. 填写预检记录单</td><td>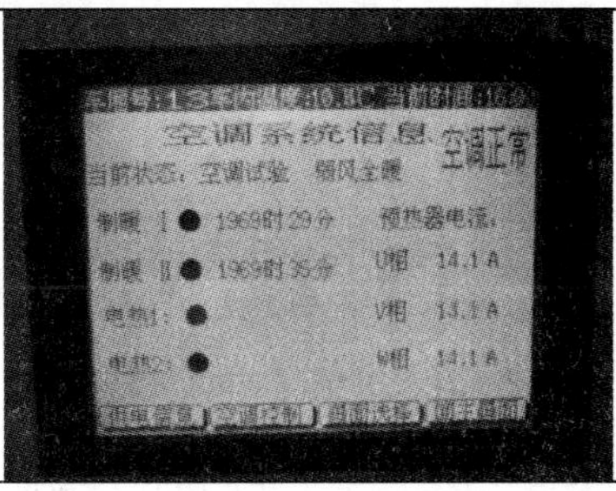
</td><td>★</td></tr>
</table>

续表

2. 检查	1. 拆下机组顶盖、侧罩。 2. 机组顶盖无变形冷凝风机顶盖通风口栅排列整齐，无破损脱焊。 3. 检查机组减振装置。 4. 减振橡胶垫安装良好，无老化、开裂现象。 5. 检查机组地线。 6. 机组内风机各接线端子良好，线号清晰。 7. 机组接地良好	 	★★
3. 机组配线及附件检修	1. 机组外观检查，机体各部位有无脱焊，变形处，如有，应进行焊修矫正处理。机组各焊接部位良好，盖板安装螺帽齐全、焊接良好。 2. 安装紧固。当出现安装螺栓折断在安装眼内时，用电钻钻眼。若螺帽丝扣损坏重新攻丝。 3. 检查各接线端子及配线是否符合要求。对各接线排端子变色、锈蚀、烧损者更换，紧固。确认各配线无破损、老化、脱焊等，线标清晰，排列整齐。接线正确、紧固良好。配线绝缘值不低于 2 MΩ。 4. 检查机组各处隔热层、密封条。确认壳体上隔热材、密封条无缺欠、无破损老化，性能良好。隔热材齐全、粘贴良好，顶盖密封条齐全安装良好。 5. 航空插头分解检修。确认航空插头、插座各接触对针、孔表面光洁，无变形、烧损现象，接线无脱落、线间无短路，安装时航空插座安装紧固，插接良好。测量航插通路，线对地、线间绝缘测量。绝缘≥2 MΩ。 6. 检查分线盒、接线柱螺丝有无松动，是否有烧损现象。电缆应包扎良好紧固，分线盒外壳安装紧固。 7. 底部海绵齐全，无脱落、破损。	  	★★

3. 机组配线及附件检修	8. 排水口清扫，吹尘、清理垃圾或异物，保持排水畅通。 9. 各滤网检查。配齐机组内各滤网，清洁干净、规格合适、安装良好。 10. 软风道检修：破损时用尼龙绳缝补后，正反两面涂玻璃胶，用薄橡胶垫覆盖。软风道四壁不透光，修补后性能良好。当出现较大面积破损不易修复或安装后密封不良时应整体更新。更新的软风道材质必须是阻燃材质的材料。 11. 漆涂刷均匀。 12. 各换热器透光性良好。 13. 如新风机为电动控制，应确认其接线紧固，电机作用良好	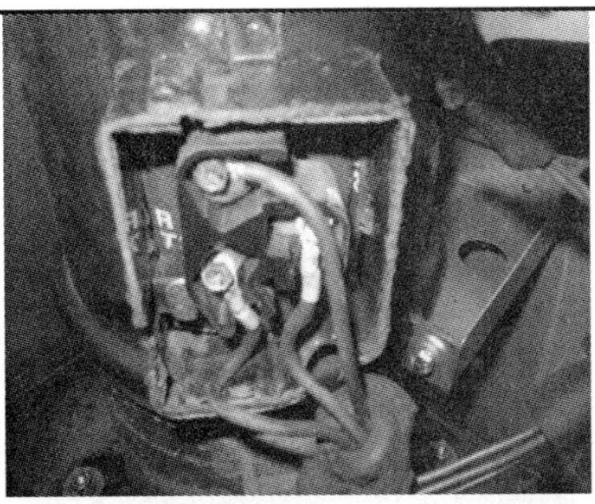  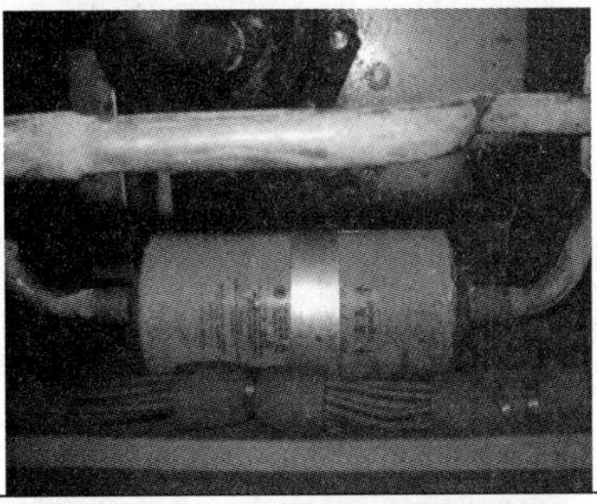	
4. 参数测量	1. 高压、低压压力开关检查。外观良好，设定值为高压压力开关动作：电路断开（2.9±0.1）MPa，电路接通（2.4±0.1）MPa，低压压力开关动作；电路断开（0.19±0.05）MPa，电路接通（0.32±0.05）MPa，测试通断正常。 2. 检查压缩机：外观清洁、除锈、补漆，安装紧固，减振状态良好。压缩机绕组绝缘值≥5 MΩ。三相电流平衡，相差小于10%	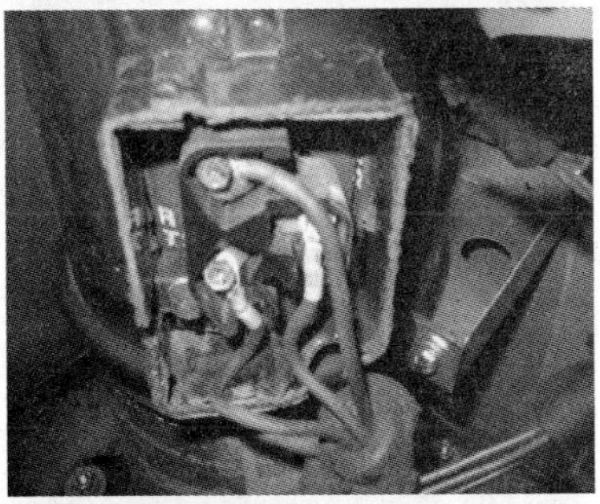	★★
5. 空气预热器检修	1. 检查空气预热管，有无发黑破损，用兆欧表、万用表测量绝缘和阻值，将不良者更换。 2. 检查温度继电器、温度熔断器。线对地绝缘测量。 3. 电热管绝缘大于 20 MΩ，三相电热管阻值平衡，不得超过5%。 4. KLD40 机组空气电预热 9 kW，		★★

续表

5. 空气预热器检修	KLD29 机组 6 kW。 5. 温度熔断器电路断开（139±5）°C，更换新品。 6. 温度继电器电路断开（70±5）°C，电路接通 50 °C。 7. 填写检修记录	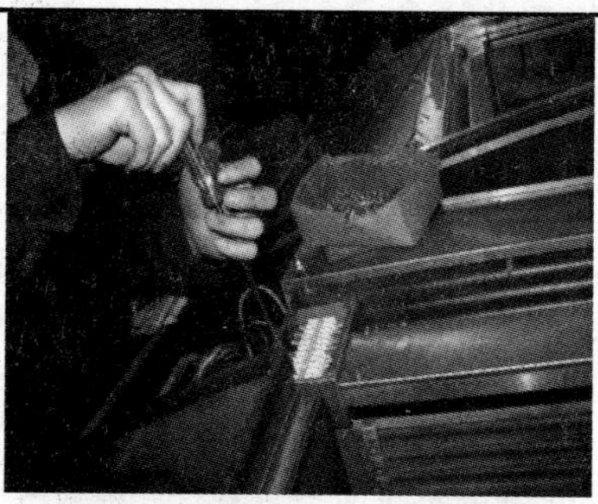 	
6. 制冷系统检修	1. 用电子查漏仪或肥皂水查漏泄点，检查各管系及接头有无泄漏、碰磨，有漏泄的应焊修。 2. 检查蒸发器、冷凝器翅片有无倒伏，如有用翅片梳校正。检查背面是否干净。 3. 检查低温保护器。外观良好，设定值为 18 °C[25T 型车为（18±1.5）°C)，测试通断正常。 4. 制冷系统漏泄时进行焊修，焊修完毕后充氮气并保压 24 h 试漏。 5. 对发生更换压缩机、干燥过滤器等其他部件时，安装，焊接接头，接线。各焊接头应密封良好。 6.机组加氟时，先抽真空，用自动加氟机或手工加氟。加氟时按规定重量注氟。1 台 3.75 kW 压缩机 R22 充注量 4 kg，一台 5.5 kW 压缩机 R22 充注量 5.5 kg。将空调机组检修原始数据，压缩机铭牌上编号填写入检修记录本。 7. 干燥过滤器、储液筒、压缩机等表面除锈，用砂纸打磨干净。干燥过滤器、储液筒、压缩机除锈彻底，表面清理干净。将干燥过滤器、储液筒腐烂、漏泄、锈蚀厚度过半者更新。保证各管系同机组无抗磨	 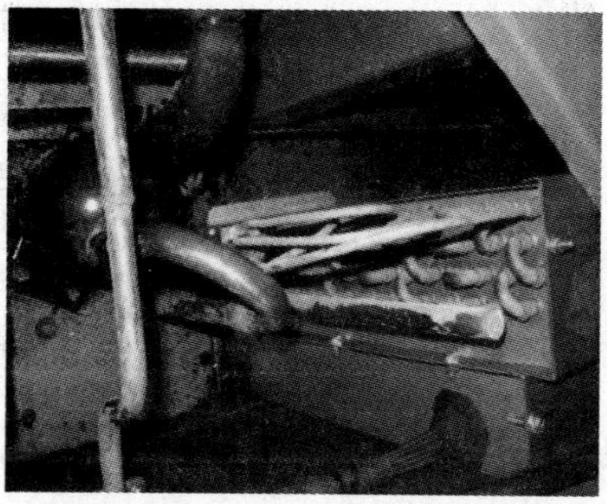	★★★

续表

7. 风机检查装车	1. 配齐机组内各滤网，滤网清洁、规格正确、安装良好。检查风机座。 2. 通风机、冷凝风机检修后进行安装，风机座定位孔不良时重新攻丝。各螺丝孔应加黄油。原拆原装，更换的按原型号、原规格配装。确保螺丝、垫圈、弹垫齐全。 3. 安装机组顶盖板。确保机组顶盖板、侧罩螺丝齐全，安装紧固螺丝、垫圈、弹垫齐全。减震器良好	 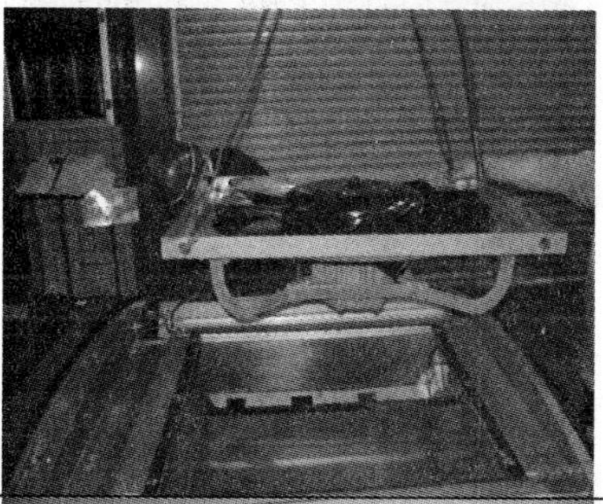	★★
8. 通风系统检修	1. 用风管对风道除尘吹灰。风道接口处应无腐烂、破损，漏风现象。各风口调节风门检修，风口调节作用良好。 2. 打开各出风口、回风口、新风口、排风口，检查风道接口处。检修出风口、回风口、新风口、排风口框架、百叶窗、活页，清扫干净。百叶窗无尘垢、锈蚀，在调节处加油，调节灵活。百叶窗和滤网无堵塞、腐烂、破损、变形。将滤网配齐，使其大小合适，并清洗干净，安装牢固。 3. 用风第二次除尘吹灰。 4. 关闭各出风口、回风口、新风口、排风口，安装紧固。将各风口滤网配齐、清洗，安装	  	★★

9. 废排系统	1. 废排风机按空调机组通风机检修标准检修后装车。旋转无杂音，绝缘良好，温升不超过 30 °C。 2. 车内风道检修。确保废排风道良好无腐烂、漏风。 3. 车下风道除锈，破损焊补，喷防锈漆。车下悬吊装置无腐烂锈蚀，无开焊。螺丝配齐，给油。安装良好，防锈漆喷涂均匀	 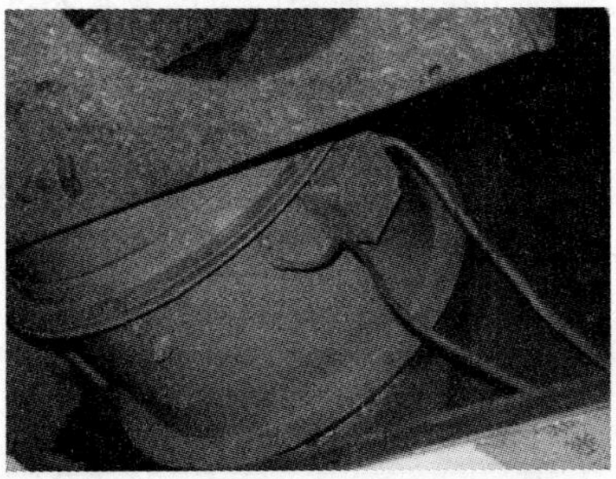	★★
10. 质量记录填写要求	填写检修记录		★

附表 2　客车单元空调机组控制柜技术条件

额定电压	相对湿度（%）		
	小于 60%	60%～85%	大于 85%
低于 100 V 的线路	2	2～0.3	0.3
高于 100 V，低于 400 V 线路	2	2～0.5	0.5

注：内插法计算方法：以相对湿度为 70%为例，计算方法为：（85%－70%）×（2－0.6）/（85%－60%）+0.6+1.44（MΩ），以此方法进行计算。

附表 3　编制修订情况

序号	原文内容	修改内容	修改依据	日期	编制	审核	批准
1	航空插头分解检修。测量航插通路，线对地、线间绝缘测量。绝缘≥2 MΩ	航空插头分解检修。检查航空插头、插座各接触对针、孔表面光洁，无变形、烧损现象，接线无脱落、线间无短路，安装时航空插座安装紧固，插接良好。测量航插通路，线对地、线间绝缘测量。绝缘≥2 MΩ	25T（19T）型客车检修工艺规程	2013-8-6	信欣	顾为民	

参考文献

[1] 曾青中，邓景山. 车辆空调装置检修与维护[M]. 成都：西南交大出版社，2016.
[2] 李向超，李浦民. 动车组控制系统维护与检修[M]. 成都：西南交大出版社，2014.
[3] 孙帮成. CRH380BL 型动车组[M]. 北京：中国铁道出版社，2014.
[4] 中国铁路总公司. 铁路客车电气装置检修规则[M]. 北京：中国铁道出版社，2015.
[5] 中国铁路总公司. 铁路动车组运用检修规程[M]. 北京：中国铁道出版社，2013.
[6] 刘卫华. 制冷空调新技术及进展[M]. 北京：机械工业出版社，2004.
[7] 李心刚，胡桂秋. 制冷与空调装置检修工艺[M]. 北京：中国建筑工业出版社，2008.
[8] 吴作伟，丁莉芬. 动车组车体结构与车内设备[M]. 北京：北京交通大学出版社，2012.